Erika Bernhardt, Verwaltungsangestellte, 1978-1996; Angela Borelbach, Laborantin, 1978; Renate Limbach, Verwaltungsangestellte, 1978-2000; Gisela Molks, Laborantin, 1978-1985; Cornelia Ommer, Verwaltungsangestellte, 1978-1996; Matthias Reuter, Fahrer/Telefonist, 1978-1984; Norbert Leiße, Werkstattmeister /Ausbilder, 1978; Waltraut Schmidt, Verwaltungsangestellte, 1978-1999; Jürgen Böcker, Verwaltungsangestellter, 1978; Maria Weiss, Laborantin, 1978-1981; Dagmar Schneider, Laborantin, 1979-1981; Barbara Barth, Verwaltungsangestellte, 1979-1981; Karl-Heinz Drawert, Verwaltungsleiter, 1979-1994; Rainer Schüttke, Maschinenschlosser, 1979-1981; Günther Kind, Techn. Angestellter, 1979; Fiedr.-Wilhelm Gunesch, Leitstandsfahrer, 1979; Rosemarie Deutz, Sekretärin, 1979-2000; Berta Schmitz, Raumpflege, 1979-1999; Maria Vogel, Raumpflege, 1979-1999; Gerta Sucker, Raumpflege, 1980-2000; Gertrud Reschke, Verwaltungsangestellte, 1980-1996; Helmut Steeger, Leitstandsfahrer, 1980; Karl-Heinz Wirges, Hilfskraft, 1980-1997; Wolfgang Rother, Leitstandsfahrer, 1980; Josef Schoop, Verwaltungsangestellter/Ausbilder, 1980; Bernd Willheim, Verwaltungsangestellter, 1980-1983; Heidi Brandt, Laborhilfe, 1980-1985; Antonie Hopp, Raumpflege, 1980-1990; Marianne Haak, Raumpflege, 1980-1996; Wilhelm Hartmann, Fischereiaufseher, 1981-2000; Karin Hopp, Raumpflege, 1981; Manfred Meyer, Laborant, 1981-1983; Anne Schulte-Wülwer-Leidig, Dipl.-Biologin, 1981-1983; Klaus-Dieter Götz, Schlosser, 1981; Günter Berger, Dreher, 1981-1992; Franziska Heinrichs, Verwaltungsangestellte, 1981; Andrea Schmitz, Chemotechnikerin, 1981; Hans Heider, Hilfskraft, 1981-1982; Renate Rasheedi, Sekretärin, 1982-1999; Dr. Norbert Fritzkowski, Laborant, 1982-1982; Karl-Ewald Walterscheid, Hilfskraft, 1982-1983; Sylvia Weinert, Messgehilfin, 1982-1989; Brigitte Böcker, Verwaltungsangestellte, 1982-1984; Udo Fuhr, Werkzeugmacher, 1982; Ralf Sommer, Laborant, 1983-1987; Karl-Josef Wick, Hilfskraft, 1983-1997; Carmen Havlik, Laborantin, 1983-1985; Klaus König, Hilfskraft, 1983; Claudia Brambach, Verwaltungsangestellte, 1983-1988; Frank Hoffmann, Leitstandsfahrer, 1984; Monika Peter, Forschung, 1984-1984; Ferdinand Roth, Leitstandsfahrer, 1984; Gaby Clever, Laborantin, 1984-1984; Marianne Santa Ollala, Bauzeichnerin, 1984; Margret Middendorf, Raumpflege, 1984-1999; Frank Mielke, Maschinenschlosser, 1984-1984; Rainer Radseck, Wassermeister, 1984; Hans-Ulrich Liesen, stv. Betriebsleiter / Sicherheitsing., 1984; Wilhelm-Richard Hüll, Verwaltungsangestellter, 1984-2002; Bernd Obenaus, Verwaltungsangestellter, 1984-1990; Erika Fuchs, Verwaltungsangestellte, 1984-1992; Elke Schmidt, Laborantin, 1984; Willi-Erwin Rösgen, Magazinverwalter, 1984-1989; Rita Wagner, Laborantin, 1984-1987; Barbara Axer-Schubert, Laborantin, 1985; Birgit Röhrig, Laborantin, 1985; Rüdiger Schmidt, Leitstandsfahrer, 1985; Willi Hönscheid, Hilfskraft, 1985-1988; Paul Lückerath, Wassermeister, 1985; Reinhold Berg, Hausverwaltung, 1985; Jochen Sadau, Wassermeister, 1985; Bernhard Lüsse, Forschungsvorhaben, 1986-1988; Ewald Nowak, Hilfskraft, 1986-1995; Marianne Schirrmacher, Verwaltungsangestellte, 1986; Petra Mahlberg-Vogel, Laborantin, 1986-1993; Dieter Gasper, Feinmechaniker, 1986; Dr. Ralph Krämer, Dipl. Geologe, 1986; Peter Weiß, Dipl.-Agraringenieur, 1987-1987; Wolfgang Baum, Elektriker, 1987; Johann Frömel, Wassermeister, 1987; Ralf Jakob, Natur- u. Landschaftsgärtner, 1987; Martina Heiliger, Verwaltungsangestellte, 1987; Heike Matz, Laborantin, 1987-1989; Iris Klimkeit, Bauzeichnerin, 1987; Roswitha König, Raumpflege, 1988; Klaus-Dieter Rottland, Leitstandsfahrer, 1988-1991; Wolfgang Spaeth, Verwaltungsangestellter, 1988; Adelheid Becker, Raumpflege, 1988; Franziska Glawe, Raumpflege, 1988; Isolde Mecks, Laborantin, 1988-1991; Gerhard Komrowski, Leitstandsfahrer, 1988; Simone Borjans, Laborantin, 1988, Karla Barthel, Laborantin, 1988-2002; Ursula Hess, Verwaltungsangestellte, 1988; Bernd Kemp, Elektriker, 1988; Anneliese Schaare, Verwaltungsangestellte, 1988-1994; Christian Hoffmann, Chemotechniker, 1988-2000; Johannes Hort, Leitstandsfahrer, 1988; Dirk Potratz, Rohrnetzschlosser, 1988; Johann Schmidt, Probenehmer, 1989; Elisabeth Schäfer, Raumpflege, 1989-1997; Rudolf Beck, Hilfskraft, 1989; Gerhard Schnichels, Kraftfahrer, 1989; Monique Riegler, Verwaltungsangestellte, 1989; Gabriele Potratz, Laborantin, 1989; Richard Hein, Hilfskraft, 1989; Norbert Eckschlag, Geschäftsführer, 1989; Helmut Kanz, Leitstandsfahrer, 1989; Christian Keller, Verwaltungsangestellter, 1989-1999; Matthias Egeling, Diplomgeograph, 1989-1999; Thomas Eiserfey, Kraftfahrer, 1990; Hans Hocke, Lagerverwaltung, 1990-1997; Gerhard Linden, Fachhandwerker, 1990; Heinz Böcking, Probenehmer, 1990; Stefan Schulz, Fachhandwerker, 1990; Dieter Watzelhan, Elektriker, 1990; Peter Jeromin, Leitstandsfahrer, 1990; Günther Holst, Vermessungsingenieur, 1990;Ralf-Ingo Schrewe, Fischwirt / Gewässerwart, 1990; Ralf Spruda, Kfz-Mechaniker, 1990; Uwe Adolph, Bauingenieur, 1991; Ralf Löhr, UV-Forschung, 1991-1992; Peter Tybel, Bauingenieur, 1991; Krystyna Wojtylak, Laborantin, 1991; Heike Fausten, Laborantin, 1991; Thomas Prediger, Forstwirt, 1991-2002; Johannes Roweda, Maschinenschlosser, 1991; Brigitte Bartscherer, Bauzeichnerin, 1991; Angela Lohner, Laborantin, 1991-2001; Vera Felde, Raumpflege, 1992-1997; Peter Furman, Dipl.-Ing., 1992; Rosa Manovel Rodriguez, Raumpflege, 1992; Ursula Schwirten, Raumpflege, 1992; Ortwin Horwath, Verwaltungsangestellter, 1992; Wolfgang Hein, Lagerverwaltung, 1992; Michael Kresmer, Fachhandwerker, 1992; Katrin Schnichels, Bauzeichnerin,  sser, 1992; Andreas Vogel, Verwaltungsangestellter, 1992; Wolfgang Kaiser, Fachhandwerker, 1992; Harri Gutsc g-Pütz, Laborantin, 1993; Ute Hesse, Laborantin, 1993; Ingrid Heinen, Verwaltungsangestellte, 1993; -1997; Werner Lückerath, Verwaltungsangestellter, 1993-2000; Evelyn Schirdewahn, Verwaltungsangestellte niker, 1993; Lothar Marklein, Fachhandwerker, 1993; Reiner Nettekoven, Rohrnetzschlosser, 1994; Tanja Wirge lfskraft, 1994; Erika Ehmann, Laborantin, 1994-1997; Rosemarie Frömmcke, Laborantin, 1994; Alfred Sarowsk ssler, Laborantin, 1994; Dirk Klein, Rohrnetzschlosser, 1994; Christa Ricken, Verwaltungsangestellte, 1994-1995; Viktor Janzen, Hilfskraft, 1994; Silke Wiemar, Verwaltungsangestellte, 1994; Christine Strohm, Verwaltungsangestellte, 1994-1995; Stefan Kremer, Techniker, 1994; Klaus Safarowski, Probennehmer, 1994; Gabriele Stevens, Bauzeichnerin, 1994; Ralf Wiemar, Leitstandsfahrer, 1994; Irmgard Zimmermann, Techn. Zeichnerin, 1994; Arno Riffarth, Hilfskraft, 1994; Alija Djapo, Hilfskraft, 1994; Carsten Sebastian, Forstwirtschaftsmeister/ Ausbilder, 1994; Waldemar Kühn, Hilfskraft, 1995; Peter Decker, Elektriker /Ausbilder, 1995; Udo Ellersdorfer, Leitstandsfahrer,1995; Henriette Stork, Raumpflege, 1995-1998; Klaus Melder, Leitstandsfahrer, 1995-1999; Thomas Engels, Industriemechaniker, 1995; Marc Herzhauser, Energieelektroniker, 1995-2002; Bernd Walterschen, Rohrnetzschlosser, 1995; Markus Peil, Leitstandsfahrer, 1995; Johann Berg, Hilfskraft, 1996; Norbert Meis, Hilfskraft, 1996; Mark Schmidt, Hilfskraft, 1996; Rainer Eichelhofen, Leitstandsfahrer, 1996; Waldemar Janzen, Hilfskraft, 1996; Michael Hocke, Schlosser, 1996; Heinz Mindel, Leitstandsfahrer, 1996; Jörg Lange, Leitstandsfahrer, 1996; Rainer Tüschenbönner, Leitstandsfahrer, 1996; Petra Berger-Kape, Dipl.-Chemikerin, 1996; Hilde Hort, Verwaltungsangestellte, 1996-2000; Michael Steeger, Energieelektroniker, 1996; Michael Ritter, Techniker, 1996; Gabriele Rosenberg, Dipl.-Ing., 1996-2000; Herbert Schmidt, Hilfskraft, 1996; Gabriel Reuter, Verwaltungsangestellter, 1996-1997; Christoph Weyden, Elektriker, 1996; Heike Franz, Technikerin, 1997; Dr. Ute Mischke, Dipl. Biologin, 1997-1999; Ingolf Kinast, Verwaltungsangestellte, 1997; Karina Brüggemann, Verwaltungsangestellte, 1997; Thorsten Kück, Natur- u. Landschaftspfleger, 1997; Björn Beisner, Industriemechaniker, 1997-2001; Johann Denk, Hilfskraft, 1997; Thomas Ellersdorfer, Energieelektroniker, 1997-2001; Dr. Ellen Kümhoff, Dipl.-Agraringenieurin, 1997-1998; Stephan Becker, Probenehmer, 1998; Erik Brückhändler, Laborant, 1998; Janetta Speda, Verwaltungsangestellte, 1998; Christian Göth, Forstwirt, 1999; Michael Göth, Forstwirt, 1999; Karin Sommer, Verwaltungsangestellte, 1999; Thorsten Krohm, Dipl.-Ing., 1999; Berthold Berg, Techniker, 1999; Claudia Seifen, Laborantin, 1999; Andreas Wenzke, Dipl.-Ing., 1999; Michael Anders, Probenehmer, 1999; Irene Bartetzko, Raumpflege, 1999; Susann Frandrup, Verwaltungsangestellte, 1999; Michael Gasparics, Industriemechaniker, 1999; Andreas Siebel, Energieelektroniker, 1999; Ursula Weiß, Raumpflege, 1999; Sergej Rheinhardt, Leitstandsfahrer, 1999; Michael Abraham, Hausverwalter, 2000; Holger Küch, Industriemechaniker, 2000; Heide Leonhardt, Laborantin, 2000-2002; Ursula Lüttringhaus, Sekretärin, 2000; Nadja Wansiedler, Raumpflege, 2000-2002; Frank Zordel, Leitstandsfahrer, 2000; Mario Land, Elektriker, 2000; Birgit Weißbach, Dipl.-Ing., 2000; Vera Schwellenbach, Vermessungstechnikerin, 2000; Joachim Rösgen, Chemieingenieur, 2000; Matthias Knipp, Azubi Industriemechaniker, 2000; Damian König, Probenehmer / Hilfskraft, 2000-2002; Christian Schneiders, Azubi Forstwirt, 2000; Melanie Weinhold, Azubi Bürokommunikation, 2000; Dr. Gabriele Packroff, Dipl.-Biologin, 2000; Heike Abraham, Raumpflege, 2001; Gorden Kindgen, Hilfskraft, 2001; Guido Kindgen, Hilfskraft, 2001; Kerstin Köpchen, Laborantin, 2001; Ivan Kukucka, Hilfskraft, 2001; Marion Deutz, Verwaltungsangestellte, 2001; David Hamm, Azubi Energieelektroniker, 2001; Nikolai Heisler, Azubi Industriemechaniker, 2001; Dennis Spiegelhoff, Azubi Energieelektroniker, 2001; Alice Mierswa, Laborantin, 2002; Witali Epp, Industriemechaniker, 2002; Judith Klinkert, Laborantin ÜV-Prüflabor, 2002; André Bail, Azubi Forstwirt, 2002; Karina Tedder, Azubi Bürokommunikation, 2002; Julia Kelm, Azubi Bürokommunikation, 2002; Gerrit Przibilla, Azubi Industriemechaniker, 2002; Christian Schmitz, Azubi Energieelektroniker, 2002; Thomas Türk, Azubi Industriemechaniker, 2002; Susanne Engelhart, Laborantin, 2002; Ingeburg Wichert, Verwaltungsangestellte, 2002; Susanne Janke, Laborantin, 2002; Beata Miksa, Laborantin, 2003

WASSER

50 JAHRE WAHNBACHTALSPERRENVERBAND

EINE CHRONIK

WASSER

50 JAHRE
WAHNBACHTALSPERRENVERBAND
1953 — 2003

EINE CHRONIK

HERAUSGEGEBEN VOM WAHNBACHTALSPERRENVERBAND
REDAKTION UND BEARBEITUNG:
NORBERT ECKSCHLAG UND WOLFRAM SUCH
ERSCHIENEN BEI EDITION BLATTWELT, NIEDERHOFEN

Wir danken den Autoren für Ihre Berichte:

Willi Brombach, ehemaliger Mitarbeiter des WTV
Gretl und Werner Buhrow, „Zeitzeugen"
Dr. Jürgen Clasen; Dipl.-Biologe
Jan de Vries, ehemaliger Mitarbeiter des WTV
Oluf Hoyer, Dipl.- Chemiker
Dr. Ralph Krämer, Dipl.-Geologe
Erika Potratz, Mitarbeiterin des WTV
Helmut Schell, ehemaliger Mitarbeiter des WTV
Paul Schmidt, Heimatforscher
Dörte Staudt, Journalistin,
Gerhard Weinert, ehemaliger Mitarbeiter des WTV
Walter Debertshäuser, ehemaliger Mitarbeiter des WTV
Gerd Franke, ehemaliger Mitarbeiter des WTV
Hannemarie Glosch, ehemalige Mitarbeiterin des WTV
Franz-Gerd Hötter, Direktor a.D. des WTV
Erich Blaß, ehemaliger Mitarbeiter des WTV

ISBN 3-936256-03-9

© 2003, bei dem Wahnbachtalsperrenverband
Alle Rechte vorbehalten

Herausgeber: Wahnbachtalsperrenverband, Siegburg

Erschienen bei Edition Blattwelt, Niederhofen

Redaktion: Norbert Eckschlag, Wolfram Such
Titelbild: Reinhard Zado
Gestaltung, Layout, Herstellung: Reinhard Zado

Die Chronik erscheint in einer Auflage von 3000 Exemplaren

Abdruck der Karten auf der Seite 13 mit Genehmigung
des Landesvermessungsamtes Nordrhein-Westfalen, Bonn-Bad Godesberg

Inhalt

Das Wahnbachtal vor dem Bau der Talsperre		12
	Mühlen und Höfe	14
	Lüttersmühle	15
	Der Hof Hillenbach	19
	Der Petershof	20
	Landwirt im Wahnbachtal	20
	Unsere Jugend im Wahnbachtal	22
	Gebäude und Gaststätte Herkenrather Mühle	23
	Klosterhof Seligenthal	24
	Die frühere Wasserversorgung im und um das Wahnbachtal	25
Vorgeschichte zum Bau der Wahnbachtalsperre		26
	Wasser in Ippendorf	29
	Dr.-Ing. Franz Kaiser	32
	Regierungsbaurat a.D. Siegfried Schilder	34
	Bauer Klein	36
Der Bau der Wahnbachtalsperre		38
	Die Wasserversorgung der Stadt Bonn	52
	Erich Blaß	54
	Erste Hauptversorgungsleitung nach Bonn	56
	Transportleitung zu den Phrix-Werken	59
Versorgung	Aufnahme der Trinkwasserversorgung	60
	Walter Debertshäuser und Gerd Franke	62
	Die Trinkwassersituation in den 50er Jahren	66
	Bestätigung des Vorstandes und neue Geschäftsführung	69
	Abschied von Geschäftsführer Siegfried Schilder	70
Versorgung nach Bonn	Franz Gerd Hötter	71
	Hans Kiel	74
	Ausweitung der Versorgung im Siegkreis	76
	Abstützung der Versorgung von Bonn	78
	Versorgung im Landkreis Bonn	78
	Erhöhter Wasserbedarf	80
	Grundwasserwerk Untere Sieg	82

Grundwassergewinnung	84
Trinkwasseraufbereitung Sankt Augustin Meindorf	86
Weiterer Ausbau des Trinkwasserversorgungssystems	88
Aufschlussreicher Archäologischer Baufund	89
Rheindüker Bonn-Nord	90
Linksrheinisches Versorgungssystem	92
Neuordnung des Bonner Raumes	94
Einheitlicher Wasserpreis	95
Ausscheiden der Phrix-Werke	96
Aus Schäden wird man klug	98
Sicherung der Wassergüte	102
Herkenrather Mühle	104
Professor Dr. Dr. Heinz Bernhardt	110
Phoshor Eliminierungsanlage	114
Top Trinkwasserqualität ohne Forschung nicht möglich	120
Aus der Pionierzeit	124
Datenverarbeitung	132
Hannemarie Glosch	134
Eine Zeitreise durch die Wasserschutzgebiete	136
Paul Kieras	142
Bauprogramm der 90er	144
Grundwasserförderung im Siegbogen bei Hennef	148
Neue Anlagen am Fuß der Wahnbachtalsperre	153
Neuer Wasserbehälter auf dem Siegelsknippen	160
Neue Trinkwasseraufbereitungsanlage	164
Wolfram Such	174
Hilfsprojekte von Wolfram Such	176
Neues Gebäude für die Laboratorien	178
Bevollmächtigte und deren Vertreter und die Mitglieder der Verbandsversammlung	182
Vorsteher und Geschäftsführer	184
Schlusswort	186
Bildnachweis / Quellen	188

Der Wahnbachtalsperrenverband beliefert seit 50 Jahren die Bevölkerung in der Region Bonn/Rhein-Sieg/Ahr mit qualitativ hochwertigem Trinkwasser. Das bedeutet nicht nur 50 Jahre sichere und vorausschauende Trinkwasserversorgung für rund 800.000 Menschen sondern auch 50 Jahre erfolgreiche Zusammenarbeit in der Region.

Am 12. Juni 1953 schlossen sich die damalige provisorische Bundeshauptstadt Bonn, der damalige Siegkreis, der damalige Landkreis Bonn, die Stadt Siegburg und die Phrix-Werke - ein Wirtschaftsunternehmen aus Siegburg - zu einem Verband zusammen, um der ständig wachsenden Bevölkerung in der Hauptstadtregion mit ihrem ständig wachsenden Trinkwasserbedarf gerecht zu werden.

Der Wahnbachtalsperrenverband hat sich seit seiner Gründung nicht nur in der Region Bonn/Rhein-Sieg/Ahr sondern auch in der deutschen Versorgungswirtschaft einen hervorragenden Namen gemacht. Durch seine zukunftsweisenden, innovativen Entwicklungen in der Trinkwasseraufbereitungstechnik, zum Beispiel mit der Phospateliminierung im Zulauf der Wahnbachtalsperre, dem Multibarriereneinsatz für einen nachhaltigen Gewässerschutz und mit seinen Entwicklungen zur Planktoninaktivierung durch Ultraschall und UV-Desinfektion, ist der Wahnbachtalsperrenverband auch weltweit bekannt geworden.

Der Wahnbachtalsperrenverband war in der Vergangenheit für seine Kundschaft - die öffentlich-rechtlich oder privatwirtschaftlich organisierten Versorgungsunternehmen in der Region - ein verlässlicher Partner und will dies auch in Zukunft, insbesondere in Zeiten der zunehmenden Veränderungen in der Versorgungslandschaft, bleiben.

Für die Bürgerinnen und Bürger der Region, denen letztlich all unsere Anstrengungen gelten, wird der Wahnbachtalsperrenverband auch weiterhin Garant für die Lieferung eines qualitativ erstklassigen und wohlschmeckenden Wassers zu angemessenen Preisen sein.

Allen Mitarbeiterinnen und Mitarbeitern des Verbandes, die über fünf Jahrzehnte mit ihrem täglichen Arbeitseinsatz die Trinkwasserversorgung für die gesamte Region sichergestellt haben, sage ich dafür meinen herzlichen Dank.

In der vorliegenden Jubiläumsschrift sind die Geschichte und die Leistungen des Wahnbachtalsperrenverbandes anschaulich - und teilweise von Zeitzeugen belegt - beschrieben. Herzlich danke ich allen Autoren, die zur Entstehung der Jubiläumsschrift beigetragen haben und damit die Arbeit des Wahnbachtalsperrenverbandes den Bürgerinnen und Bürgern nahe bringen.

Frithjof Kühn
- Landrat -

Das Wahnbachtal vor dem Bau der

Die historische Karte von Tranchot und v. Müffling von 1816/20 zeigt den in vielen engen Kurven zwischen den beiden Talseiten pendelnden Wahnbach mit nur einem einzigen Anwesen im Gebiet des heutigen Stausees, der Lüttersmühle.

Noch in den 1920er Jahren hat der damalige Bürgermeister Schmitz-Mancy aus Neunkirchen in der Zeitschrift „Die Heimat" des zu dieser Zeit bestehenden Handwerkervereins Neunkirchen-Seelscheid folgendes geschrieben:

„Am unzugänglichsten war bisher das Wahnbachtal, zwischen dem Agger- und dem Bröltal gelegen, welches fast ohne Weg und Steg nur dem Jäger und Fischer ein bekanntes, von der weiteren Menge noch unberührtes Naturparadies war."

Die auf den Höhen zu beiden Seiten des Wahnbachtales gelegenen Ortschaften waren nur über die westliche, von Siegburg aus über die Höhe an Seelscheid vorbei verlaufende, einigermaßen ausgebaute Zeithstraße und die östlich, ebenfalls auf den Höhen angelegte, weniger gut zu befahrene Straße von Hennef über Neunkirchen nach Much zu erreichen. Pläne zum Bau einer Eisenbahnlinie von Siegburg nach Much durch das Wahnbachtal wurden nicht weiterverfolgt. Die von der Bevölkerung immer wieder geäußerten Wünsche nach einer Verbindung von Much mit der Kreisstadt Siegburg erfüllten sich mit dem vom Kreistag des Siegkreises am 17. September 1924 gefassten Beschluss zum Bau einer Straße durch das Wahnbachtal im Rahmen einer weitgehend vom preußischen Staat finanzierten Notstands- und Arbeitsbeschaffungsmaßnahme. Über den Bau der Wahnbachtalstraße in den Jahren 1925 bis 1927 und die daran geknüpften Hoffnungen auf eine Belebung des Ausflugs- und Fremdenverkehrs im Wahnbachtal berichtete Paul Schmidt in der 1996 vom Heimat- & Geschichtsverein Neunkirchen-Seelscheid e.V. herausgegebenen Bilddokumentation und davon handelt auch der Beitrag „In dem Tal der Bäche" im Jahrbuch 2002 des Rhein-Sieg-Kreises. Beiden Veröffentlichungen sind u.a. auch die früheren Mühlen und übrigen Anwesen im Wahnbachtal gewidmet.

Das Wahnbachtal im Quellbereich des Wahnbachs.

Die heute überstaute Bogenbrücke über das Derenbachtal.

links: Die kurz vor Kriegsende zerstörte Bogenbrücke über den Ummigsbach, unterhalb der Wahnbachtalsperre.

...alsperre

Lage der Vorsperre der Wahnbachtalsperre.

Der einzige beim Bau der Wahnbachtalstraße eingesetzte Dampfbagger.

Lage des Absperrbauwerks der Wahnbachtalsperre.

Des einen Freud' – des anderen Leid
Drei Höfe, die dem Wahntalsperrenbau weichen müssen

Kölnische Rundschau v. 6.1.1954.

...bach.

...zur Zivilgemeinde Neunkirchen, aber ...Kirchengemeinde Birk, und die beiden ...der des Bauern gehen nach Schönau zur ...hule. Trotzdem hängt der Bauer an dem ein...men Hof... geboren ist und mit ...hat, seit er ihn vom ...Morgen Land, ein Holz-

...gen Wochen ...Wintergarten ...ligenthal einzog, ...ten Blick talauf...daß die Pläne jetzt ihrer ...gegeben. Im Jahre 1954 ...der Bau der ...Seligenthal beginnen. ...die landschaftliche Schönheit ...Wahntales, die verträumte Einsam...Wiesen und Wälder lieben, be...zum Jahreswechsel noch einmal diese ...Wir besuchten auch die drei Gehöfte, ...der neuen Talsperre weichen müssen, die ...Menschen, die – vielleicht schon im nächsten Jahre – Haus und Hof verlassen müssen. Da ist

die Lüttersmühle,

wohl der älteste und traditionsreichste Bau hier im Tale. Es ist eine alte Wassermühle, die früher einmal zum Kloster Seligenthal gehört haben soll. Man spricht davon, daß früher ein Mahlzwang bestanden habe, der die Höfe von Wolperath und Umgebung verpflichtete, hier mahlen zu lassen. Der besteht heute nicht mehr, aber die Mühle wird von den Landwirten der

handel und Steinbrüche im Wahntal bilden seine Existenz, von der Land und Hof und die Steinbrüche der neuen Talsperre zum Opfer

umliegenden Ortschaften gerne in Anspruch genommen. Es ist ein stolzer alter Fachwerkbau. Mühle, Haus und Stallungen der dazu gehörenden Landwirtschaft sind gepflegt. Der Müller, der den Betrieb heute mit seinem Sohne zusammen führt, erzählt uns voll Stolz, daß er bereits Elektrizität selbst erzeugte, als man auf den umliegenden Dörfern noch nicht daran dachte. Im Jahre 1890 hatte sein Vater Hof und Mühle gepachtet, 1903 gekauft.

Dann kam der große wirtschaftliche Umschwung für das Wahntal. 1925 wurde die Wahn...

...besitzer des Kaufhaus ...Stallungen errichtet, die von ...danach

„Petershof" genannt wurden. Ein alter M... eine Ruine blieben von dem frü...

zurück. Der heutige Pächter die... wirtschaftet einen 68 Morgen ... betrieb auf den Wiesen des Tal... tümer hat selbst einen großen H... Westfalen. Aber wo soll der ... neuen Pachthof finden? So erg... für diese Familie mit sechs P... Fragen und Zweifel.

Als wir langsam über ... nächst wie das ganze Tal üb... dem – wie lange noch ... träumten Dörfchen Sel... wegten uns mancherlei ... immer empfindet, w... Neuem Platz zu m... auf die schöne al... unserem geistige... riesigen Talspe... Wäldern, ei... schöner lan... Erholung

MÜHLEN UND HÖFE

Zum Zeitpunkt der Planung und Errichtung der Wahnbachtalsperre haben sich im heutigen Stauraum die Lüttersmühle und das benachbarte Gasthaus „Wahntaler Schweiz" sowie die beiden landwirtschaftlichen Anwesen Hillenbach und Petershof befunden.

Am Einlauf des Wahnbaches in die heutige Vorsperre der Wahnbachtalsperre stand die Gaststätte Herkenrather Mühle, deren Name von der etwa 100 m oberhalb gelegenen Mühle mit einem landwirtschaftlichen Gehöft stammt.

In den beiden Mühlen und den zwei landwirtschaftlichen Anwesen im Wahnbachtal lebten seinerzeit insgesamt rund 20 Personen.

Aus dem Leben einiger von ihnen wird aufgrund ihrer eigenen Schilderungen und der Angaben des Heimathistorikers Paul Schmidt im Folgenden berichtet.

LÜTTERSMÜHLE

Die Lüttersmühle wurde 1645 erstmals erwähnt und war bis 1803 gegenüber dem Minoriten-Kloster in Seligenthal abgabepflichtig. In ihrer Nachbarschaft wurde bis zu einem unbekannten Zeitpunkt auch eine Ölmühle betrieben. Die Lüttersmühle war neben dem Mühlrad zum Antrieb des Getreidemahlstuhles mit einem zweiten Mühlrad zum Betrieb eines Ölmahlstuhles sowie mittels einer ausgeklügelten Kraftübertragung zum Antrieb einer Teigmaschine im Mühlenbackhaus und verschiedener landwirtschaftlicher Maschinen ausgerüstet. In den 1920er Jahren wurde die Lüttersmühle an das Elektrizitätsnetz angeschlossen, sodass bei Wegfall der Wasserkraft infolge zu geringer Wasserführung bei Trockenheit oder Hochwasser im Wahnbach der weitere Mühlenbetrieb sichergestellt war.

Mühle und landwirtschaftlicher Betrieb standen seit 1903 im Eigentum der Familie Küpper, aus deren Leben im Wahnbachtal nachstehend erzählt wird:

Lüttersmühle und Gasthaus „Wahntaler Schweiz" im Wahnbachtal, nach einem Ölbild von F. Albus.

„DE MÜLLEKAR KÜTT"

Nach einem festgelegten Rhythmus wurden von der Lüttersmühle aus die Ortschaften auf beiden Seiten des Wahnbaches: Happerschoß, Heisterschoß, Pinn, Wiescheid, Wolperath, Renzert, Schneffelrath, Umschoß, Neuenhaus u.v.a. angefahren, um bei den ansässigen Bauern das Getreide zum Mahlen abzuholen.

Rückansicht der Lüttersmühle.
Die Wasserräder liegen so tief, dass sie nicht einsehbar sind.

Die Bauern kannten die Termine genau. Schon von weitem war das Gefährt an seinem mit Gebimmel ausgestatteten „Perdekummet" zu erkennen und die Bauern gaben unter sich weiter: „De Müllekar kütt".

Die „Müllekar" war ein einachsiges Pferdefuhrwerk und mit einem spitzen Verdeck versehen. Die steilen und holperigen Wege konnten so besser bewältigt werden. An die Besuche der „Müllekar" im landwirtschaftlichen Betrieb seiner Eltern in Siegburg-Kaldauen erinnert sich auch Willi Brombach, der von 1970 bis 1998 beim Wahnbachtalsperrenverband tätig gewesen ist. Johanna und Gretchen, die Töchter von Josef und Peter Küpper, saßen als Kinder häufig auf dem „Bock" und hatten ihren Spaß am Gebimmel.

Aber kein Spaß war die schwere, von Mühsal und Entbehrung geprägte Arbeit. Schon die Wasserversorgung war ein Problem, denn auch die Lüttersmühle besaß keinen der üblichen Brunnen, sondern versorgte sich aus dem nahen Umkreis mit provisorisch eingefassten Quellen und nutzte Wasser aus dem Wahnbach für das Vieh und die Wäsche.

Mühlengebäude nach Teilabriss, Gasthaus Wahntaler Schwe[...]

Die Kinder gingen bis 1938 den steilen und holperigen Mühlenweg hinauf nach Neunkirchen, später nach Schönau zur Schule - eine Stunde hin und eine Stunde zurück, bei jedem Wetter, bei Dunkelheit im Winter, bei Eis und Schnee und zugewehten Wegen. Sie erinnern sich noch lebhaft an zugefrorene Nasen und blaue Hände, aber auch an den Befehl der Mutter „un ihr joot mir äver och noch vürher en de Kirch" (die damals übliche Schulmesse vor dem Unterricht). Das bedeutete Aufbruch schon um 6.30 Uhr. Heute kaum noch vorstellbar für Kinder ab dem 6. Lebensjahr.

Aber das Landleben brachte den Kindern von damals auch fröhliche Erinnerungen. Nach dem Heuen schnappten sich die Knechte die Mädchen und schmissen sie nach kräftigem Schaukeln in einen der teilweise 2 m tiefen „Kumpen" (Kolke) des kalten Wahnbachs. So lernten sie verhältnismäßig früh, sich zunächst paddelnd über Wasser zu halten, und wurden bald ohne Ausnahme gute Schwimmerinnen.

DREI SÖHNE AUF LÜTTERSMÜHLE – GEHT DAS GUT?

Anfang der 20er Jahre lebten bei der Familie Küpper auf Lüttersmühle sechs Kinder, darunter drei Söhne. Alle wollten Familien gründen. Jeder machte sich Hoffnungen, mal „Herr auf dem Hof" zu sein.

Josef und Helene Küpper haben Silberhochzeit.
Auch an diesem Ehrentag füttern sie ihre Hühner.

Als sie heirateten, wurde es schnell eng auf dem Hof. Bei den eingeheirateten Frauen, alle mit unterschiedlichen Eigenschaften, entwickelten sich rasch konkurrierende Konflikte. Schon kurz nach dem Einzug gelang es Mariechen, der Frau von Johann Küpper, die „Schlüsselgewalt" an sich zu reißen.

Im wahrsten Sinne, denn sie trug einen großen Schlüsselbund nach Art der Klosterbrüder an einem Gurt um den Leib. Ob man eine verschlossene Tür oder einen der vielen verschlossenen Schränke öffnen wollte, die Schlüsselfrau übte mir ihrem „wat wellst Du do?" eine rigorose Herrschaft aus.

Es kam, wie es kommen musste.

Die etwas zartere Helene sagte zu ihrem Josef Küpper: „Ich halen dat nit mi uus. Ich jonn no Wisched (Wiescheid). Du kanns metjonn oder och net. Ich jonn." Und Josef ging mit seiner damals hochschwangeren Helene ins benachbarte Wiescheid. Dort wurde kurze Zeit später Johanna geboren (1925). Seine Arbeit auf Lüttersmühle behielt Josef Küpper aber bei - von Wiescheid aus.

Bruder Peter Küpper hatte vorher schon mit seiner Familie das Weite gesucht und sich in Obereip bei Eitorf in der dortigen Mühle selbstständig gemacht.

Johann Küpper hätte sich mit seiner „Schlüsselfrau" Mariechen ja nun häuslich einrichten können, aber damals gaben die dominierenden „Alten" das Heft nicht so leicht aus der Hand. So zog auch Johann Küpper mit seiner „Schlüsselfrau" auf einen Hof mit Mühlenbetrieb nach Paffrath bei Köln und machte sich dort selbständig. Resi, die Tochter von Peter Küpper, die dort ihr Landjahr verlebte, weiß zu berichten, dass der Schlüsselbund auch in Paffrath als ein um den Leib gebundenes Requisit bei Mariechen haften blieb. Man erzählte sich, sie ging damit schlafen.

Auf ihre Art praktizierten die drei Küpper-Brüder damals schon, was man heute mit dem modernen Begriff der Globalisierung umschreibt.

KONFLIKTLÖSUNG NACH „LÜTTERSMÜHLER ART"

Auch aus ihren eigenen Domizilen Obereip, Paffrath und Wiescheid beobachteten die drei Brüder Peter, Johann und Josef Küpper aufmerksam die Entwicklung auf ihrem elterlichen Betrieb in Lüttersmühle.

Man kann sich den Konflikt der „Alten" vorstellen, die keinen ihrer Söhne benachteiligen wollten. Sie lösten ihn schließlich auf ihre Art: „Einigt Euch selber" und gaben damit das Problem an die betroffenen Söhne weiter. Es gab nur eine Bedingung: Gehöft und Mühle bleiben in einer Hand.

Die Gewissensnot der Brüder war enorm. Nach endlosem Palaver verständigten sie sich schließlich - einfach, praktisch, aber auch schicksalhaft: „Mir trecke Pennche" (Wir ziehen Pinnchen = Streichhölzer). So geschah es und in einem Akt von atemberaubender Stille (es wurde nur einmal gezogen) gewann Josef Küpper den „längsten Pinn" und damit Mühle und Gehöft.

Damit hatte Josef Küpper zwar die Lüttersmühle, aber auch die nicht minder schwere Aufgabe einer befriedigenden Entschädigung seiner Brüder. Keine leichte Aufgabe in der Wirtschaftskrise Ende der 20er Jahre.

Johann Küpper zog nach Paffrath und baute dort den Mühlenbetrieb dauerhaft aus.

Inzwischen wurde 1927 die Wahnbachtalstraße fertig gestellt. Die Straße führte an der Lüttersmühle vorbei. Während die Verkehrsexperten eine Entlastungswirkung der Zeithstraße (B 56) erwarteten, erhofften sich die Anlieger eine touristische Belebung des idyllischen Wahnbachtales.

Darauf setzte auch Peter Küpper und baute mit seiner Entschädigung aus dem elterlichen Betrieb und den Ersparnissen aus seiner Arbeit in der gepachteten Obereipermühle gegenüber der Lüttersmühle die Gastwirtschaft „Wahntaler Schweiz" mit einigen Fremdenzimmern. Die Hoffnungen erfüllten sich aber nicht. Die Verkehrsexperten waren enttäuscht, weil die Wahnbachtalsstraße nicht im erhofften Umfang angenommen wurde. Die schwere Weltwirtschaftskrise Ende der 20er, Anfang der 30er Jahre zerstörte auch die Erwartungen der ansässigen Gastronomie. Sie kamen alle in wirtschaftliche Schwierigkeiten, die darauf gesetzt hatten in diesem Gebiet:
Herkenrather Mühle, Herrenteich, Hausermühle und Lüttersmühle.

Familie Küpper haben sich im Sonntagsstaat dem Fotografen gestellt.

So verließ auch Peter Küpper seine Gaststätte an der Lüttersmühle und zog mit Familie nach Seelscheid. Er übernahm schließlich in Pacht die im Wahnbachtal gelegene „Gutmühle" mit der dazugehörigen Landwirtschaft. Letztere wurde später sein Eigentum.

„KUMM AT HER, ICH JEWEN DIR NOCH JETT"

Vor dem und im Krieg versorgten die Betreiber der Lüttersmühle nicht nur die Bauernfamilien, die kein eigenes Backhaus (Backes) hatten, mit Mühlenbrot und Mühlenblatz sondern wegen seines hervorragenden Geschmacks und seiner Qualität verkauften sie ihre Produkte auch an die Stadtbevölkerung. Kaldauer und Siegburger holten sich damals „ihr Brot" in der Lüttersmühle. Nach Neunkirchen lieferten sie sowieso. Kein Wunder, dass ihre „Kunden" vertrauensvoll davon ausgingen, auch in der Mangelzeit nach dem Krieg aus der Lüttersmühle wie gewohnt versorgt zu werden. Das war im gewohntem Umfang natürlich nicht aufrechtzuerhalten.

Josef Küpper auf seinem Motorrad; daneben besaß er auch einen PKW Marke Opel Typ P 4.

Josef Küpper war der letzte Müller auf Lüttersmühle. Er war schon immer landauf und landab dafür bekannt, dass er im Schimpfen an Lautstärke und Einfallsreichtum nicht zu übertreffen war. Meist verdecken solche Menschen ja ihre eigene Milde hinter einer solchen Schale. Aber das wussten vor allem die Kinder damals nicht und die wurden meist geschickt, um Brot, Blatz und Mehl zu erbitten. Sie kannten natürlich das Ritual der Schimpftiraden und trauten sich kaum auf den Hof. Wenn sie von Josef Küpper schließlich erspäht wurden, ging es auch prompt lauthals los: „Du verrrrdammmmte Käl! Du woosch doch für drei Daach noch he. Wat wellst de dann at wedder". Ängstlich und schüchtern blieben die Kinder stehen; aber schließlich hieß es dann doch immer wieder „kumm at her, ich jevven Dir noch en jett. Ävver loss Dich he net su schnell wedder sehn."

DAS ENDE DER LÜTTERSMÜHLE

Im April 1956 wurde der Kaufvertrag zwischen Josef Küpper, dem letzten Müller der Lüttersmühe und Landwirt, sowie dem Wahnbachtalsperrenverband über den Erwerb des Gesamteigentums von 10,6 ha land- und forstwirtschaftlicher Fläche einschließlich anstehendem Holz, der Gebäude, Mühleneinrichtung und Staugerechtsame über 239.438 DM geschlossen. Josef Küpper und seine Frau Helene geb. Schönenberg mussten ihr Lebenswerk räumen. Sie sahen zu, wie Bagger anrückten, die Gebäude einrissen und den Bauschutt in den ehemaligen Mühlengraben drückten. Nur ein Schuppen der Lüttersmühle wurde abgeschlagen und in der Ortschaft Straßen auf der Westseite des Wahnbachtales wieder aufgebaut, wie sich Frau Johanna Schuck geb. Küpper, eines der drei Kinder des letzten Mühlenehepaars, erinnert. Vor der endgültigen Entscheidung für den Bau der Wahnbachtalsperre

Familie Küpper vor ihrem Wohnhaus.

FORELLENFANG NACH KÜPPERS ART

Wenn es Josef Küpper und seiner Familie nach einer guten Forellenmahlzeit gelüstete, nahm der Müller sein Kleinkalibergewehr aus dem Schrank und suchte im Bereich der beiden Mühlräder den abfließenden Mühlengraben auf. Unterhalb vom Küchenfenster tummelte sich stets eine größere Anzahl der begehrten Fische im strudelnden Wasser, die von den aus dem Fenster geworfenen Küchenabfällen angelockt wurden. Nach dem Motto „jeder Schuss ein Treffer" hatte Josef Küpper in kürzester Zeit die benötigte Anzahl Forellen auf „waidmännische Art" erlegt.

fuhr Müller Josef Küpper, ein echtes Original der Region und Gemeinderatsmitglied, mit seinem Opel P 4 zur Biggetalsperre und anderen in Ausführung stehenden Talsperren, um die Umstände eines solchen Baus zu studieren. „Seine Mahnung, sich die Folgen der Talsperre, vor allem die dadurch notwendig werdende Kanalisation im späteren Schutzgebiet, vom Verband bezahlen zu lassen, blieb ungehört", erzählt sein Schwiegersohn Josef Schuck. Aus Protest verließ Küpper seinerzeit den Gemeinderat. Johanna Schuck: „Für den Vater war das alles sehr schwer."

DER HOF HILLENBACH

Etwa 300 m von der Lüttersmühle in westlicher Richtung entfernt befand sich am Hang der Hof Hillenbach mit ca. 30 Morgen Fläche, der sich bis zum Erwerb und Abbruch durch den Wahnbachtalsperrenverband im Besitz der Familie Wilhelm Hover befand. Wilhelm Hover betrieb neben der Landwirtschaft einen Holzhandel und Steinbrüche im Wahnbachtal. Bei tiefen Stauseewasserständen werden die Reste von Grund- und Stützmauern des früheren Gehöftes sichtbar.

Wohnhaus und Scheune des Hofes Hillenbach.

Wilhelm Hover bei der Holzabfuhr.   Wilhelm Hover beim Einfahren von Heu.   Familie Hover vor ihrem Haus Hillenbach.

DER PETERSHOF

In den Jahren 1933/34 errichtete der Bonner Kaufmann Peters im Wahnbachtal am Standort der im 19. Jahrhundert untergegangenen Hoffnungsthaler Hütte, eines Weilers zur Verhüttung eines lokalen Erzvorkommens, und der nach 2 Bränden im Jahr 1882 aufgegebenen Hoffnungsthaler Mühle ein landwirtschaftliches Anwesen, den „Petershof".

Im Folgenden berichtet Jan de Vries, der Sohn des Zweitpächters, als „Landwirt im Wahnbachtal" über das Leben seiner Eltern und seiner Familie bis zum Erwerb des Hofes durch den Wahnbachtalsperrenverband und den Abriss vor dem Einstau. Nach dem Verlassen des Petershofes waren Frau Johanna de Vries von 1961 bis 1968 und Herr Jan de Vries von 1963 bis 1985 beim Wahnbachtalsperrenverband tätig.

Der Petershof von der Wahnbachtalstraße aus gesehen.

LANDWIRT IM WAHNBACHTAL

Mein Vater wurde 1873 in Zuidhorn (Provinz Friesland/Niederlande) geboren. Nachdem er bereits mehrere Jahre als landwirtschaftlicher Betriebsleiter im Rheinland tätig gewesen war, übernahm er 1942 den im Wahnbachtal gelegenen Petershof. Das Weideland des 70 Morgen großen Betriebes ermöglichte Viehwirtschaft. Die Bewirtschaftung war jedoch hart, mühsam und für meinen schon älteren Vater zu anstrengend. Auch die Existenz von meiner Frau und mir gestaltete sich während der Kriegszeit schwierig. So entschlossen wir uns, mit ins Wahnbachtal zu ziehen und meine Eltern zu unterstützen.

Während noch viele Menschen an den Endsieg glaubten, auf Köln die schwersten Luftangriffe geflogen wurden und die Stadt einer Ruinenlandschaft glich, zogen viele ausgebombte Kölner übers Land, um Nahrungsmittel zu erbitten oder zu tauschen. Viele durchquerten das Wahnbachtal und trafen so auf unseren Hof. Auch unser Tisch war in diesen Zeiten nicht gerade üppig gedeckt, doch für einen Platz am Mittagstisch oder etwas Milch reichte es immer. Wie hart die Zeiten waren, zeigt die kleine Geschichte mit unserem Hofhund Rhino. Rhino, treuester Gefährte auf unserem Hof, war „Kidnappern" in die Fänge geraten. Wir suchten ihn tagelang, bis sich eines Tages ein Bewohner aus Braschoß meldete und uns gegen ein „Lösegeld" von zwei Pfund Butter verriet, wo er zu finden sei. Wir lösten Rhino natürlich aus und die Wiedersehensfreude war so groß, dass er meine Frau, die ihn abholte, zu Boden riss.

Gegenseitige Hilfe war eine Existenzfrage. Freundschaften aus dieser Zeit überdauerten den Krieg und die Währungsreform. So gaben wir einer ausgebombten Düsseldorferin Quartier, die später die Patenschaft unserer jüngsten Tochter übernahm. Freundschaftliche Beziehungen hatten wir auch zur Familie Kessler, die bis zum heutigen Tag eine Nährmittelfabrik in Bonn-Beuel betreibt. Familie Kessler versorgte uns mit Zucker, Puddingpulver und Schokolade - eine kostbare Rarität in dieser Zeit - und sie erhielt im Gegenzug eventuell eine Gans oder ein Huhn.

Für unsere Kinder war es immer ein außergewöhnlich schöner Tag, wenn „Onkel Gustav Kessler" in sein Wochenendhaus, unterhalb unseres Wohnhauses direkt am Wahnbach gelegen, zu Besuch kam. Er war passionierter Angler und wusste schon damals die Fische aus dem frischen Wahnbachwasser zu schätzen. Er brachte immer Schokolade mit und unsere Kinder behaupteten sogar, er rieche nach Schokolade.

Erst nach 1945 erhielten wir einen elektrischen Gebäudeanschluss. Die Leitungen wurden über Land von der Ortschaft Pinn hinab ins Ommichs Loch geführt. Diese Aktion hat uns im wahrsten Sinne des Wortes „eine Kuh" gekostet. „Ommichs Loch" hieß das Gebiet, auf dem unser Hof stand. Früher befand sich hier einmal die Hoffnungsthaler Mühle. Das Wasser für ihren Antrieb wurde herangeführt, indem man einen Stollen durch den „Hemmerschröcken" schlug.

Das Felsgestein war sehr hart und die Tagelöhner „ommichten" - wie man in rheinischer Mundart sagt - d.h. sie stöhnten sehr bei ihrer schweren Arbeit. Fortan nannte man das Gebiet „Ommichs Loch". Das Leben im „Ommichs Loch" war demnach zu keiner Zeit ein Zuckerschlecken.

Nach der Währungsreform waren alle in Aufbaustimmung und Neuerungen breiteten sich aus. Entsprechend lautete auch das Motto der Landwirtschaftsmesse in Köln: „Freie Bauern in freien Ländern erzeugen mehr und leben besser". Doch auf unserem Hof änderte sich nicht viel. Die tägliche Arbeit mit den wenigen Maschinen blieb eine Plackerei. Nicht ein Traktor sondern zwei Pferde zogen den Pflug und die Egge. An ertragreichen Ackerbau war aufgrund der feuchten Lage der Flächen nicht zu denken. Auch das Grünland konnte gerade den vorhandenen Tierbestand ernähren. Durch die Verlagerung von der Milchkuhhaltung auf die Jungviehzucht konnten wir jedoch die Wirtschaftlichkeit ein wenig erhöhen. Dennoch kämpften wir ständig um unsere Existenz; es erforderte schon einige Gewitztheit, um ein gutes Geschäft zu erzielen.

Als wir 1952 vom geplanten Talsperrenbau erfuhren, bekamen wir natürlich Angst um unsere Existenz. Wenn auch bescheiden, so hatte der Hof uns doch immer ernährt und wir waren zurecht gekommen. Die Familien im Tal sprachen nur noch von der Talsperre. Mein alter Vater wollte und konnte nicht einsehen, den Hof verlassen zu müssen. Sein Widerstand gegen einen Umzug war bis zuletzt erheblich. Als die Planierraupen und Rüttelgeräte sowie die Sprengarbeiten für die Stubbenrodung den Tagesablauf im Wahnbachtal bestimmten, wurde er krank und starb.

Unser Hof wurde als erster der landwirtschaftlichen Betriebe im Wahnbachtal geräumt. Zuerst wurde die Scheune abgerissen. Das Wohnhaus diente noch einige Zeit als Quartier für die Waldarbeiter, deren Aufgabe es war, den Wald bis zum voraussichtlichen Höchstwasserstand der Talsperre abzuholzen. Für meine alte Mutter, die mit uns ging, war es schwer. Meine Frau und ich waren jedoch noch jung, harte Arbeit gewohnt, und so schufen wir uns in Kaldauen ein neues Zuhause. Das nun versunkene Tal bleibt uns in schöner Erinnerung, doch auch die Mühsal haben wir nicht vergessen. Wenn ich heute mit meiner Frau auf der Terrasse, unserem Lieblingsplatz, sitze, erzählen wir oft vom Wahnbachtal. Es war ja auch die Zeit unseres Jungseins, die Zeit der Geburt unserer beiden Kinder und unserer Erlebnisse. Unser Blick zurück ist nicht traurig. Wir sind froh, dass wir hier in den schönen Garten schauen können.

Jan de Vries

Großeltern de Vries mit Enkeltochter Erika Potratz und Besucherin bei der Hausarbeit auf dem Petershof.

Vater de Vries mit Tochter Erika Potratz hoch zu Ross neben dem Stallgebäude des Petershofes.

Anschließend schildert ihre ältere Tochter Erika Potratz in „Unsere Jugend im Wahnbachtal" die gemeinsamen Erlebnisse mit ihrer jüngeren Schwester.
Frau Erika Potratz ist seit 1971 beim Wahnbachtalsperrenverband beschäftigt.

UNSERE JUGEND IM WAHNBACHTAL

Meine Schwester und ich wurden 1948 und 1944 auf dem Petershof, einem der drei Höfe im heute überfluteten Wahnbachtal, geboren. Wir hatten eine wunderbare Kindheit. Die intakte Großfamilie ließ uns Kinder vergessen, dass wir fernab von Nachbarn und Gleichaltrigen wohnten. Wir wuchsen auf mit Hund, Katze und Hühnern, die für uns lebendige Spielzeuge waren, an denen unser Herz hing.

Die Sommer verbrachten wir auf dem Hof, zusammen mit Hühnern, Gänsen und unserem Hund Rhino, der Chef über alle Zwei- und Vierbeiner war. Rhino wusste sich stets Respekt zu verschaffen, auch gegenüber den Katzen, die den Hof ratten- und mäusefrei hielten. Sommer bedeutete aber auch Baden im Wahnbach, Mückenstiche, zerschundene Beine von Strohstoppeln, riesige Heuwagen, die entladen wurden, und das Füllen der Gläser mit Obst, Kompott und Gemüse für den Winter. Schlüsselblumen, Butterblumen, Margaritten und Wiesenschaumkraut säumten die Wiesen und wir pflückten üppige Sträuße für unsere Mutter, wie es alle Kinder tun. Sehr gut in Erinnerung sind mir die Sonn- und Feiertage, oftmals verbunden mit Spaziergängen, auf denen uns die Großeltern begleiteten, da die Eltern mit Viehmelken oder -füttern beschäftigt waren. Großvaters Lieblingsspaziergang ging zum „Hemmerschröcken", einem Bergausläufer in Richtung Braschoß. Hier schaute man auf den Wahnbach, zur Ortschaft Pinn hinauf oder auf die Wiescheider Seite. Meine Schwester und ich erfuhren Geschichten aus Friesland, woher es die Großeltern ins Wahnbachtal verschlagen hatte oder das Märchen vom Pinneberg, wonach ein Schmied vom König für treue Dienste mit goldenen Pinnen (Hufnägel) belohnt worden war.

Die Mobilität, wie wir sie heute kennen, war natürlich utopisch. Großvater spannte noch die Kutsche an, um gemütlich nach Kaldauen zu fahren. Doch als Pferd und Kutscher gemeinsam zu alt wurden, mussten wir Kinder eiligst das Fahrradfahren lernen. Der lange Schulweg, etwa 5 km bis Kaldauen, musste per Rad zurückgelegt werden. Da unsere Eltern sich um uns sorgten, begleiteten sie uns auf dem Hinweg und holten uns auch wieder ab.

Unter heutigen Aspekten ein tolles Fitness-Programm, doch damals neben der beschwerlichen Arbeit in der Landwirtschaft eine zusätzliche Belastung. Oft kamen wir völlig durchnässt oder durchgefroren in der Schule an, waren bis zum Schulschluss gerade wieder trocken und wurden auf dem Heimweg - noch bevor die roten Ziegel des Petershofes sichtbar wurden - abermals von einer Dusche überrascht.

Die Zeit verstrich sehr langsam, sicherlich ein Phänomen der Kindheit, aber in der Ruhe dieses fast menschenleeren Tals doch extrem ausgeprägt. Eines Tages kamen Fremde ins Tal. Gehörte der Besuch des Bäckers, des Postboten oder Milchabholers zum geregelten Ablauf, so verhieß das Erscheinen von Landvermessern und „Gastarbeitern" aus der Eifel, die Rodungsarbeiten im Wald durchführten, einen Wandel. Auch wir Kinder spürten ihn. Es wurde von Fortgehen und Aufbruch gesprochen. Großvater, der von dem Bau der Talsperre ohnehin nichts hielt, wollte nicht mehr umsiedeln. Er starb nach kurzer Krankheit und wir vermissten ihn sehr.

Wo bisher Viehherden in den Wiesen weideten, fuhren jetzt riesige Bagger, um Boden zu bewegen und Schüttmaterial für den Staudamm zu transportieren. Die Großbaustelle wuchs von Tag zu Tag, die Wahnbachtalstraße wurde unpassierbar und so mussten wir in Braschoß die Schule besuchen.

Der Zeitpunkt des Umzuges kam und begleitet von unserer Lieblingskatze, alt, schwarz und fast zahnlos, zogen wir ins neue Haus nach Kaldauen. Wir fanden Freundinnen und Nachbarn, spannend wurden neue Spiele wie z. B. Federball oder Hulahupp, und der geregelte Schulalltag nahm seinen Lauf. Auch wenn Blumenwiesen, Viehweiden, kreisende Habichte und anschleichende Füchse zurückbleiben mussten und unser Hof allmählich im Stausee versank, blieben mir die Bilder aus der Kindheit in wacher und schöner Erinnerung. So kehre ich noch heute nie ohne einen Feldstrauß von einem Spaziergang oder einer Fahrradtour zurück.

Erika Potratz

GEBÄUDE UND GASTSTÄTTE HERKENRATHER MÜHLE

Die zu den ältesten Mühlen im Umkreis zählende Herkenrather Mühle ist nach der oberhalb gelegenen Ortschaft Herkenrath benannt, die bereits im ältesten „Memorienbuch", d.h. dem Verzeichnis der für Verstorbene gestifteten Jahresgedächtnisse der Kirche St. Gereon in Köln um das Jahr 1151, genannt wird. Sie war Zwangs- bzw. Bannmühle für die umliegenden Kirchenspiele, d.h. die Bewohner der zugehörigen Ortschaften waren verpflichtet, ihr Getreide nur in der Bannmühle mahlen zu lassen. Die Herkenrather Mühle befand sich bis zur Aufhebung des Klosters Seligenthal im Jahr 1803 in dessen Eigentum.

Gaststätte Herkenrather Mühle

Die Gebäude der Mühle und der nach Inbetriebnahme der Wahnbachtalstraße im Jahr 1928 unterhalb an der Einmündung des Wahnbaches in die Vorsperre der Wahnbachtalsperre errichteten Gaststätte Herkenrather Mühle erwarb der Wahnbachtalsperrenverband im August 1961. Im Gebäude der ehemaligen Gaststätte wurden vom Verband über mehrere Jahre Versuchsanlagen betrieben, über die hier an anderer Stelle berichtet wird und die als Vorläufer der unterhalb von Neunkirchen an der Vorsperre der Wahnbachtalsperre errichteten Phosphor-Eliminierungsanlage gelten.

Herkenrather Mühle

KLOSTERHOF SELIGENTHAL

Im Stausee der Wahnbachtalsperre ist auch der größte Teil der früher zum Klosterhof Seligenthal gehörenden Landwirtschaft und Waldflächen untergegangen. Die zwischen der spätromanischen Kirche des Hl. Antonius, einer der ältesten Franziskanerkirchen Deutschlands, dem Pfarrhaus und dem vorbei fließenden Wahnbach vorhandenen Gebäude des im Jahr 1803 säkularisierten Klosters und aus späterer Zeit wurden vom Wahnbachtalsperrenverband erworben. Die unter Denkmalschutz stehenden Gebäude wurden dann als Wohngebäude für Mitarbeiter des Verbandes und für betriebliche Zwecke genutzt. Grundstück und Gebäude wurden inzwischen in Erbpacht an einen Investor übertragen. Er hat nach tiefgreifender Sanierung, Umbau und Ergänzung der Gebäude durch Neubauten im Mai 2001 ein Hotel und Restaurant eröffnet.

DIE FRÜHERE WASSERVERSORGUNG IM UND UM DAS WAHNBACHTAL

Glücklich, wer einen guten „Pötz" sein Eigen nennen konnte. Pötz oder auch Pütz, den Buchstaben dieses mundartlichen Lautes irgendwo zwischendrin gibt es nicht, der kleine Brunnen, den noch vor 50 Jahren nahezu jedes Haus in Neunkirchen-Seelscheid, in Winterscheid oder Seligenthal zur Wasserversorgung besaß, wurde nie anders genannt.

Der Heimatforscher Paul Schmidt aus Neunkirchen erinnert sich: an die Annehmlichkeit eines Bauern, dessen Pötz im Keller lag und der das Wasser mit einer höher gelegenen Pumpe in ein Bassin auf dem Speicher förderte, wovon es elegant in die hauseigenen Leitungen floss. Geschmeckt hat es jedoch seltsam, lagen doch Bassin und Jauchekeller häufig direkt nebeneinander. Andere Pötze, oft bis zu einem Dutzend Meter tief, führten hervorragendes Wasser. Aber die Arbeit! Mit dem Schwengel, den Zinkeimer an der klassischen Kette, förderten die Frauen und oft die älteren Kinder des Hauses, wie ihre Vorfahren vor Jahrhunderten schon, Liter um Liter Trinkwasser für den Haushalt zu Tage. Das Wasser für die Wäsche oder das Vieh wurde nicht selten aus den nahen Siefen geholt.

Zu dieser Zeit, noch in den 40er und 50er Jahren, verlegten die Menschen auf dem Land das samstägliche Bad vom Zuber in der Küche auch gerne in die tiefen „Kumpen" des Wahnbaches, traditionell nach dem anstrengenden Wenden des Heus am späten Nachmittag.

Heute gehören die vielen Quellen, mit denen der Wahnbach gespeist wurde, zur streng beaufsichtigten Wasserschutzzone und ein Teil des Wahnbachtales liegt im Wasser des Stausees. „Das war für die Menschen schon ein Segen", erklärt Zeitzeuge Paul Schmidt und erinnert sich an die Trockenjahre und das Jahr 1947, als man viele Gehöfte mit Tankwagen versorgen musste, weil die Pötze ausgetrocknet und die Quellen zu Rinnsalen verkommen waren. Daher bedeutete der Bau der Talsperre den Beginn einer neuen Zeit: Wasser war bald reichlich vorhanden. Zuber, einst für das wöchentliche Bad gefüllt, wurden bald als Kinderplanschbecken zweckentfremdet. Fließendes Wasser mit all seinen Annehmlichkeiten gehörte nun nicht mehr zu den schier unerschwinglichen Kostbarkeiten.

Sehr aufwändig und geradezu ein Luxus war die Förderung des Wassers nach dem Prinzip des hydraulischen Widders oder Stoßhebers, im Volksmund „Klopphannes" genannt.
Mit dem im Bild gezeigten, nach der Rekonstruktion im Hof des Gemeindewasserwerkes Neunkirchen-Seelscheid aufgestellten Pumpwerk, bei dem ein kleiner Anteil des unter einem verhältnismäßig geringen Überdruck zuströmenden Wassers in einem erheblich höher gelegenem Behälter gehoben wurde. Mehrere solcher „Klopphannes" sind aus der Nachbarschaft des Wahnbachtales bekannt.

Vorgeschichte
zum Bau der Wahnbachtalsperre

Die Vorbereitungen zur Bildung des Wahnbachtalsperrenverbandes begannen vor nunmehr 54 Jahren im Jahr 1949. Das damalige tiefbautechnische Dezernat des Regierungspräsidenten in Köln unter Leitung von Oberregierungs- und -baurat Hans Kiel erteilte dem Wasserwirtschaftsamt Bonn den Auftrag zur Erarbeitung eines Entwurfes über die Gründung des Verbandes. Der Wirtschaftsminister des Landes Nordrhein-Westfalen stellte die hierzu erforderlichen Vorarbeitskosten zur Verfügung.

Der im Wasserwirtschaftsamt Bonn mit dem Vorstand, Regierungsbaurat Nußbaum, von einer Arbeitsgruppe unter Leitung von Regierungsbaurat a.D. Siegfried Schilder aufgestellte „Entwurf zur Bildung des Wahnbachtalsperrenverbandes" wurde am 30. November 1950 vorgelegt.

Der Entwurf umfasste den Bau einer Talsperre im Wahnbachtal, etwa 1 km oberhalb von Seligenthal, mit einem Stauziel auf 124,00 m + NN bei einer Kronenhöhe von rund 55 m über der Talsohle und einem Stauinhalt von 43,18 Mio. m³.

Die Zweckbestimmung der Talsperre sollte sein:

- die Versorgung der Region Bonn-Siegburg-Siegkreis-Landkreis Bonn mit Trinkwasser und des in Siegburg ansässigen Industrieunternehmens, der Chemie-Faser AG, mit Brauchwasser,
- die Abgabe von Zuschusswasser bei Niedrigwasserführung der Sieg,
- der Hochwasserschutz im unteren Wahnbachtal und
- die Erzeugung von Wasserkraft.

Aus dem im Entwurf zugrunde gelegten Stauinhalt und dem aus den seinerzeit verfügbaren Zuflussdaten ermittelten, durchschnittlichen Jahreszufluss von rund 40 Mio. m³ ergab sich für die Talsperre der so genannte Ausbaugrad, ein für die aus einer Talsperre bereitzustellende Wassermenge wichtiger Vergleichswert, von 1,08. Der gewählte Ausbaugrad bedeutet, dass im Stausee ein um 8 % größeres Volumen gespeichert werden kann als der im Durchschnitt der Jahre zu erwartende Zufluss. Dieser Wert hat sich nach den seither weitergeführten Messungen der tatsächlichen Zuflüsse und trotz eines mit tatsächlich 41,3 Mio. m³ geringeren endgültigen Stauvolumens nur geringfügig auf 6,8 % verringert. Die im damaligen Entwurf getroffenen Annahmen gelten nach wie vor.

Vom Siegkreis war bereits im Jahr 1922, vor dem Bau der Straße durch das Wahnbachtal, ein Vorentwurf zur Errichtung einer Talsperre in der Nähe des nunmehr gewählten Standortes mit einer Stauhöhe auf 94,00 + NN und einem Stauinhalt von 5,1 Mio m³ in Auftrag gegeben worden. Die Talsperre sollte allein zur Gewinnung von Wasserkraft an einem in der Sieg bei Allner zu errichtenden Stauwehr und unter gleichzeitiger Zuleitung von Wasser aus der Bröl über einen Stollen dienen. Dieses Projekt wurde aber aus wirtschaftlichen Gründen verworfen.

Der nunmehr erarbeitete Entwurf knüpfte an einen Vorschlag des Wasserwirtschaftsamtes Bonn aufgrund einer im Jahr 1943 durchgeführten Untersuchung über die Talsperrenmöglichkeiten in den Einzugsgebieten der Agger, Sieg und Dhünn im Regierungsbezirk Köln an.

Nach dem Entwurf des Wasserwirtschaftsamtes Bonn war als Sperrenbauwerk für die Talsperre ein geschütteter Damm aus im künftigen Stauraum gebrochenem Grauwacke- und Tonschiefer-Gestein für den Stützkörper und mit einer auf dem gewachsenen Fels gegründeten Kernmauer aus Beton vorgesehen. Die Kernmauer sollte von zwei in ihrem Gründungsbereich aufzufahrenden Kontrollgängen überwacht werden. Die eigentliche Dichtung sollte ein plastischer Bitumenverguss nahe der Wasserseite übernehmen. Die voraussichtlichen Kosten für den Erwerb von rund 275 ha Acker-, Wiesen- und Waldfläche sowie den Ankauf von drei landwirtschaftlichen Anwesen im künftigen Stauraum, ein abzulösendes Mühlenrecht und die Sicherung von Verlegerechten für Rohrleitungen wurden mit knapp 1 Mio. DM angegeben. Die Kosten für die Errichtung des Absperrbauwerkes mit den notwendigen Umlegungs-, Fels-, Erd- und Betonarbeiten, die Wasserentnahme- und Hochwasserentlastungsanlagen, den Bau von zwei Vorbecken im Wahnbach und von insgesamt sieben Nebenbecken an den unmittelbar in den Stausee mündenden Zuläufen wurden einschließlich Bauzinsen mit insgesamt 24,5 Mio. DM ermittelt.

Neben dem Bau der Wahnbachtalsperre sind nach dem Entwurf für die Versorgung mit Trink- und Brauchwasser sowie die übrigen Aufgaben notwendig:

- Die Errichtung eines Maschinenhauses unterhalb vom Absperrbauwerk der Talsperre mit den Pumpen zur Förderung des dem Stausee für die Trinkwasserversorgung zu entnehmenden Rohwassers und zur Aufstellung einer Turbine für die Nutzung der Energie des in den Unterlauf vom Wahnbach abgegebenen Wassers.

- Die Errichtung einer Trinkwasseraufbereitungsanlage mit einer Kapazität von zunächst 1.000 m³/h und deren Erweiterung auf 2.000 m³/h sowie eines Trinkwasserspeicherbehälters mit einem Gesamtinhalt von 10.000 m³.

Als Standort für die Aufbereitungsanlage wurde die etwa 1.400 m nordwestlich vom Absperrbauwerk der Talsperre gelegene Höhe Siegelsknippen auf rund 174 m + NN gewählt, weil von dort aus die Hauptliefermenge an Trinkwasser für Bonn und die auf dem Weg nach dort gelegenen Gemeinden im damaligen Siegkreis ohne nochmalige Hebung direkt aus der Transportleitung abgegeben werden kann.

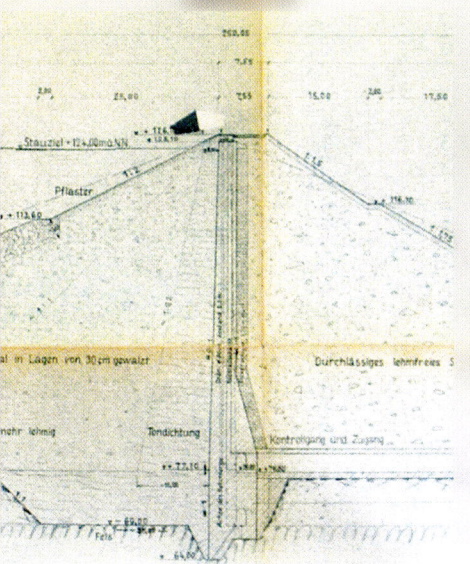

DER BAU DER WASSERVERSORGUNGSANLAGEN,

nämlich:

- eine Druckleitung vom Maschinenhaus zur Trinkwasseraufbereitungsanlage mit einem Durchmesser von 600 mm,

- eine Trinkwassertransportleitung mit einer Länge von rund 19 km und einem Durchmesser von 700 mm von der Aufbereitungsanlage Siegelsknippen durch den unteren Siegkreis mit Kreuzung des Rheinstroms, mit Einspeisung am vorhandenen Wasserwerk Gronau bis zum bestehenden Wasserbehälter der Stadt Bonn am Hang des Venusberges auf rund 105 m + NN und ein dort zusätzlich zu errichtender Wasserbehälter mit einem Speicherraum von 17.000 m³ und

- eine weitere Trinkwassertransportleitung von der Aufbereitungsanlage Siegelsknippen in die Versorgungsgebiete im Siegkreis nördlich der Sieg ("Landversorgung Siegkreis") in einer Länge von rund 11,5 km zu dem auf einem Geländehochpunkt von 270 m + NN in Much-Nackhausen zu errichtenden Wasserbehälter mit einem Speicherinhalt von 3.000 m³ und mit Abzweigungen vom Hochbehälter in das Versorgungsgebiet an der unteren Agger (Lohmar).

SITUATION DER BESTEHENDEN WASSERVERSORGUNG

Wie stellte sich Anfang der 50er Jahre die Situation der Wasserversorgung in der Region Bonn-Siegburg-Siegkreis-Landkreis Bonn dar?

Die Stadt Bonn förderte ihr Trinkwasser aus zwei Schachtbrunnen des im Jahr 1875 errichteten Wasserwerkes Gronau, deren Standorte nur durch die Uferstraße vom Rheinufer getrennt waren.

Das überwiegend aus der fließenden Welle des Rheinstroms stammende und nicht wesentlich filtrierte Wasser wurde ohne Aufbereitung nur nach einer Desinfektion mit Chlor im Stadtnetz verteilt.

Der weiter unten zitierte Bericht von Fritz Buntzel, von 1912 bis 1945 Betriebsdirektor der Stadtwerke Bonn, verdeutlicht die bestehenden Verhältnisse.

Die Bedingungen der Trinkwasserversorgung in den umliegenden, später nach Bonn eingemeindeten Orten, aufgezeigt am Beispiel von Ippendorf, waren ebenfalls ungünstig.

In der Kreisstadt Siegburg waren die Wasserversorgungsverhältnisse nicht wesentlich anders als in Bonn. Das im städtischen Wasserwerk aus den unmittelbar an der Sieg liegenden Brunnen geförderte Wasser war durch häusliche und industrielle Abwassereinleitungen bereits am Oberlauf des Flusses, außerhalb des Landes Nordrhein-Westfalen, in seinen Eigenschaften sehr stark beeinträchtigt.

In den Städten und Gemeinden des Siegkreises führte der durch das Wachstum der Bevölkerung ebenfalls enorm gestiegene Verbrauch an Trinkwasser zu akuten Mangelerscheinungen. Die in den zahlreichen, häufig kleinen Ortschaften auf den südbergischen Hochflächen zu beiden Seiten der Sieg bisher übliche Wasserversorgung aus einzelnen Quellen oder flachen Brunnen mit geringem und stark schwankendem Dargebot genügte weder den hygienischen Anforderungen noch konnte sie dem steigenden Bedarf Rechnung tragen.

In den Siedlungen der Höhengebiete des Siegkreises gehörte daher in trockenen Zeiten das Verteilen von brauchbarem Trinkwasser aus Tankwagen zum täglichen Bild.

Auch im linksrheinischen Landkreis Bonn herrschte vor allem nach längeren niederschlagsarmen Perioden teilweise erhebliche Wassernot.

Das alte Wasserwerk in Siegburg.

Wasser in Ippendorf

„Zo Ippendorf am Pömpche", so lautet der Beginn eines mundartlichen Reimes, der gleichzeitig beschreibt, wie die Menschen im kleinen Nachbarort von Bonn viele Jahrzehnte ihre Wasserversorgung gewährleisteten: Mit Wasser per Eimer aus dem Brunnen, das, welch große Neuerung, schließlich mit Handpumpen zu Tage gefördert wurde.

Erst 1907 baute eine Oberkasseler Firma die Quellfassung „in den Brüchen zum Schafsberg". Das Ensemble mit Sammelbehälter, Rohren und Wasserturm wurde 1908 fertig und kostete 59.000 Mark. Die chemische Untersuchung des Wassers erwies sich als einwandfrei, die 25 Mark für ein bakteriologisches Gutachten sollen jedoch gefehlt haben. Für 13 Mark je Haushaltung, weitere 3 Mark für das Großvieh und noch einmal 1 Mark pro Stück Kleinvieh jährlich durften sich die Ippendorfer an dem Quellwasser gütlich tun. Schankwirte oder Bäcker zahlten mehr.

Das System funktionierte bis nach dem 2. Weltkrieg gut. Dann aber machte sich auch in Ippendorf der Wassermangel bemerkbar. Nur noch abgekocht soll das Trinkwasser geschmeckt haben, weil Bautätigkeit, Bodendüngung und die fehlende Kanalisation die Wasserqualität stark beeinträchtigten.

Hilfe tat not. So sehr, dass 1952 sogar der Wünschelrutengänger Heinrich Henseler aus Lengsdorf beauftragt wurde, nach Wasseradern zu suchen. Offenbar erfolglos, denn 1953 beschloss der Gemeinderat, sich ebenfalls vom Wahnbachtalsperrenverband beliefern zu lassen.

Das alte Wasserwerk Bonn-Gronau, umgebaut zum vorläufigen Plenarsaal des Deutschen Bundestages.

GRÜNDUNG DES WAHNBACHTALSPERRENVERBANDES

So fanden sich auf Grundlage der im Wasserwirtschaftsamt Bonn geleisteten Vorarbeiten mit Unterstützung des Regierungspräsidenten in Köln und des Ministeriums für Ernährung, Landwirtschaft und Forsten des Landes Nordrhein-Westfalen am 12.6.1953

- die Stadt Bonn,
- der Siegkreis,
- die Kreisstadt Siegburg,
- der Landkreis Bonn

als Gebietskörperschaften,

- die Chemiefaser Aktiengesellschaft, später Phrix-Werke AG, Zweigniederlassung Siegburg, und

- der Wasserverband zum Ausbau und zur Unterhaltung des Siegburger Mühlengrabens in Siegburg

als Mitglieder zur Gründung des Wahnbachtalsperrenverbandes mit Sitz in Siegburg zusammen.

Gedenkplatte an der Hangmauer neben der Dammkrone, zur Erinnerung an den Bau der Wahnbachtalsperre.

Stellvertretender Vorsteher Dr. Johann Langendörfer (links) und Geschäftsführer Schilder (rechts) auf der Baustelle der Wahnbachtalsperre.

Rechtsgrundlage für die Gründung des Verbandes als einer Körperschaft des öffentlichen Rechts bildeten das Wasserverbandsgesetz vom 10. Februar 1937 sowie die Erste Verordnung über Wasser- und Bodenverbände (Erste Wasserverbandverordnung - WVVO) vom 3. September 1937. Aufsichtsbehörde des Verbandes ist der Regierungspräsident in Köln, obere und zugleich oberste Aufsichtsbehörde das Ministerium für Ernährung, Landwirtschaft und Forsten des Landes Nordrhein-Westfalen in Düsseldorf.

Gemeinsames Ziel war es, die Wasserversorgung in dem von starker Bevölkerungsentwicklung gekennzeichneten Raum der vorläufigen Bundeshauptstadt Bonn und des mit ihr eng verflochtenen Umlandes durch eine in die Zukunft weisende Lösung nachhaltig zu sichern. Gleichzeitig sollte für das in Siegburg ansässige und expandierende Industrieunternehmen mit einer wasserintensiven Chemiefaserproduktion Betriebswasser in der benötigten Menge zur Verfügung gestellt werden.

Das Trinkwasser wird den Mitgliedern aus den vom Verband errichteten Anlagen mit dem erforderlichen Druck zur Weiterleitung in die Verbrauchsgebiete geliefert. Die Weiterleitung und Verteilung des Trinkwassers durch die Ortsnetze ist Aufgabe der Abnehmer.

HAUPTAUFGABE

Wichtigste Aufgabe des Verbandes war die Bereitstellung der bei der Gründung von den Mitgliedern zunächst angemeldeten Bedarfsmengen an

Trinkwasser in Höhe von	14,5 Mio m³/Jahr,
Betriebswasser in Höhe von	13,6 Mio. m³/Jahr,
in der Summe von	28,1 Mio. m³/Jahr.

VERLIEHENE WASSERRECHTE

Dem Wahnbachtalsperrenverband wurden durch den Bezirksbeschlussausschuss in Köln am 12. November 1955 die Wasserrechte verliehen,

- das Wasser des Wahnbaches durch einen Sperrdamm bis auf eine Höhe von 124,10 m + NN zu einem Staubecken aufzustauen und oberhalb durch einen weiteren Sperrdamm zu einer Vorsperre zu stauen, dem Staubecken der Wahnbachtalsperre Wasser in der von den Mitgliedern angemeldeten Menge von bis zu 28,1 Mio. m³/Jahr zu entnehmen und als Trink- und Brauchwasser zu verbrauchen,

- das übrige, im Staubecken gesammelte Wasser ebenfalls zu entnehmen und zur Energieerzeugung zu gebrauchen sowie wieder in den Wahnbach einzuleiten.

Nach den im Entwurf durchgeführten Untersuchungen können bei dem zugrunde gelegten Stauinhalt der Wahnbachtalsperre von 43,18 Mio. m³ unter der ungünstigen Annahme von zwei aufeinander folgenden Trockenjahren (Doppeltrockenjahr) jährlich bis zu 27 Mio. m³ Wasser abgegeben werden. Sollte dieser Fall eintreten, müsste im Laufe des 2. Trockenjahres die zur Kompensation der Abwassereinleitungen der Chemie-Faser Aktiengesellschaft vorgesehene Zuschusswassermenge in die Sieg entsprechend reduziert werden.

Eine genaue Vermessung des Stauraumes während der Ausführung hat einen um 1,88 Mio. m³ geringeren Stauinhalt von 41,3 Mio. m³ ergeben.

VERBANDSFÜHRUNG

In der sich an die Gründungsversammlung am 12. Juni 1953 anschließenden konstituierenden Verbandsversammlung wählten die Mitglieder jeweils einstimmig

- zum Vorsteher, der in ehrenamtlicher Tätigkeit den Verband nach außen vertritt und Dienstvorgesetzter seiner Mitarbeiter ist, Herrn Dr.-Ing. Franz Kaiser, Technischer Vorstand der Chemie-Faser Aktiengesellschaft, Zweigniederlassung Siegburg, bis zum 31. März 1959

- zum stellvertretenden Vorsteher den Oberstadtdirektor in Bonn, Herrn Dr. Johannes Langendörfer, für den gleichen Zeitraum,

- zum hauptamtlichen Geschäftsführer Herrn Regierungsbaurat a.D. Siegfried Schilder, den bisherigen Leiter der mit den Vorarbeiten für die Bildung des Wahnbachtalsperrenverbandes im Wasserwirtschaftsamt Bonn befassten Arbeitsgruppe, für die Dauer von zwölf Jahren.

Weiterhin wurden die von den Mitgliedern in die Verbandsversammlung, das Beschlussorgan des Verbandes, entsandten ständigen Bevollmächtigten und deren Vertreter zunächst für die Dauer der Amtszeit des Vorstehers und seines Stellvertreters benannt.

GESCHÄFTSSTELLE DES VERBANDES

Am 1. August 1953 wurde die Geschäftsstelle des Verbandes zunächst mit dem vorläufigen Sitz im Wintergarten einer Gaststätte in Seligenthal und anschließend in Räumen der Chemie-Faser Aktiengesellschaft in Siegburg eingerichtet. Der Verband nahm seine Arbeit mit den Einzelplanungen für die zu errichtenden Bauwerke und Anlagen auf. Nach einer kurzen Übergangsphase bezog die Geschäftsstelle eine Wohnung in der Innenstadt von Siegburg und danach das bisher vom Kulturamt in Siegburg genutzte Gebäude Kronprinzenstraße 17.

Im Jahr 1966 übernahm der Verband das ursprünglich von einer Vertriebsfirma des Mitgliedes Phrix-Werke Aktiengesellschaft genutzte Gebäude Kronprinzenstraße 13 und erwarb später zusätzlich das angrenzende bisherige Wohngebäude Kronprinzenstraße 15. Die beiden Gebäude nutzt der Verband noch bis zum Umzug der Geschäftsstelle in das im Bau befindliche Verwaltungsgebäude an der früheren Aufbereitungsanlage für das Talsperrenwasser in Siegburg-Siegelsknippen.

Derzeitige Geschäftsstelle des Verbandes in Siegburg, Kronprinzenstraße 13-15

Dr.-Ing. Franz Kaiser
ERSTER UND LANGJÄHRIGER VORSTEHER DES WAHNBACHTALSPERRENVERBANDES

Zur Gründung des Wahnbachtalsperrenverbandes fanden sich am 12. Juni 1953 seine Mitglieder, die Städte Bonn und Siegburg, der Siegkreis und der Landkreis Bonn sowie das in Siegburg ansässige bedeutsame Industrieunternehmen, die Chemie-Faser Aktiengesellschaft, später Phrix-Werke Aktiengesellschaft, Zweigniederlassung Siegburg, zusammen. Gemeinsames Ziel war es, den zu diesem Zeitpunkt angemeldeten Bedarf an Trinkwasser von insgesamt 14,5 Mio. m^3/Jahr der vier Gebietskörperschaften und den Bedarf des Industrieunternehmens an Brauchwasser in ähnlicher Höhe von 13,6 Mio. m^3/Jahr durch die Errichtung und den Betrieb der Wahnbachtalsperre sicherzustellen.

Die Vertreter der Mitglieder wählten jeweils einstimmig aus ihrer Mitte zum Vorsteher des Wahnbachtalsperrenverbandes den Technischen Vorstand der Chemie-Faser Aktiengesellschaft, Zweigniederlassung Siegburg, Herrn Dr.-Ing. Franz Kaiser, und zu seinem Stellvertreter Herrn Dr. Johannes Langendörfer, Oberstadtdirektor Bonn.

Dem Vorstand gelang es schnell, mit Weitblick und einem hohen Maß an Durchsetzungsvermögen die Interessen der Mitglieder zu einem Werk zusammenzuführen. Der Vorsteher Dr.-Ing. Kaiser als Repräsentant des Verbandes erlangte Vertrauen, Anerkennung und Achtung der Mitglieder, der Aufsichtsbehörden des Verbandes sowie der übrigen an dem Unternehmen beteiligten Behörden und Gremien. Er konnte die mit Planung und Umsetzung des Vorhabens betraute Geschäftsführung, die Mitarbeiter sowie Mitarbeiterinnen des Verbandes und die ausführenden Unternehmen zu großen Anstrengungen und Leistungen motivieren.

Dr. Kaiser wurde jeweils mit Ablauf seiner satzungsgemäßen Amtszeit, auch nach seiner Berufung zum Generalbevollmächtigten des Gesamtunternehmens in Hamburg, in den Jahren 1959, 1964 und 1969 sowie 1971 nach seinem Ausscheiden aus dem Unternehmen von den Mitgliedern weiter als Vorsteher des Verbandes bestätigt.

In den 18 Jahren des ununterbrochenen Wirkens von Dr. Kaiser als Vorsteher wurden die Wahnbachtalsperre und das Grundwasserwerk Untere Sieg, verbunden mit einem großräumigen Trinkwasserverteilungsnetz, geschaffen. Durch den großzügigen und zukunftsweisenden Ausbau der Trinkwasserversorgung hat Dr.-Ing Franz Kaiser als Vorsteher des Wahnbachtalsperrenverbandes die Entwicklung unserer Region maßgeblich mitgestaltet. Wir sind ihm zu tiefem Dank verpflichtet.

Dr. Kaiser starb plötzlich und unerwartet am 8. September 1971. Wir gedenken seiner ehrend.

In der 33. Verbandsversammlung am 18. November 1971 wurde der Oberkreisdirektor des Rhein-Sieg-Kreises, Paul Kieras, zum Nachfolger von Dr. Kaiser als Vorsteher gewählt.

BAUVORBEREITUNG

Aufgrund des vom Verband im Oktober 1953 eingereichten Finanzierungsantrages erteilte der Minister für Ernährung, Landwirtschaft und Forsten des Landes Nordrhein-Westfalen Anfang April 1954 die Genehmigung für die Errichtung der Wahnbachtalsperre.

Der Landeszuschuss für den Bau der Wahnbachtalsperre wurde aufgrund des auf die ländliche Trinkwasserversorgung entfallenden Anteils mit 41,5 % der beihilfefähigen Baukosten, für die zur ländlichen Trinkwasserversorgung im Siegkreis und Kreis Bonn-Land zu errichtenden Wasserversorgungsanlagen auf höchstens 50 % unter der Voraussetzung festgesetzt, dass die Höhe des Wasserpreises für den Endverbraucher den Betrag von 0,45 DM/m^3 übersteigt.

Parallel mit dem Vorhaben des Wahnbachtalsperrenverbandes wurde allein in Nordrhein-Westfalen der Bau von vier weiteren Talsperren zur Trinkwasserversorgung, für den Ausgleich der Wasserführung und zum Hochwasserschutz durchgeführt oder in Angriff genommen. Es handelte sich um die Breitenbach-Talsperre des Wasserverbandes Siegerland, die Henne- und Bigge-Talsperre des damaligen Ruhrtalsperrenvereins, die Errichtung der Olef-Talsperre sowie die Erhöhung der Ruhrtalsperre Schwammenauel in der Eifel. Weiterhin wurden gleichzeitig umfangreiche Ergänzungs- und Ertüchtigungsmaßnahmen zur Beseitigung von Kriegsschäden an der Möhne- und Sorpe-Talsperre des Ruhrtalsperrenvereins vorgenommen.

links: Räumen des Baumbestandes im künftigen Staubecken vor dem ersten Einstau.

Regierungsbaurat a.D. Siegfried Schilder

ERFOLGREICHER INGENIEUR IN DER BAUVERWALTUNG – MANN DER ERSTEN STUNDE BEIM WAHNBACHTALSSPERRENVERBAND

Die Gründung und der Aufbau des Verbandes bis zur Inbetriebnahme der Wahnbachtalsperre und Aufnahme der Trinkwasserversorgung sind untrennbar mit Siegfried Schilder verbunden. Als Geschäftsführer vom 1. August 1953 bis zu seiner schweren Erkrankung und dem frühen Tod am 23. Februar 1959 im 53. Lebensjahr hat er die Errichtung der von ihm geplanten Wahnbachtalsperre und der Anlagen zur Förderung, Aufbereitung und Verteilung des aus dieser gewonnenen Trinkwassers geleitet.

Es ist reizvoll, seinen beruflichen Werdegang in der Bauverwaltung bis zur Übernahme dieser Aufgabe, die den Höhepunkt seines Schaffens bildet, in kurzen Worten zu verfolgen:

Geboren am 23. März 1907 in Allenstein/Ostpreußen, Reifeprüfung am humanistischen Gymnasium in Osterode/Ostpr., von 1926 bis 1930 Studium des Bauingenieurwesens an den Technischen Hochschulen (TH) Dresden und München mit zwischenliegenden Praktika auf Baustellen, im November 1930 Diplomhauptprüfung an der TH Hannover. Von 1930 bis 1934 Ausbildung als Regierungsbauführer des Wasser- und Straßenbaufaches in der preußischen Bauverwaltung, unterbrochen durch Tätigkeiten als technischer Angestellter im Wasserwirtschaftsamt Lötzen/Ostpr. beim Brückenbau und im statischen Büro der Baufirma Polensky & Zöllner in Berlin.

Nach Ablegung der Großen Staatsprüfung im Mai 1935 als Regierungsbauführer in der Verwaltung der Oberländischen Seen (Ostpr.), der Märkischen Wasserstraßen (Brandenburg), bei der Elbstrombauverwaltung, dem Provinzialverband (Straßenverwaltung) Sachsen und der Regierung Königsberg (preußische Wasserwirtschaftsverwaltung) mit wasserwirtschaftlichen und wasserbaulichen Aufgaben (Fluss-, Strom- und Kanalbau) befasst.

Besonders zu erwähnen sind darunter die Bauleitung an der Eisenbahn- und Straßenbrücke über die Elbe bei Tangermünde von 830 m Länge sowie an einer Brücke über die Bode vor der Mündung in die Saale, jeweils mit umfangreichen Straßen- und Deichbauten, beide in Sachsen-Anhalt.

Siegfried Schilder (links) am 28. April 1958 bei der Inbetriebnahme der Anlagen des Wahnbachtalsperrenverbandes durch Ministerpräsident Steinhoff (4. von links) auf dem Staudamm.

Mit der Ernennung zum Regierungsbaumeister trat der junge Schilder in das Wasserwirtschaftsamt Trier/Mosel ein. Dort waren ihm die Wartung und der Ausbau der Trinkwasserversorgung in den Landkreisen des Hunsrücks und der Eifel übertragen. Nach zweieinhalb Jahren wurde er zum Wasserwirtschaftsamt Gumbinnen/Ostpr. versetzt und dort zum Regierungsbaurat ernannt. Im August 1939 zur Wehrmacht eingezogen, war er als Pionieroffizier zunächst Führer einer Brückenbaueinheit, dann in Nordafrika als Führer eines Wasserversorgungsverbandes in den Trockengebieten von der ägyptischen Wüste bis nach Tunesien eingesetzt. Nach der Kapitulation des deutschen Afrika-Korps kam er im Mai 1943 als Kriegsgefangener nach Texas/USA. Bis zu seiner Entlassung im Juni 1946 hat er sich dort mit dem Aufbau und der Leitung von Kursen zur Vermittlung der Stoffgebiete Mathematik, Physik, Mechanik u.a. in den Vordiplom-Semestern zur Vorbereitung seiner Kameraden auf das spätere Studium für Bauingenieure, Elektrotechniker und Maschinenbauer an deutschen Technischen Hochschulen beschäftigt.

Nach Rückkehr aus der Kriegsgefangenschaft war er zunächst als technischer Angestellter beim Chief-Engineer im Hauptquartier der 2. Division der British Royal Engineers im Rheinland mit Bauaufgaben befasst, dann als freischaffender Ingenieur tätig.

Als Leiter einer Arbeitsgruppe beim Wasserwirtschaftsamt Bonn war er mit der Aufstellung des Entwurfes zur Bildung des Wahnbachtalsperrenverbandes betraut. Der Entwurf wurde am 30. November 1950 vorgelegt.

Am 1. Dezember 1950 übernahm Schilder beim Aggerverband in Gummersbach die Bauleitung für die Genkeltalsperre. Das Sperrenbauwerk wurde als Steinschüttdamm und erstmalig in einer Höhe von fast 50 m mit einer bituminösen Oberflächendichtung auf der wasserseitigen Böschung ausgeführt. Diese Ausführung wurde auch zum Vorbild für die Wahnbachtalsperre. Die Genkeltalsperre war im Juli 1953 fertiggestellt.

Am 1. August 1953 trat Schilder als Geschäftsführer in die Dienste des Wahnbachtalsperrenverbandes.

Das Wirken von Siegfried Schilder spiegelt das erfüllte Berufsleben eines erfolgreichen Bauingenieurs in schweren Zeiten wider!

Bauer Klein

Sechs Bauern waren es damals in Schneffelrath: Die Neffs, die Kleins, Bauer Schreckenberg und Bauer Heister sowie der Michels-Hof. Sie alle waren betroffen vom Bau der Talsperre.

„20 Morgen mussten wir abgeben", erinnert sich Robert Klein, der just in jener Zeit den Hof seines Vaters Heinz Klein übernahm. Land, das ihm für die Versorgung seines Viehs fehlte. Die Kleins pachteten „mit dabei" und kauften später einem anderen Bauern einige Äcker ab. Aber: „Das war nicht so einfach", sagt der heute 70-Jährige. Denn „das Land vermehrt sich nicht", ergänzt seine Frau Änni. Alle Schneffelrather brauchten jetzt einen Ausgleich. Woher den nehmen? Doch gefragt worden waren sie nicht, „das war einfach so", sagt Robert Klein und zuckt mit den Achseln.

Die Verhandlungen mit dem Wahnbachtalsperrenverband hatte vor allem Bauer Heister geführt, das wissen beide Kleins noch gut. „Und die Belange der Kleins vertrat der Vater", so der Schneffelrather. „Ich selber weiß davon nicht mehr viel." Seine Frau, selbst aus einem Bauernhaushalt im Bergischen Land stammend, hat er im Jahr 1954 geheiratet. Nach der Eheschließung bewirtschafteten Änni und Robert den Schneffelrather Hof schon in der dritten Generation. Melkten noch mit der Hand, waren von „sechs Uhr in der Früh bis zur Dunkelheit" für ihren Betrieb auf den Beinen. Auch am Wochenende.

Änni Klein erlebte die Verhandlungen um die abzugebenden Hektar nicht mit, wohl aber, wie das Wasser in das Tal floss. „Das war nicht schön damals", findet sie noch heute. „Wie all die Bäume abgeholzt wurden", erinnert sie sich und fragt: „Wohin ist eigentlich das viele Holz gekommen?" In die Öfen, weiß Robert Klein, 1955, während des außergewöhnlich strengen Winters. „Damals hatten ja alle noch Öfen im Haus." Und dann fällt ihm wieder ein, wie er noch einmal über die kleine Talbrücke gegangen ist, während der Flutungszeit. „In Gummistiefeln, das Wasser stand schon hoch", zeigt er eine Handbreit mit seinen großen Händen. Hände, die anpacken können, die ein langes Berufsleben schon in Bewegung sind. Immer noch gehen Robert und Änni ihrem Sohn Norbert, der inzwischen den Hof führt, zur Hand.

Traurig waren sie, als die Häuser aus dem Tal im Wasser verschwanden. Doch wussten die Schneffelrather auch die Vorteile unbegrenzt verfügbaren Trinkwassers zu schätzen. Robert Klein erinnert sich noch gut, dass die vorherige Wasserversorgung nicht immer zuverlässig war. Von einem Hochbehälter in Schreck , der aus einer Lohmarer Quelle gespeist wurde, floss das Trinkwasser zum Hof. Zusätzlich gab es einen schlichten Brunnen am Haus. Doch in trockenen Sommern, schildert Robert Klein, seien beide schon einmal ausgetrocknet. So habe er mit dem Fass Wasser holen müssen. „Das war schlimm damals."

Die Auflagen für die Wasserschutzzone machten ihnen nicht so viel zu schaffen, wie heute dem Sohn. „Da kommt ja jetzt jedes Jahr was Neues", sagt Änni Klein. Gedüngt hätten sie ohnehin nur so viel, wie unbedingt notwendig. Robert Klein: „Dünger kostet schließlich auch viel Geld." Trotzdem machten die Auflagen für die Wasserschutzzone den Schneffelrathern einen Strich durch so manchen Traum: Freizeitgäste hatte man damals in Scharen erwartet, erinnert sich der Pensionär Klein, und im Geiste habe man Anrainergrundstücke zu horrenden Preisen an die Ausflugsgastronomie verkauft. Doch dann durfte in der Nähe des Ufers gar nicht verkauft, geschweige denn gebaut werden. „Heute sind wir sehr froh darüber", resümiert er und schaut aus seinem Wohnzimmerfenster: Ein Blick über freie, unbebaute Landschaft. „Das wäre doch dann so dicht hier geworden wie überall."

BAU DER WAHN

Von der Fahrstraße abgekommenes Transportfahrzeug mit Dammschüttmaterial.

Zum Bauleiter für den Bau der Wahnbachtalsperre wurde der Geschäftsführer des Verbandes, Regierungsbaurat a.D. Siegfried Schilder, und als staatlicher Bauaufsichtsbeamter der Vorstand des Wasserwirtschaftsamtes Bonn, Oberregierungsrat Nußbaum, bestellt. Für die örtliche Bauüberwachung seitens des Verbandes wurde Dipl.-Ing. Gerhard Pendzich eingesetzt.

Im Jahr 1954 wurden die neue Zufahrtsstraße zur Umgehung der noch in den letzten Kriegstagen gesprengten Brücke im Zuge der Wahnbachtalsstraße über den Ummigsbach und der zur Entwässerung der Baugrube als unterirdischer Stollen von der Gründungssohle des Staudammes bis zum Austritt in den unteren Wahnbach über eine Länge von rund 700 m vorgetriebene Vorflutkanal ausgeführt.

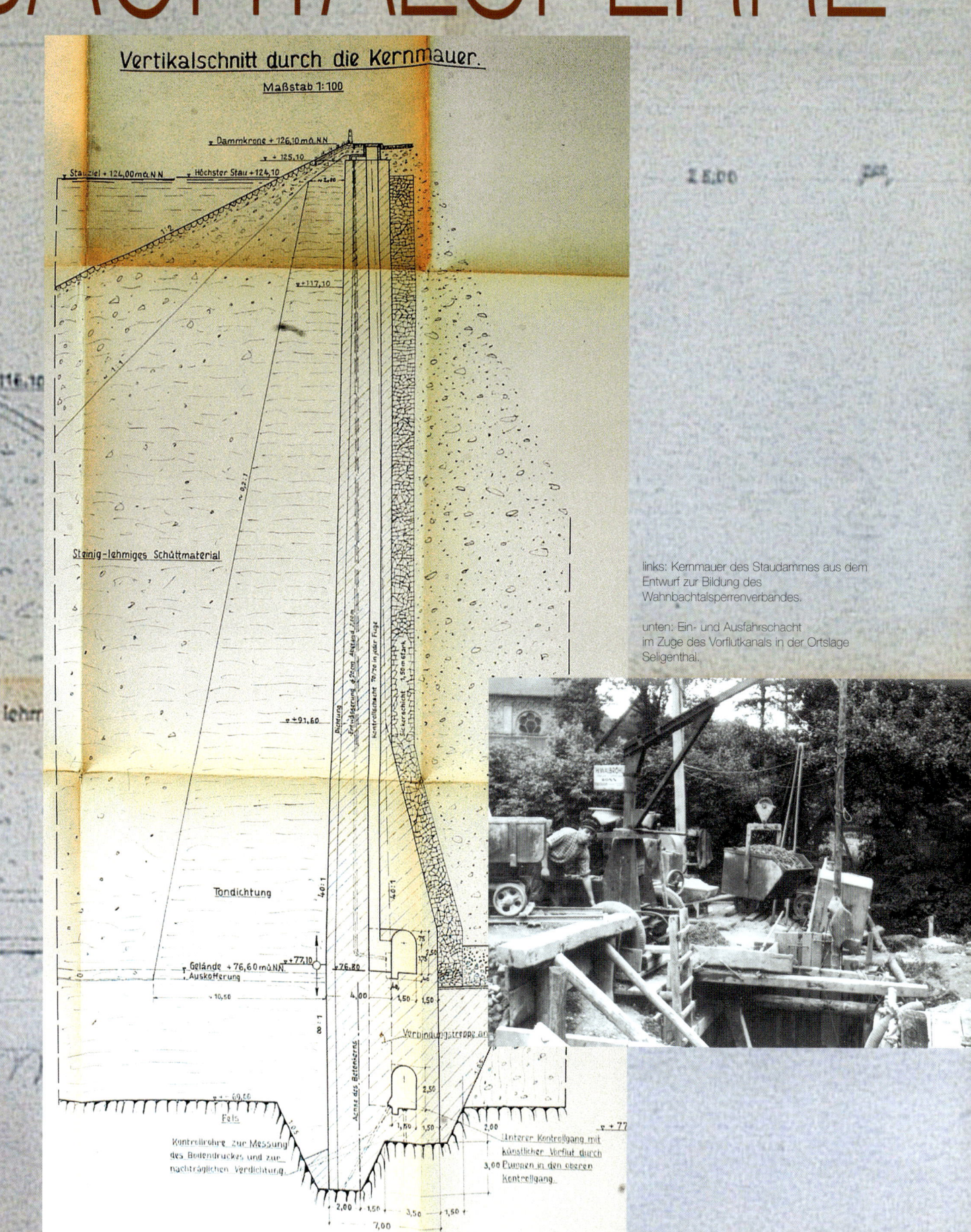

BACHTALSPERRE

links: Kernmauer des Staudammes aus dem Entwurf zur Bildung des Wahnbachtalsperrenverbandes.

unten: Ein- und Ausfahrschacht im Zuge des Vorflutkanals in der Ortslage Seligenthal.

AUSSCHREIBUNG DES SPERRENBAUWERKS

Bis August 1954 waren der technische Entwurf und die Ausschreibungsunterlagen für das Sperrenbauwerk fertiggestellt. Die Ausschreibung für das Sperrenbauwerk sah als Änderung gegenüber dem der Verbandsgründung zugrunde liegenden Entwurf eine Innendichtung, bestehend aus einem nach dem Rüttelverfahren verdichteten Ton/Steingerüst-Körper unter Verwendung von in Nähe der Baustelle vorhandenen Materialien, vor. Zur Eröffnung der auf die Ausschreibung eingereichten Angebote am 2. November 1954 wurde u.a. als Sondervorschlag einer Bietergemeinschaft die Ausführung des Sperrenbauwerkes als Dammschüttung aus Grauwackegestein mit einer Außenhautdichtung aus Asphaltbeton mit geringeren Kosten im Vergleich zur ausgeschriebenen Lösung vorgelegt. Diese Ausführungsart für die Dammdichtung wurde erstmalig beim Bau der Genkeltalsperre des Aggerverbandes verwirklicht, sodann bei der Perlenbach- und Henne-Talsperre vorgesehen und bei der Riveris-Talsperre in Aussicht genommen. Der Sondervorschlag mit der bituminösen Außenhautdichtung auf der wasserseitigen Dammböschung lag dem am 16. Dezember 1954 erteilten Auftrag für das Sperrenbauwerk an eine Arbeitsgemeinschaft aus vier Baufirmen mit Niederlassungen in Köln zugrunde (Siehe unten: Baustellenschild). Gleichzeitig wurden die Aufträge für die Baulose Untergrundabdichtung und Betonarbeiten am Sperrenbauwerk erteilt.

VORBEREITENDE ARBEITEN

Im Januar 1955 begannen die Arbeiten am Sperrenbauwerk. Von April bis August 1955 wurden der Erdaushub für den Abtrag des Auelehms im Wahnbachtal, der Felsausbruch für die Gründung des Herdmauer-Kontrollstollens am wasserseitigen Dammfuß, die Hochwasserentlastung mit der Schussrinne sowie des Dammkörpers ausgeführt. Mit Hochdruck wurde der etwa 340 m lange Umleitungsstollen für den Wahnbach durch den linken Talhang getrieben. Am 8. Juli 1955 fand die Stollendurchbruchfeier statt.

Nach der anschließenden Betonauskleidung konnte der Wahnbach um die Dammbaustelle herumgeleitet und damit im Schutz eines zusätzlichen Dammes die Gefahr einer Überflutung gebannt werden. Gleichzeitig wurde die Räumung des künftigen Staubeckens vom Baumbestand zügig in Angriff genommen.

oben: Entnahmeturm und Grundablassstollen in der Fertigstellung.

links: Ansicht des Absperrbauwerks von der Wasserseite mit Grundablassstollen und dem höheren Entnahmeturm im Bau, Herdmauer-Kontrollstollen am rechten Hang und Betonmischanlage.

unten: Räumen der Talaue des Wahnbachtals.

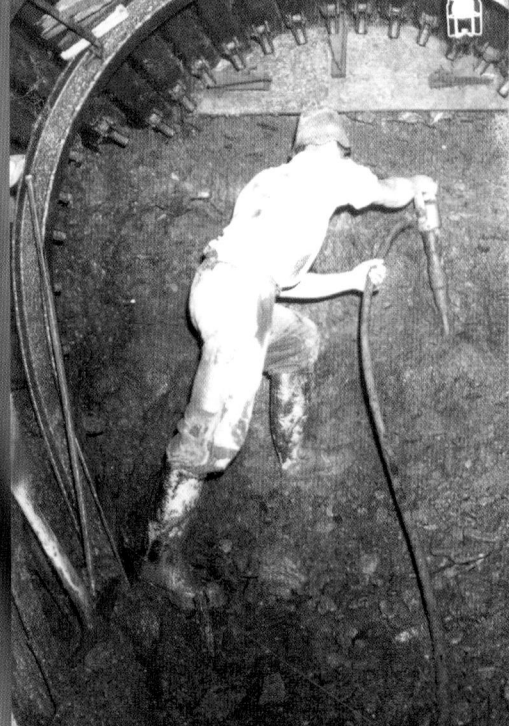

oben: Stollendurchschlag am 8. Juli 1955, 15 Uhr für die Umleitung des Wahnbaches.

mitte: Vortrieb des Umleitungsstollen im Felsgestein.

rechts: Verbandsvorsteher Dr. Kaiser löst beim Vortrieb des Umleitungsstollens eine Sprengung aus.

oben: Kreuzungsbauwerk vom Grundablaß- und Herdmauerstollen.

links: Herdmauerstollen

unten: Betonschalung für den Grundablaßstollen am Kreuzungsbauwerk mit der Herdmauer im heutigen Stausee.

DAS DAMMBAUWERK

Von September 1955 bis Juni 1956, also in einer Rekordzeit von nur rund 10 Monaten, wurden trotz erheblicher Probleme infolge schwieriger Untergrundverhältnisse, ungünstiger Witterungsbedingungen und sehr niedriger Wintertemperaturen neben den umfangreichen Aushub- und Betonarbeiten mehr als 1 Mio. m³ Steinschüttmaterial in dem etwa 1.400 m vom Sperrenbauwerk entfernten, innerhalb des künftigen Stauraumes am Hang des Müncheberges eingerichteten Steinbruch durch Sprengung gewonnen. Das gelöste Gesteinsmaterial wurde auf Großkippfahrzeugen vom Typ „Mak" aus ehemaligen Beständen der US-Streitkräfte verladen, an die Dammbaustelle transportiert und unter intensiver Verdichtung durch Großrüttler eingebaut. Dabei wurden hohe tägliche Leistungen an Gesteinsschüttung von bis zu 8.600 m³ erzielt. Im Monat April 1956 wurde eine Spitzenleistung mit dem Einbau von bis zu 170.000 m³ gebrochenem Gesteinsmaterial in den Dammkörper erbracht. So konnte der Ausfall von insgesamt 21 Arbeitstagen während der Frostperiode im Februar 1956 mehr als aufgeholt werden.

Bei der Schüttung des Dammbauwerkes waren an schweren Baugeräten bis zu

55 Großraumkippfahrzeuge mit rund je 20 t Nutzlast,
23 Dampfbagger,
9 Planierraupen,
8 Großbohrgeräte und
1 Großrüttelgerät

eingesetzt. In Spitzenzeiten wurden auf der Verbindungsstraße zwischen dem Steinbruch und der Dammbaustelle täglich bis zu 1.500 Transportfahrten von Gesteinsmaterial voll hin und leer zurück, also jeweils ein Fahrzeug/Minute in beiden Richtungen gezählt.

Die Belegschaft der Baustelle bestand im Durchschnitt aus 550 Mitarbeitern. In der Spitze waren bis zu 840 Mitarbeiter eingesetzt. Sie bestand einmal aus dem erfahrenen Stammpersonal der Baufirmen. Da der zusätzliche Bedarf an ungelernten bzw. angelernten Arbeitskräften im hiesigen Raum nicht zu decken war, wurden im Zusammenwirken von Arbeitsverwaltung, der Gewerkschaft, der ausführenden Arbeitsgemeinschaft und dem Verband für bis zu 65 % der Gesamtbelegschaft im Notstandsgebiet Schleswig-Holstein mit hoher Arbeitslosigkeit angeworbene Personen eingesetzt. Für die Beschäftigung der Mitarbeiter aus dem Notstandsgebiet wurden von der Arbeitsverwaltung finanzielle Zuschüsse geleistet und für den Bau zusätzliche Darlehen gewährt.

Das Wohnlager

Schüttarbeiten am Absperrbauwerk mit Dampfbaggern und Großraumkippfahrzeugen.

Da sich den aus Schleswig-Holstein zugewiesenen Personen in der Umgebung der Baustelle oft günstigere Beschäftigungsmöglichkeiten eröffneten, bestand auf der Baustelle eine hohe Fluktuation. So haben zum Beispiel von 400 Notstandsarbeitern nach einer Beschäftigungsdauer von maximal einem halben Jahr 41 ihre Tätigkeit regulär beendet. Durch Abwerbung und aus anderen Gründen haben weitere 111, das sind demnach 38 % der aus dem Notstandsgebiet Schleswig-Holstein stammenden Arbeitskräfte, ihre Tätigkeit auf der Baustelle abgebrochen. In einer im September 1955 getroffenen Betriebsvereinbarung wurde den für die Baustelle angeworbenen Kräften eine Zulage von 0,05 DM pro Stunde gewährt. Gleichfalls wurde den im Wohnlager an der Baustelle untergebrachten Notstandsarbeitern ein Verpflegungszuschuss von täglich 0,50 DM zugestanden. Trotz der zunächst erheblich höheren Forderungen der Mitarbeiter wurde ein Streik auf der Baustelle vermieden. Die gewährten Zulagen sind im Vergleich zu den geltenden Stundenlöhnen zu betrachten. Dem Angebot für die Errichtung des Dammbauwerkes der Wahnbachtalsperre lag ein Stundenlohn für den Bauhilfsarbeiter von 1,58 DM zugrunde, der sich während der laufenden Bauarbeiten bis auf 1,89 DM ab 1. April 1956 erhöht hat.

Luftbild vom Wahnbachtal während der Bauarbeiten an der Talsperre mit dem größten Wohnlager.

Warnschild am Steinbruch Mündeberg.

Kälte legte den Talsperrenbau lahm

Ernsthafte Terminschwierigkeiten — Fast alle Arbeiter mußten entlassen werden

hl **Wahnbachtal.** (hö) Nicht nur um die Zeit der durch die Kälte bedingten Arbeitsruhe, sondern möglicherweise um ein ganzes Jahr verlängert sich die Bauzeit der Wahnbachtalsperre, wenn das hartnäckige Winterwetter nicht bald ein Ende nimmt. Mit soviel Kälte und Schnee hatte man nicht gerechnet. Nach der ursprünglichen Berechnung sollte der Staudamm im April im „Rohbau" fertig sein. Von den rund eine Million Kubikmeter Erde, die dazu nötig sind, sind inzwischen 635 000 angefahren worden. Bei einigermaßen günstiger Witterung wäre die Arbeitsgemeinschaft der Baufirmen mit der Anschüttung des Dammes zum Termin fertig geworden.

46 Großraumkipper und 17 Ladebagger liegen still

Nicht nur die 500 Männer sind über Nacht arbeitslos geworden; auch die 46 Großraumkipper und die 17 Ladebagger, die in langen Reihen abgestellt sind und — wohl oder übel — unter dicker Schneedecke jetzt ihren Winterschlaf halten. Ein täglicher Ausfall von vielen tausend Mark!

Fotos: Benno Höne

Blick von der Dammkrone beim Aufbringen der stauseeseitigen Asphaltbetondichtung mit dem Kreuzungsbauwerk von Herdmauerkontrollstollen und Grundablaßstollen.

Ansprache von Regierungspräsident Dr. Warsch beim Richtfest am 19. Juni 1956.

Am 19. Juni 1956 konnte der Verbandsvorsteher beim Richtfest für das Dammbauwerk unter anderem Herrn Regierungspräsidenten Dr. Warsch und in seiner Begleitung die Herren der Talsperrenaufsicht des Regierungspräsidiums Köln, den Hauptdezernenten, Oberbaudirektor Hans Kiel, den Amtsvorstand des Wasserwirtschaftsamtes Bonn und Talsperrenaufsichtsbeamten für die Talsperren im Regierungsbezirk Köln, Oberbaurat Nußbaum, sowie den Präsidenten des Landesarbeitsamtes und den Vorsitzenden des Ausschusses für wertschaffende Arbeitslosenfürsorge begrüßen.

Nach dem Bauzeitenplan war die Schüttung des Sperrenbauwerkes von August 1955 bis Oktober 1956, also innerhalb von 15 Monaten, vorgesehen. Diese umfangreichste Aufgabe beim Bau der Talsperre konnte aber fünf Monate früher bereits Anfang Mai abgeschlossen werden. Damit stand die volle Sommerperiode für das besonders von der Witterung abhängige Aufbringen der wasserseitigen Oberflächendichtung zur Verfügung. Die Einhaltung des ursprünglichen Zeitplans hätte zu einer Unterbrechung der Dichtungsarbeiten während des Winters 1956/57 geführt. So wurde in nur etwa fünf Monaten die Dichtung aus Asphaltbeton auf der wasserseitigen Böschung des Dammes in einer Fläche von rund 25.000 m² aufgebracht.

Noch im gleichen Jahr, nämlich kurz vor Weihnachten, am 20. Dezember 1956, und damit zehn Monate früher als geplant, kündigten 3 Böllerschüsse und 12 aus den Dienstpistolen von 2 Grenzschutzbeamten abgefeuerte Leuchtgeschosse, die sich zu den Landesfarben Grün-Weiß-Rot Nordrhein-Westfalens entfalteten, das Schließen der Absperrklappen im Grundablass-stollen des Dammbauwerkes und damit den Beginn des Einstaues der Wahnbachtalsperre an.

BÖLLERSCHÜSSE KÜNDETEN am Donnerstagmorgen den wohl denkwürdigsten Augenblick in der Baugeschichte der Wahnbachtalsperre an. Am unteren Sperrmauerdurchlaß fielen die Sperrklappen. Damit begann der Stau des Talsees, der bis Oktober nächsten Jahres das Volumen von rund 45 Millionen Kubikmeter erreichen soll. Foto: Norbert Müller

An der Wahnbachtalsperre fielen die Schließklappen

Jetzt sammelt sich das Wasser

Wichtigster Augenblick in der Baugeschichte der Sperre am Donnerstag vollzogen

Von unserem Mitarbeiter Heinz Rumpf

Siegburg (sru) — Drei Böllerschüsse kündeten am Donnerstagmorgen gegen 11.25 Uhr den wohl denkwürdigsten Augenblick in der Baugeschichte der Wahnbachtalsperre an. Während zwei Grenzschutzsoldaten mit Leuchtpistolen rote, grüne und weiße Sternbündel gegen den diesigen Himmel schossen, fielen am unteren Sperrmauerdurchlaß die Schließklappen. Damit begann der Stau des Talsees, der bis zum Oktober nächsten Jahres das vorgesehene Volumen von rund 45 Millionen Kubikmeter erreichen soll. Es war eine illustre Gesellschaft, die diesem Vorgang von der Dammkrone aus beiwohnte, darunter die Vertreter der staatlichen Bauaufsicht, der kommunalen Stellen, der am Bau beteiligten Firmen und des Talsperrenverbandes.

Rund zehn Monate früher, als man gerechnet hatte, konnte damit der Stauung der neuen Sperre begonnen werden. Man habe zwar aus diesem Anlaß keinen „großen Bahnhof" veranstaltet, drückte sich Verbandsvorsteher Dr. Kaiser von der Phrix-AG aus, dennoch würden diejenigen, die sich zusammengefunden hätten, diesen Augenblick nicht vergessen. Letztmalig biete sich das altvertraute Bild des Wahnbachtals, in dem sich schon in vier Wochen ein Stausee von zehn Meter Höhe erstrecken werde. Bereits im April würden 80 Hektar des Tals überschwemmt sein, und zum Oktober 1957 rechnet man, daß der Stausee die vorgesehenen 45 Millionen Kubikmeter Wasser umfasse. Damit sei dann ein Gebiet von 120 Hektar überschwemmt.

„Der Wahnbach werde", so fuhr Dr. Kaiser fort, „zwar seiner jahrhundertealten Freiheit beraubt und unter die Menschenhand gezwungen, gleichzeitig damit werde er aber für die Zukunft zielstrebig und nutzbringende Arbeit leisten." Dr. Kaiser ergänzte, daß man dem Vorwärtssteigern des Talsees bis Januar noch bestimmte Fesseln anlegen werde, um die vor der Staumauer noch notwendigen Arbeiten ungestört zu Ende führen zu können.

Mit Genugtuung sprach der Verbandsvorsteher davon, daß man auch mit den Grundstückseigentümern letztlich auseinandergekommen sei habe sich letztlich doch alles ten gefügt. Den Sinn dies stunde erblickte er aber da zu danken, die bei dem Zust men dieses imposanten W geholfen hätten. Die Talsper lebendigen Beweis dafür geworden, wie durch das Zusammenwirken aller Kräfte ein Optimum des Möglichen zu erreichen sei. Nicht zuletzt deshalb habe man alle gestellten Termine überholen können, weil die nimmermüde Dynamik, der Ehrgeiz der Beteiligten und besonders der persönliche Einsatz beim Bau und bei der Planung unter der Leitung von Oberbaurat Schilder beispielhaft gewesen seien.

Außer den vorgeschriebenen akustischen und optischen Einlagen gab es an diesem Morgen noch nicht viel zu sehen. Lehmig gelb und träge floß der Wahnbach daher, während vor der Staumauer das Tosbecken und der Überlauf langsam versickern. In den nächsten Tagen wird man sich aber schon davon überzeugen können, daß sich von der Sperrmauer ab zunächst ein Tümpel und später ein kleiner See immer weiter die Talsohle hinauf ausbreiten wird.

s Siegburg. (ru) Noch in dieser Woche soll mit den Arbeiten für das Verlegen des Rheindükers begonnen werden. Als erstes Gerät wird an der Verlegungsstelle, rund ein Kilometer oberhalb des Bundeshauses, der Schwimmbagger „Jupiter" eingesetzt. Der Düker soll dem Transport des Trinkwassers durch den Rhein zur Versorgung der Stadt Bonn und des Kreises Bonn-Land dienen.

Das Wasser wird bekanntlich aus der Wahnbachtalsperre zugeleitet, die im nächsten Jahr in Betrieb genommen wird. Von der Talsperre und der Trinkwasseraufbereitungsanlage aus führt eine etwa 15 Kilometer lange Hauptversorgungsleitung durch die Hangelarer Ebene an das rechte Rheinufer am Südrand von Beuel. Die Gemeinden in diesem Raum sollen gleichfalls an die Leitung angeschlossen werden. Der Rheinddüker ist ein mächtiges Stahlrohr, das 2,50 Meter tief unter der Rheinsohle eingebaut werden soll.

Richtfest an der Wahnbachtalsperre

Siegburg. Wie wir erfahren, wird am 15. Juni um 11 Uhr der Richtbaum am Rohbau der Wahnbachtalsperre gesetzt.

HALBZEIT

... feierte der Wahnbachtalsperrenverband mit einer gemütlichen Runde in Köln. Infolge der ungewöhnlich günstigen Witterung war es möglich, an der Großbaustelle ohne Unterbrechung in Tag- und Nachtschichten weiterzuarbeiten. Der Damm steht zur Hälfte. Die obere Plattform reicht schon bis zur Wahnbachtalstraße. Unser Foto zeigt die gewaltigen Ausmaße des Bauwerkes zur späteren Wasserseite hin. Als Vergleich steht auf dem fast fertigen Kontrollgang ein Arbeiter. (f)

Foto: Ulrich Ringkloff

Zweiter Sperrdamm entsteht

Bagger arbeiten jetzt an der Herkenrather Mühle

Von unserem Mitarbeiter Benno Höne

Wahnbachtal. (hö) Der Talsperrenbau ist in eine neue Phase getreten. Während die Bauarbeiten sich bisher auf das untere Wahnbachtal beschränkten, arbeiten Bagger und Großraumwagen jetzt im mittleren Wahnbachtal, nur wenige hundert Meter von Herkenrather Mühle bei Neunkirchen entfernt. Dort wird das Vorbecken mit dem schweren Vordamm angelegt.

Diese entlegenste Baustelle im Riesenkomplex Wahnbachtalsperre liegt fünf Kilometer vom Hauptdamm bei Seligenthal entfernt. Hier soll das Wasser des Wahnbaches für das Hauptbecken vorgeklärt werden. Noch eine Aufgabe hat diese Anlage: Die Fische — vor allem handelt es sich um Forellen —, die im Hauptbecken eingesetzt werden sollen, werden durch den Vordamm davon abgehalten, durch das Flußbett des Wahnbachs den Stausee zu verlassen.

Eine „Tasse" am Vordamm

Der Vordamm wird hundert Meter lang und 45 Meter breit. Die Dammkrone soll spitz auslaufen. Die Dammhöhe beträgt etwa zehn Meter. Bei der Dichtung des Dammes wird ein völlig neues Verfahren angewandt. Die Schwarzdecke liegt mitten im Damm. Üblich war es bisher, die Dichtung auf der Außenfläche anzubringen. Wenige Meter vor dem Vordamm wird die sogenannte „Tasse" für den Einlauf in das Hauptbecken gebaut. Ein Gitter auf dieser „Tasse" wird den größten Unrat zurückhalten. Aus der „Tasse" wird das Wasser durch einen doppelten Tunnel durch den Vordamm in das Hauptbecken geleitet. Der Damm wird an eine natürliche Steinschicht am Hang des Wahnbachtals „angeklebt", damit er dem gewaltigen Druck des Wassers aus dem Hauptbecken standhalten kann.

Wetter erschwerte Arbeiten

Die starken Niederschläge der vergangenen Wochen erschwerten die Erd- und Betonarbeiten erheblich. Die Betonmasse muß nämlich im Felswerk der Talsohle verzahnt werden.

DER ZWEITE DAMM der Talsperre entsteht unmittelbar bei der Herkenrather Mühle Foto: Benno Höne

Um das zu erreichen, muß man den Felsen trocken halten. Mit Spachtel und Drahtbürste wird der Felsen sorgfältig gereinigt und mit Wasser abgespült. Erst dann hat man die Gewähr, daß die Betonmilch den Fels mit der Gründungssohle zu einem Massiv verbindet. Das ist die wichtigste Arbeit beim Dammbau. Am Wochenende hat die Staatsaufsicht die Gründungssohle abgenommen und sich davon überzeugt, daß sie den Anforderungen gewachsen ist.

Spätestheimkehrer als Bauführer

Noch sind umfangreiche Betonarbeiten zu bewältigen. In drei Wochen wird man mit dem Anschütten des Vordammes beginnen. Dann wird im Raum von Herkenrather Mühle Hochbetrieb herrschen. Die Fels- und Erdmassen für den Vordamm werden vom Münchenberg angefahren. Insgesamt müssen 30 000 Kubikmeter herangeschafft werden. Noch in diesem Herbst soll der Vordamm fertig werden. Die Arbeiten leitet Bauführer Walter Monschau aus Köln. Als Spätestheimkehrer kam er erst im Dezember 1955 aus russischer Gefangenschaft zurück. Bereits im Herbst soll im Hauptsee gestaut werden. Insgesamt 43 Millionen Kubikmeter wird die Talsperre fassen. Am Hauptdamm ist man seit Wochen dabei, die Dichtungshaut aufzutragen. Gute Fortschritte machen auch die Arbeiten an der Trinkwasseraufbereitungsanlage auf dem Siegelsknippen.

oben: Blick in den künftigen Stausee mit wasserseitiger Dichtung des Dammkörpers, Entnahmeturm im Tal, Betonmischanlage, Bogenbrücke über das Derenbachtal im Zuge der Wahnbachtalstraße und einem Wohnlager am Hang des Derenbachtales.

rechts: Bei dem Ersteinstau verschwinden das Entnahmebauwerk 10 m über der Talsohle und
links: Der Entnahmeturm am linken Talhang im Wasser.

unten: Schüttarbeiten im oberen Bereich des Dammes.

TRINKWASSERAUFBEREITUNG SIEGBURG-SIEGELSKNIPPEN

Seit dem 9. April 1956 befand sich in einer Entfernung von etwa einem Kilometer Luftlinie und rund 80 m über der Krone des Staudammes auf dem Siegelsknippen die Trinkwasseraufbereitungsanlage im Bau. Nach dem Einbringen des ersten Betons am 25. Mai 1956 durch eine Arbeitsgemeinschaft von vier, darunter auch zwei an der Errichtung des Sperrenbauwerkes beteiligten Baufirmen und dem Beginn der aufbereitungs- und rohrleitungstechnischen Montagen am 2. Januar 1957 wurde am 1. März 1957, also ein knappes Jahr nach dem Baubeginn, das Richtfest für das Gebäude der Aufbereitungsanlage begangen. Der dreischiffigen Filterhalle aus Stahlbetonfertigteilen ist das Maschinenhaus mit Förder- und Spülwasserpumpen, Luftkompressoren, Rohrkeller, Laboratorium, Dienst- und Besprechungsräumen vorgelagert. Die Trinkwasseraufbereitungsanlage für das Talsperrenwasser wurde von vornherein auf eine gegenüber dem ursprünglichen Entwurf erhöhte Kapazität von 2.500 m^3/h mit Möglichkeit der Steigerung auf 3.000 m^3/h und eine tägliche Liefermenge an Trinkwasser von bis zu 70.000 m^3 ausgelegt.

Gleichzeitig entstand unterhalb vom Absperrbauwerk der Talsperre das Rohwasserpumpwerk und wurde die Transportleitung für das Rohwasser aus dem Stausee zur Aufbereitungsanlage verlegt.

oben: Das alte Laboratorium

mitte: Die Trinkwasseraufbereitungsanlage vor dem Teilabriß und Umbau

oben: Mischstrecke und Wassersprung nach Zugabe von Dosiermittel bei der Trinkwasseraufbereitung.

links: Blick in die Filterhalle der Trinkwasseraufbereitungsanlage.

DIE WASSERVERSORGUNG DER STADT BONN

Wohl keine Katastrophe hat die Stadt Bonn jemals so hart getroffen wie der Luftangriff mit anschließenden Flächenbränden im Oktober 1944. Von 30.000 Wohnungen waren am Kriegsende nur noch rund die Hälfte bewohnbar; allerdings hielt sich zu dieser Zeit auch nur die Hälfte der Vorkriegseinwohner, 45.000 Menschen, im Bonner Stadtgebiet auf, zu dem damals noch nicht die später eingemeindeten Orte Beuel, Röttgen, Ippendorf, Duisdorf und Lengsdorf zählten. Rapide zog es die Menschen jedoch wieder in die Stadt. Im Jahr 1946 waren es schon 95.000 Einwohner, 1947 überflügelte der Meldestand der Einwohner die Vorkriegszahlen, zehn Jahre nach dem Krieg zählte Bonn um die 140.000 Menschen. Nicht zuletzt wegen der Hauptstadtentscheidung am 10. Mai 1949: Die Stadt beherbergte schließlich nicht nur Bundespräsident und Kanzler, sondern auch Bundestag und Bundesrat, Ministerien, Länder und diplomatische Vertretungen sowie Parteienbüros.

All diese Menschen brauchten Wasser. Trinkwasser, das in Bonn seit 1875 aus dem Wasserwerk Gronau stammte und aus einem Hochbehälter auf dem Venusberg zunächst die Versorgung von 30.000 Menschen garantieren sollte. Von der Inbetriebnahme an galt dieses Wasser nicht als ideal. Je tiefer der Rhein stand, umso größer war der Anteil landseitig entnommenen Grundwassers und umgekehrt. Ein Gemisch, so erklärte Fritz Buntzel, von 1912 bis 1945 Betriebsdirektor der Stadtwerke Bonn, dessen Temperatur zwischen 6 und 16 Grad Celsius und dessen Härtegrad zwischen 8 und 25 schwankte. Eine zweifelhafte Qualität, wegen der die Zuständigen bereits nach dem 1. Weltkrieg Alternativen erwogen.

„Immerhin bestanden einige Schönheitsfehler betreffs der Eigenschaften des Wassers", schreibt Buntzel in einem Rückblick, auch wenn die hygienischen Anforderungen noch erfüllt waren und die Menge des geförderten Wassers ausreichte. Bereits im Jahr 1927 war der „ausgesprochen dumpfige Geruch und Geschmack" aufgefallen, als der Rhein bei starkem Frost streckenweise zugefroren war und der Bonner Pegelstand unter Null sank, so dass eine biologische Selbstreinigung des Wassers wegen der Kälte und mangelnder Sonneneinstrahlung nicht mehr stattfand. Nach Ende des 2. Weltkriegs aber stiegen die Mengenanforderung von 4,7 Millionen Kubikmeter geförderten Wassers im Jahr 1940 auf 6,45 Millionen ein Jahrzehnt später und auf 8,3 Millionen Kubikmeter im Jahr 1956 an. Gleichzeitig maßen die Chemiker mehr Chloride im Rheinwasser – Ursache waren die Abwässer elsässischer Kaliberkwerke – und auch der Phenolgehalt kletterte in die Höhe, weil immer mehr Tankschiffe auf dem Rhein verkehrten. Dazu veranlassten die Besatzungsmächte aus hygienischen Gründen die Chlorierung des Gronau-Wassers. Phenole und Chlor aber, so fürchtete Buntzel, der Wasser-Betriebsdirektor a.D., könnten zusammen einen „unangenehmen jodoformartigen Geruch" ergeben.

So gestaltete sich die Situation des Bonner Trinkwassers in den 50er Jahren. Gleichzeitig brummte die Bauwirtschaft, die ehemalige „Siedlung Blömer" auf dem Venusberg zum Beispiel mauserte sich zum Universitäts-Klinikum mit einem Wasserbedarf, der von höchstens 60 Kubikmetern pro Tag in der Vorkriegszeit auf 2.000 Kubikmeter anstieg. Zwar ergab die Suche nach Alternativen, dass dank der Lage des Stadtgebietes im Rheintal immer noch reichlich förderbares Uferfiltrat und Grundwasser vorhanden war. Doch mit einer weiteren Bohrung wären das Problem der Qualitätsschwankungen und die Abhängigkeit vom Pegel des Rheins nicht behoben worden. Das Wasserwerk im Nachbarort Plittersdorf führte dagegen Wasser mit einem zu hohen CO_2-Gehalt - schädlich für die Leitungen. Auch erwiesen sich Überlegungen für eine Talsperre in Bad Münstereifel oder bezüglich des „Überlaufwassers Laacher See" als nicht gangbar. So entschieden die Vertreter der Stadt in der Ratssitzung am 9. Mai 1952, sich am Bau der Wahnbachtalsperre zu beteiligen. Viereinhalb Jahre später lag die erste Stahlrohrleitung, der erste „Rheindüker" mit einem Durchmesser von 800 Millimetern und einer Länge von 450 Metern, unter Wasser. Und die „Bonner Rundschau" konnte am 3. Mai 1958 titeln: „Jetzt ist das Wasser da!"

Auf der Wand des Wasserwerks Gronau (1875) stand:

> ALSO SPRECHEN DIE SCHRIFTEN DER WEISEN MEISTER:
> WASSER IST DIE WONNE ALLER LEBENDEN,
> DEN SIECHEN EIN ARZT, DEN GESUNDEN EIN FREUND,
> DER RUHE EIN GESPIELE, DER ARBEIT EIN GENOSSE,
> DARUM, SO LASST DES WASSERS STRÖME FLIESSEN
> IN JEDWEDES BÜRGERS HAUS.

Erich Blaß

Bleistift, Zirkel und Rechenschieber, das waren die Arbeitsgeräte, die Erich Blaß bei seinem Eintritt am 1. September 1954 in den jungen Wahnbachtalsperrenverband mitzubringen hatte. Ein frisch examinierter Bauingenieur, 24 Jahre alt, voller Zuversicht. „Wir waren alle jung im Betrieb", sagt er heute, „uns war noch nichts schief gegangen, alles schien machbar." Er zog in das erste Büro des WTV an der Siegburger „Goldenen Ecke", zwischen Kaiserstraße, Markt und Holzgasse ein. In eine Altbauwohnung mit verwinkelten Räumen, mit zehn Aktenordnern, von denen drei bereits gefüllt waren, und einem einzigen Telefon. „Rufnummer 20 26", repetiert Blaß heute noch. Später zog das Büro um in die Kronprinzenstraße, Ecke Cecilienstraße, dort gab es Platz genug für den großen Zeichentisch: Zuvor wurden die Zeichnungen mit Bleistift und Reißzirkel in einem Zirkuswagen am „Tingplatz" angefertigt.

Erich Blaß hatte ein Ingenieurstudium absolviert, nach dem er auch Brücken hätte konstruieren können, oder Kirchen. „Wir mussten alles können", erzählt er heute, so verlangte der Zufall und ein persönlicher Kontakt zum WTV-Chef, Siegfried Schilder, dass er „Talsperren konnte".

Gefeiert, richtig gefeiert und nahezu auf dem Tisch getanzt, hatten die Ingenieure der ersten Stunde, als das Wasserrecht für den Stau der Wahnbachtalsperre offiziell an den WTV verliehen wurde: „Alles andere lag in unserer Hand", sagte Blaß. Der Antrag aber ließ sich nicht mit dem Rechenschieber lösen. Doch bürokratische Hürden habe es kaum gegeben, waren schließlich alle - Einwohner wie Entscheidungsträger - an einer modernen Wasserversorgung interessiert.

Gebaut wurde mit Hochdruck, in Tag- und Nachtschichten, denn für die Wahnbachtalsperre war eine außergewöhnlich kurze Bauzeit vorgesehen: Im Dezember 1956 „staute man ein". Blaß kann sich noch gut an jene beiden Winter erinnern, in denen er häufig Nachtdienst auf der Baustelle schob, ohne Handschuhe, denn das erlaubte jene Kleiderordnung für Ingenieure nicht, die WTV-Leiter Siegfried Schilder in Ehren hielt. Ein strenges Regiment, aber mit Familienanschluss: „Am 31. Oktober 1955, dem Reformationstag also, ist er mit der gesamten evangelischen Belegschaft während der Arbeitszeit kurz entschlossen in die Kirche gezogen", erzählt Blaß. Und legendär sind die Betriebsausflüge, von denen heute noch schmale Schwarz-Weiß-Bilder mit gezacktem Rand zeugen: Schiffsausflüge zur Marksburg zum Beispiel, zu denen auch die Gattinnen geladen waren.

Hauptsächlich aber arbeitete das Team der ersten Stunde hart. „Unlösbare Probleme gab es für uns nicht", sagt der Bauingenieur, auch wenn Siegfried Schilder Berechnungen zuweilen gnadenlos „mit einem 6 B-Bleistift" durchstrich. Spannungsprobleme wurden durch einen „schlüssigen Kreis" bewiesen, erst später rechnete man Zahlenreihen mit der berühmten Schwengelmaschine „Brunswiga" aus.

Mit dem Moped knatterte Blaß täglich zur Baustelle. Und auch die Million Kubikmeter Schüttmaterial, die für den Bau benötigt waren, wurden modern transportiert: Statt, wie wenige Jahre zuvor auf Großbaustellen per Gleis, transportierten Kippfahrzeuge, die „Maks", die die amerikanische Besatzung hinterlassen hatte, hydraulisch bewegt und auf Gummireifen den im Steinbruch gewonnenen und in den Staudamm einzubauenden Gesteinsschotter.

Siegfried Schilder hatte mit Augenmaß und Gefühl für die ästhetische Landschaftsgestaltung den Verlauf des Dammes geplant, berechnet wurde er so, „als wäre eine Kugel von 11 Metern Durchmesser von der Dammkrone herabgerollt." Das war nicht einfach, ebenso wie die Abdichtung der Herdmauer, bei der sich sehr plötzlich ein Riss offenbarte. "Ein geologisches Gutachten verwies uns da auf ein kürzliches Erdbeben", lacht Blaß noch heute darüber, dass sich das „kürzlich" aus geologischer Sicht als eine Frist von 30.000 Jahren herausstellte und für das Bauwerk keine Bedeutung mehr hatte.

Schlag auf Schlag ging es nach dem Einstauen, erste Wasserproben brachte Erich Blaß noch mit dem Fahrrad zum Chemischen Institut nach Bonn.

Nach der Fertigstellung des Staudammes konstruierten die Ingenieure jetzt auch Rohrleitungen. Eine Postkarte zeigt den historischen Moment, als der erste „Rheindüker", ein stromkreuzendes dickes Rohr mit Gelenken, von einem Schiff aus verlegt wurde. „Das Wasser in Bonn war muffig und schmeckte nach Chlor", erinnert sich der Pensionär heute noch. „Gerade die Bonner freuten sich sehr auf unser Wasser."

DIE ERSTE HAUPTVERSORGUNGSLEITUNG NACH BONN

Im Sommer 1956 war auch mit dem Bau der Hauptversorgungsleitung von der Trinkwasseraufbereitung Siegelsknippen nach Bonn begonnen worden. Gegenüber dem Entwurf zur Bildung des Wahnbachtalsperrenverbandes wurde aufgrund der im linksrheinischen Versorgungsgebiet zu erwartenden Steigerung des Trinkwasserbedarfes der Querschnitt der Rohrleitung von ursprünglich 700 mm auf 800 mm erhöht. Auf der rund 15 km langen Rohrleitungstrasse bis zur Rheinkreuzung wurde gleichzeitig in fünf getrennt ausgeschriebenen Baulosen gearbeitet. Die Rohrleitung musste auf größeren Strecken in sumpfigem Gelände mit flurnahen Grundwasserständen und schlammigem Boden verlegt werden.

Verlegen der Rohre des ersten Rheindükers.

DIE ERSTE RHEINKREUZUNG

Den technischen Höhepunkt bildete zweifellos die Kreuzung des Rheins. Sie fand unter Ausnutzung der üblicherweise niedrigen Herbstwasserstände im Strom am 25. Oktober 1956 statt. Verbandsvorsteher Dr. Franz Kaiser begrüßte auf dem bei der Rohrverlegung im Strom die Dükerbaustelle kreuzenden Schiff den Minister für Ernährung, Landwirtschaft und Forsten des Landes Nordrhein-Westfalen, Dr. Effertz, und den Regierungspräsidenten Dr. Warsch, die sich bei einem anschließenden Besuch der Wahnbachtalsperre und der vor der Fertigstellung stehenden Trinkwasseraufbereitungsanlage Siegelsknippen auch über den Fortschritt bei den übrigen Maßnahmen des Verbandes informierten.

Der erste Rheindüker des Wahnbachtalsperrenverbandes im Zuge der 1. Hauptversorgungsleitung nach Bonn wurde stromauf vom Sitz des Deutschen Bundestages etwa bei Strom-km 652 in einer Länge von etwa 450 m und in einer mehr als 3 m tiefen, unter der Stromsohle gebaggerten Rinne verlegt.

Von den verschiedenen technischen Möglichkeiten wurde ein Verlegeverfahren gewählt, das bei dem Querschnitt des Gewässers und dem starken Schiffsverkehr auf dem Rhein eine wirtschaftliche Ausführung bei geringen Einschränkungen des Schiffsbetriebes garantierte. Die für die Rheinkreuzung gefertigten Stahlrohre wurden im Werkshafen der Lieferfirma zu insgesamt zehn Strängen von je 48 bis 52 m Länge verbunden und jeweils an einem Ende mit so genannten Kugelmuffen versehen.

Schwimmender Antransport der Rohre bei dem ersten Rheindüker.

Ein besonderer Vorteil des gewählten Bauverfahrens war, dass die Verlegung ohne wesentliche Behinderung, vor allem auch ohne eine nur kurzzeitige Stilllegung des Schiffsverkehrs erfolgte. Die auf die Kreuzungsstelle zufahrenden Schiffe wurden oberhalb und unterhalb rechtzeitig gewarnt und jeweils um die über die Gesamtbreite des Stromes wandernde Dükerbaustelle herumgeleitet.

Die an den Enden verschlossenen Rohrstränge wurden schwimmend von Schleppern bis an die Einbaustelle im Strom transportiert und in die ausgebaggerte Verlegerinne abgelegt. Zur Verbindung der einzelnen Stränge miteinander wurde jeweils das mit der Kugelmuffe versehene Ende wieder aus der Verlegerinne gehoben und auf einem Arbeitsschiff abgelegt. Ein Kranschiff führte dann das freie Ende des nächsten im Strom abzulegenden Rohrstranges an das mit der Kugelmuffe versehene Ende des vorigen Rohres heran. So wurde nacheinander Strang für Strang über die gesamte Breite des Stroms zu einem durchgehenden Dükerrohr zusammengefügt. Die kugelförmige Oberfläche der Verbindungsmuffe gestattet durch ihre Beweglichkeit eine Anpassung an den in der Höhe nicht immer gleichförmigen Verlauf der unter Wasser gebaggerten Verlegerinne und vermeidet daher ungünstige Spannungen in dem im Strom liegenden Rohr.

WEITERE RHEINKREUZUNGEN

Das geschilderte Verlegeverfahren wurde nur bei der ersten Rheinkreuzung im Zuge der 1. Hauptversorgungsleitung von Siegelsknippen nach Bonn angewendet. Bei der späteren zweiten Rheinkreuzung in Bonn-Grau-Rheindorf im Zuge der 2. Hauptversorgungsleitung und der dritten Rheinkreuzung für die 3. Hauptversorgungsleitung etwa 170 m stromauf der ersten Rheinkreuzung wurde jeweils das Einziehverfahren vom Ostufer gewählt. Im Unterschied zur ersten Rheinkreuzung, die nur aus einem Rohr besteht (Einfachrohrdüker), wurden bei der zweiten und dritten Rheinkreuzung jeweils zwei Wasserleitungsrohre parallel und miteinander verbunden verlegt (Doppelrohrdüker). Auf die zweite und dritte Rheinkreuzung wird noch eingegangen.

Verlegung des ersten Rheindükers, Einfachrohrdüker aus einzelnen Rohrabschnitten etwa bei Stromkilometer 652.

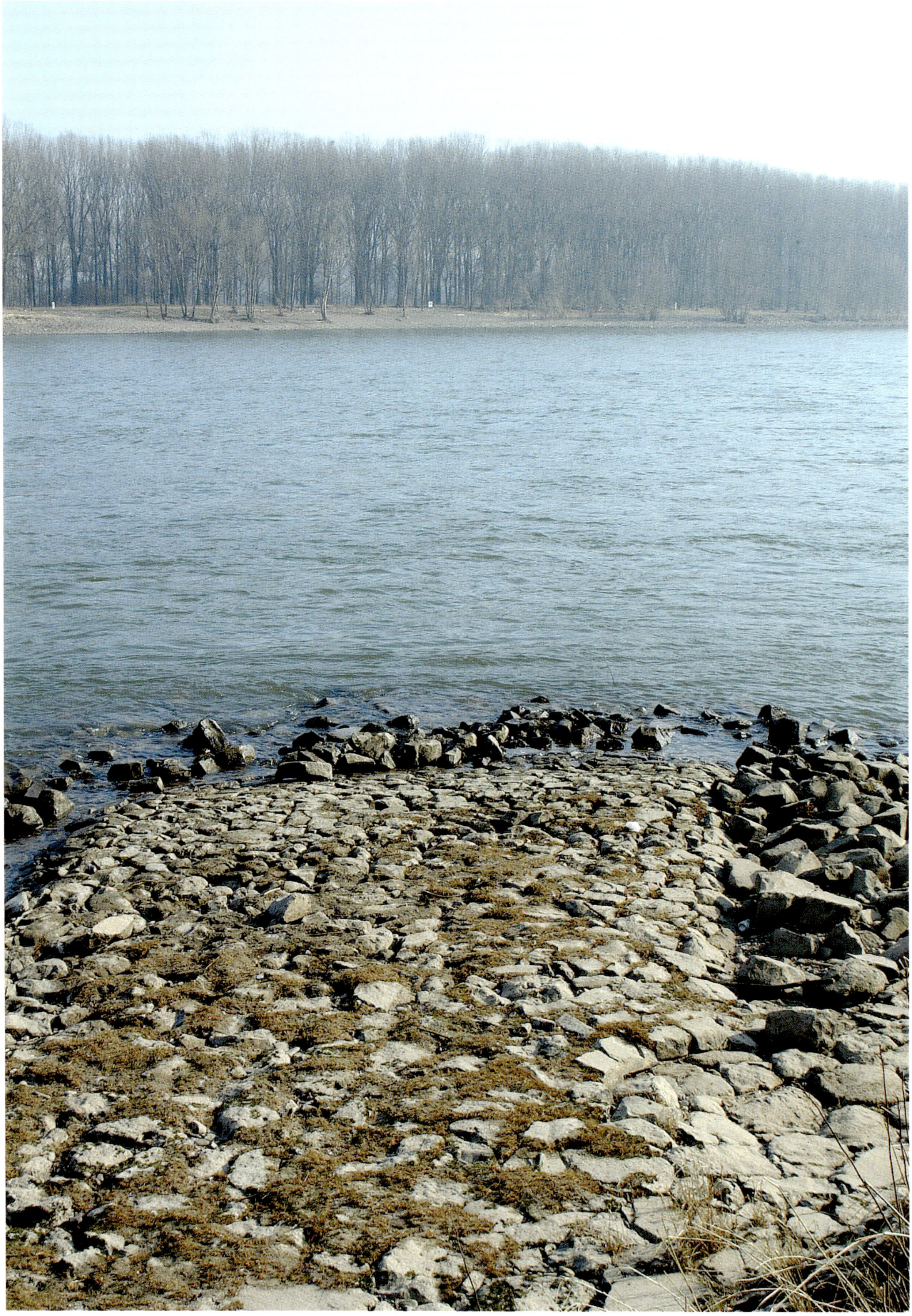

TRANSPORTLEITUNG ZU DEN PHRIX-WERKEN AG

Zur Lieferung von unmittelbar aus dem Stausee für Betriebszwecke entnommenen Brauchwasser an das Verbandsmitglied Chemie-Faser Aktiengesellschaft wurde eine Rohrleitung in einer Länge von 5 km vom Fuß des Absperrbauwerkes der Wahnbachtalsperre in das Werksgelände in Siegburg mit einem Durchmesser von 600 mm verlegt.

Gebäude der ehemaligen Phrix-Werke AG in Siegburg.

AUFNAHME DER TRINKWASSERVERSORGUNG

Im März/April 1958 waren die Vorbereitungen zur Inbetriebnahme der Versorgungsanlagen und zur Aufnahme der Trinkwasserversorgung durch den Wahnbachtalsperrenverband in vollem Gange.

In der fertig gestellten Trinkwasseraufbereitung Siegelsknippen wurden die einzelnen Anlagenteile eingefahren und der Probebetrieb zur Trinkwasserlieferung aufgenommen. Der zur Zwischenspeicherung des Trinkwassers im Gelände errichtete Hochbehälter wurde gereinigt und desinfiziert. Auf der 1. Hauptversorgungsleitung von Siegelsknippen nach Bonn-Gronau wurden die Druckproben für die einzelnen Bauabschnitte mit den Anschlüssen an die zu beliefernden Werke, die Druckprüfung sowie die Spülungen und Desinfektionen vorgenommen. Mit den das Trinkwasser vom Wahnbachtalsperrenverband zur Weiterverteilung übernehmenden Versorgungsunternehmen wurden die Einspeisung und dabei am Anfang beim Übergang von der bisherigen Versorgung aus eigenen Gewinnungsanlagen auf die Lieferung von Trinkwasser aus der Wahnbachtalsperre mögliche Erscheinungen in den angeschlossenen Verteilungsnetzen besprochen sowie die entsprechende Information der Bevölkerung vereinbart.

Am 28. April 1958 fand die feierliche Inbetriebnahme der Versorgungsanlagen des Wahnbachtalsperrenverbandes durch die Herren Ministerpräsident Fritz Steinhoff und Dr. Effertz, Minister für Ernährung, Landwirtschaft und Forsten des Landes Nordrhein-Westfalen, statt. An dem Festakt nahmen auch Dr. Peters, der Vorgänger des amtierenden Ministers, teil, der in der Gründungsphase das Unternehmen des Verbandes sehr gefördert hat, weiter die an seiner Verwirklichung beteiligten Vertreter der Abteilung Wasserwirtschaft im Ministerium, Ministerialdirigent Klosterkämper und Oberregierungsbaudirektor Köster, der Kölner Regierungspräsident Dr. Rieger, und Regierungsvizepräsident Dr. Langensiepen und die an der Vorbereitung und Durchführung des Vorhabens unmittelbar beteiligten Herren Oberregierungsbaudirektor Kiel sowie Oberregierungs- und -baurat Nußbaum, die Leiter der Verwaltungen und politischen Vertreter der Verbandsmitglieder sowie weiterer Behörden, Berufsvertretungen, des Gewerbes, der Wirtschaft, Gewerkschaften, der benachbarten Wasserwirtschaftsverbände, die Inhaber, Vorstände und Geschäftsführer der am Bau beteiligten Firmen und ihre Mitarbeiter, Vertreter von Presse, Rundfunk und Fernsehen und schließlich die Mitarbeiter des Verbandes.

Der Verbandsvorsteher begrüßte die Anwesenden mit den Worten: „Sie sind heute zu uns gekommen, um mit uns den wichtigsten Tag des Wahnbachtalsperrenverbandes zu begehen, der bereits am Tage der Verbandsgründung im Jahr 1953 als unser Ziel galt."

Nach einem Rückblick auf die bei der Errichtung der Verbandsanlagen bisher erbrachten Leistungen im Umfang von 47 Mio. DM wies Dr. Kaiser auf die weiteren vom Verband noch zu erfüllenden Aufgaben hin: „Es stehen noch 40 km Rohrleitungen mit Pumpwerk und Speicherraum von 16.000 m^3 für die Landgemeinden in weiteren Gebieten des Siegkreises und im Landkreis Bonn aus."

Der Vorsteher beendete seine Ansprache mit einem Blick in die Zukunft: „Möge der Wahnbachtalsperrenverband alle seine Aufgaben in den kommenden Jahren, aber auch noch in Jahrzehnten, zur Zufriedenheit aller, die er versorgt, erfüllen und stets regen Anteil an einer gesunden Entwicklung dieses Landes haben, damit ihm zu jederzeit das Urteil zuteil werden: Hier wurde gut und richtig geplant, aber auch gebaut!"

linke Seite: Festakt zur Einweihung der Wahnbachtalsperre.

links: Ministerpräsident Steinhof (links) und Verbandsvorsteher Dr.-Ing. Kaiser toasten sich gegenseitig zu.

links unten: Ministerpräsident Steinhof (links) und Landwirtschaftsminister Peters (rechts) bewegen die Schützentafeln der Hochwasserentlastung an der Krone des Absperrbauwerkes der Wahnbachtalsperre.

unten: Ministerpräsident Steinhof (links) und Verbandsvorsteher Dr.-Ing. Franz Kaiser toasten sich gegenseitig zu.

rechts unten: Verbandsvorsteher Dr.-Ing. Kaiser bei der Festansprache.

Walter Debertshäuser und Gerd Franke

Es gibt eine Konstante im Hause Wahnbachtalsperrenverband, die sich durch alle fünf Jahrzehnte des bisherigen Bestehens zieht: Mitarbeiter schätzt man hoch.

„Wir waren immer eine Familie", schwärmt Franz-Gerd Hötter, Geschäftsführer über eine große Spanne dieser Zeit, noch heute. Walter Debertshäuser und Gerd Franke gehörten dazu.

Die „Mannschaft" des Wahnbachtalsperrenverbandes in der Frühzeit.

Debertshäuser, gelernter Installateur und bei den in Troisdorf-Altenrath stationierten belgischen Streitkräften für die anfallenden Arbeiten in der Kaserne zuständig, erfuhr bei seinen „Pädchesfahrten", den Fahrradtouren im Grünen, zum ersten Mal vom Projekt Wahnbachtalsperre. „Das ist auch heute noch so, wenn ich durch die Stadt gehe und es wird irgendwo gegraben, dann muss ich in das Loch hineinschauen", erklärt er seine damalige Neugierde, als er die ersten Spatenstiche auf Siegelsknippen bemerkte. Das Projekt interessierte ihn. So bewarb er sich - heute würde man sagen mit einer „Blindbewerbung" - bei dem entstehenden Trinkwasserwerk. Er nahm im September 1957 als erster Handwerker für die Trinkwasseraufbereitungsanlage seine Arbeit beim Wahnbachtalsperrenverband auf. Neben ihm arbeiteten noch der Elektriker Günther Giertz und eine Laborantin im noch nicht ganz fertigen Gebäude. Der Installateur aber wurde erst einmal der Mann für alle Fälle. „Wir müssten da mal", sagte der zuständige Bauingenieur, Ernst Adolph, nicht selten zu ihm. Das hieß dann, dass beim Bau der eine oder andere Durchbruch für Kabel oder Rohre fehlte. Und dass Debertshäuser mit Hammer und Meißel als „lebender Presslufthammer", wie er heute lachend formuliert, eben zusätzliche Durchbrüche klopfte. „Schlagbohrmaschinen kannten wir damals noch nicht", sagt er. Nur das Bolzenschussgerät der Firma Siemens, damals eine Art Weltneuheit. Damit konnten sie Stahlschrauben und Dübel in Beton und Mauerwerk versenken.

Dann kam der große Tag, an dem die Aufbereitungsanlage in Betrieb genommen wurde: der 28. April 1958. Mit dem Beginn der Frühschicht begann Walter Debertshäuser, die Hochbehälter zu füllen. Und um 14 Uhr hängte er seinen Kittel in den Spind und radelte in das „Hotel zum Stern". Mit Spargelcrèmesuppe und Jägersteak, dazu „56er Enkircher Herrenberger Zeppzwinger", wie die liebevoll im Fotoalbum aufbewahrte Menükarte ausweist, feierten die Honoratioren der Stadt, die Vertreter der Baufirmen und auch die noch sehr gezählten Wahnbachtalsperrenmitarbeiter die Inbetriebnahme.

Das morgens aufbereitete Wasser reichte gut den ganzen Tag: „Wir hatten ja noch keine Abnehmer", weiß Debertshäuser. Und um seinen kurzen Fernsehauftritt in einer WDR-Dokumentation über die neue Aufbereitungsanlage bewundern zu können, „leider nur von hinten", begab er sich in eine Gaststätte.

Walter Debertshäuser fungierte in den folgenden Jahren zunächst als Filterwärter, dann als Maschinist. Und als der Vorhandwerker im Jahr 1963 aus dem Urlaub zurückkehrte, fand er unvermittelt ein Schreiben, in dem ihm kurz und bündig mitgeteilt wurde, dass er die Wassermeisterschule in Hamburg zu besuchen habe. „Sie haben gar nicht gefragt", erinnert er sich heute, „aber es war natürlich klar, dass ich diese Chance wahrnehmen würde."

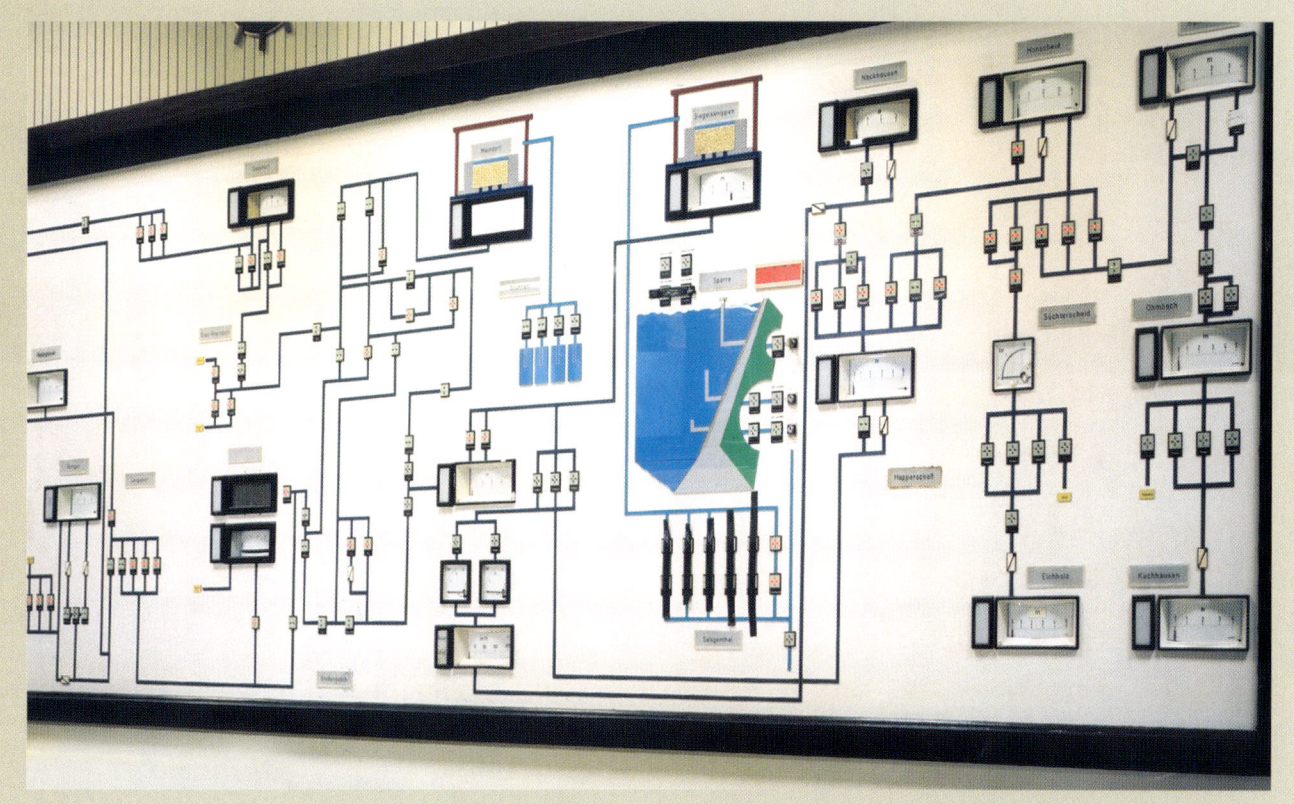

Rechte Seite des Anzeigebildes in der Schaltwarte der Trinkwasseraufbereitungsanlage in Sankt Augustin-Meindorf, der langjährige Arbeitsplatz von Meister Debertshäuser.

Für Debertshäuser folgten drei anstrengende Monate. Er schlüpfte zur Untermiete bei einer Witwe unter, teilte sich das Zimmer zudem noch mit einem anderen „Azubi" und saß an manchem Wochenende viele Stunden im Zug, um die Familie zu sehen.

Gelohnt hat es sich, denn der ehemalige Installateur wurde ab 1964 als Wassermeister in Siegelsknippen eingesetzt, arbeitete eine kurze Interimszeit in der Versuchsanlage Herkenrather Mühle und zog schließlich noch vor der Inbetriebnahme im Jahr 1968 in das Grundwasserwerk Sankt Augustin-Meindorf.

Dort kannte er „so ziemlich einiges", sagt er heute bescheiden, vom Probebetrieb bis zur Werkstatteinrichtung hat der Wassermeister hier maßgeblich mitgewirkt. Bei den Ausbauarbeiten kroch er in jedes zu verlegende Rohr tief hinein, um die korrekte Kunststoff-Auskleidung zu überprüfen: Weil Kohlendioxid Beton und Zement angreift, benötigten die Rohre eine gute Schutzschicht.

Die Debertshäusers zogen mit drei Kindern in eine der beiden Werkswohnungen. Und auch am Wochenende hatte der Wassermeister nicht immer frei: Die Telefonbereitschaft für den Notfall war für die Familie häufig präsent. Doch „es hat auch viel Spaß gemacht", sagt der heutige Pensionär. „Es waren auch beides schöne Anlagen." Er blieb dort bis zu seiner Pensionierung im Jahr 1990.

Auch Gerd Franke ist Verbands-Mitarbeiter der ersten Stunden gewesen. Gerd Franke hat eine typisch deutsche Geschichte: Aus dem Osten ist er „rübergemacht", mit gerade einmal 18 Jahren, eine kaufmännische Ausbildung bei der DDR-Reichsbahn in der Tasche und mit Hoffung auf eine Zukunft im Westen.

In Siegburg erwarb er den Führerschein Klasse 3 und arbeitete zunächst in Sankt Augustin. 1958 vermittelte das Arbeitsamt Gerd Franke als Fahrer an den Wahnbachtalsperrenverband. Doch zunächst arbeitete er als Maschinist: Walter Debertshäuser wies ihn ein. Die beiden erinnern sich noch gut an die langen Schichten, an Wochenenden mit der Nachtschicht sogar von 18 Uhr bis 8 Uhr in der Frühe.

Eingangsgebäude der Trinkwasseraufbereitungsanlage
Sankt Augustin-Meindorf des Grundwasserwerkes untere Sieg.
Im linken Gebäude befindet sich bis zum Ruhestand die Dienstwohnung für die Familie Debertshäuser.

Reinwasserpumpwerk

Behälter für Dosiermittel in der Trinkwasseraufbereitung Sankt Augustin-Meindorf.

„Sitzgelegenheiten gab es nicht viele", beschreibt Franke den Arbeitsplatz. Die Schalterpulte aus Marmor, an denen die Ventile noch mit Handrädern geöffnet wurden. Verchromte Handräder, schmuck sah das schon aus. "Diese Pulte wären heute museumsreif", bedauert Gerd Franke, dass man diese Arbeitsplätze nicht vorausschauender aufbewahrt habe. Heute noch zu sehen sind die Schaurohre aus Plexiglas, in denen die Maschinisten die Wasserqualität mit einem schnellen Blick schon einmal ablesen konnten. Wenn es auch an Stühlen in der Schalterwarte mangelte - selbst Schreibarbeiten waren am Stehpult zu erledigen - , zum Sitzen hatten die Mitarbeiter auch gar nicht viel Zeit. Chemikalien rührten sie selber an, erzählen Debertshäuser und Franke und an das Gewicht der Säcke mit Sodapulver oder Alaun erinnern sie sich noch gut. Auch an die teuflische Färbekraft des Kaliumpermanganats. Ihr Kollege Joesten hatte sich damit einmal die allgemein übliche Arbeitskleidung, den weißen Kittel, bespritzt. „Da hat er dann den ganzen Kittel eingetaucht, weil die Flecken nicht mehr herausgingen." Und dazu galt es, peinliche Sauberkeit zu halten: „Schließlich haben wir ein Lebensmittel produziert", erkärt Franke. Wer zu den Kalkbecken hoch ging, nahm immer gleich ein Tuch mit. Beim Herabsteigen konnte man dann immer gleich den dunklen Handlauf von Kalkspuren reinigen.

Später fuhr Gerd Franke Wasserproben für den Verband. Und mit Walter Debertshäuser verband ihn noch eine ganz eigene Mission. Dem Wahnbachtalsperrenverband war nämlich die Wartung einer fahrbaren Trinkwasseraufbereitung für Notfälle anvertraut. Alle vier Wochen mussten sie das von der Essener Firma Krupp hergestellte Gefährt, 7,5 Tonnen schwer, zur Talsperre fahren und auf seine Funktionstüchtigkeit testen. Und weil dieser Spezial-LKW auch eine jährliche Kilometerleistung aufzuweisen hatte, fuhr Franke einmal bis hinter Hamburg, um ein Päckchen abzuliefern.

1962 wurde dieser Wagen bei der Flutkatastrophe in Hamburg eingesetzt, später gelangte er in den Besitz der Siegburger Feuerwehr.

Eine weitere prägende Erinnerung Frankes: Er wechselte schließlich in die Grunderwerbsabteilung, beschäftigte sich mit Entschädigungen, versah danach Dienst im „Rechnungswesen". Und immer wieder ging der routinierte Autofahrer als Stellvertreter des Cheffahrers mit den Vorgesetzten auf Tour. „Ich bin viel rumgekommen", sagt er. Legendär die Fahrt Ende der 60er Jahre mit dem damaligen Betriebsleiter Professor Bernhardt via Ostende nach London, zur Besichtigung mehrerer Wasserwerke. Die auch Gerd Franke gesehen hat, denn „man durfte immer mit". Geschätzt hat der ehemalige Sachsen-Anhaltiner die feste, sichere Stelle im öffentlichen Dienst. Und die Verantwortung: „Wasser für 100.000 Menschen herstellen, da kann man sich keine Schlamperei erlauben", sagt er. „Das ist schließlich das wichtigste Lebensmittel."

Trinkwasseraufbereitungsanlage Sankt Augustin-Meindorf: Verdüsung des Grundwassers.

Prüfstand für die UV-Desinfektionsanlagen in der Trinkwasseraufbereitungsanlage Sankt Augustin-Meindorf.

Zentrale Versorgung aus Großreservoir - pro und kontra

Der „Wasserkrieg" geht weiter

Was geschieht zum Beispiel, wenn ein Flugzeug in die Talsperre stürzt?

Aus dem Kreisgebiet (sf) — Es gibt schon seit Jahren kaum ein anderes Thema in vielen Gemeinden unseres Kreises, das die Meinungen härter aufeinanderprallen läßt, als die Wasserversorgung. Die Meinungsverschiedenheiten gehen so weit, daß — wie in jüngster Zeit in Dreisel an der oberen Sieg — Dorfgemeinschaften auseinanderzubrechen drohen und Nachbarn sich nicht mehr grüßen. Tenor dieser Auseinandersetzungen ist die verschiedene Auffassung in der Frage, ob eine zentrale Versorgung aus einer Talsperre einer örtlich selbständigen Versorgung durch die bestehenden, oft kleinen und kleinsten Wasserleitungsvereine und -genossenschaften vorzuziehen sei.

Das Gebot der Stunde: Disziplin

Milch- und Wasserversorgung gesichert — Notstand nur an der oberen Sieg

Von unseren Mitarbeitern Heinz Rumpf und Theo Boenig

Siegburg (sru/bö) — „Ab Freitag wird die Milch kontingentiert. Die Wasserversorgung an der oberen Sieg ist völlig zusammengebrochen." In diesen beiden Sätzen kann man die vielen Gerüchte zusammenfassen, die am Donnerstag im Kreis kursierten. Wie verhält es sich in der Tat? Das Wasser ist knapp geworden, jeder merkt es selbst am dünnen Strahl, der aus der Leitung fließt. Der Milchverbrauch ist um rund 50 v.H. gestiegen, die Kühe geben, bedingt durch die Trockenheit und den damit verbundenen Futtermangel, weniger Milch. Aber von einer Milchkontingentierung kann keine Rede sein. „Kein Anlaß zur Besorgnis", erklärten die zuständigen Stellen.

Gehen wir von den Grenzfällen aus: Einige Orte an der oberen Sieg melden akute Wassernot. Hauptsächlich betroffen sind die Orte Hurst und Halscheid. In Leuscheid müssen zur Sicherstellung der Versorgung Fuhrwerke eingesetzt werden, die aus Herchen Trinkwasser heranführen. In Alzenbach liegen die Brunnen trocken, sofern sie nicht unter den Wasserspiegel der Sieg reichen.

● Widersprechend waren zum Teil die vom Kölner Stadt-Anzeiger eingeholten Auskünfte. Der Vorsteher des Wasserverbandes Hurst, G. Winkels, teilte uns noch unter dem 29. Juni mit: „Wir haben keine Wassersorgen, jeder Abnehmer verfügt über genügend und erstklassiges Quellwasser." Gemeindeinspektor Krämer (Gemeindeverwaltung Rosbach), erklärte gestern auf fernmündlichen Anruf: „In Hurst mußte die Lungenheilstätte der Stadt Köln, die einen sehr hohen täglichen Wasserbedarf hat, von der Versorgung durch den zuständigen Wasserverband ausgeschlossen werden, weil das Wasser nicht ausreicht."

● Am schlimmsten ist es vielleicht in Halscheid. Gemeindeinspektor Krämer: „Die Bewohner haben höchstens einmal in der Woche Wasser. Man kann von einer wirklichen Kastrophe sprechen. Das Kreistiefbauamt hat sich eingeschaltet und Maßnahmen eingeleitet. Wir hoffen, in einer Woche den Notstand beseitigt zu haben. Jedenfalls ist uns das vom Kreistiefbauamt zugesichert worden. In Alzenbach stehlen sich die Leute gegenseitig das Wasser", lautet die offizielle Auskunft, die der Kölner Stadt-Anzeiger erhalten hat. Im übrigen aber ist die Versorgung der Gemeinde Eitorf gesichert.

Pumpen auf Hochtouren

„Wir pumpen Tag und Nacht, die Brunnen sind stark abgesackt", erklärt die Rhenag zu den Wasserverhältnissen in der Kreisstadt. „Es kommt jetzt auf die Disziplin der Verbraucher an. Wir kommen gerade hin, wenn der Verbrauch so bleibt, wie in den jüngsten Tagen, zumal wir täglich große Mengen vom Wasserwerk Troisdorf übernehmen. Gefährdet sind lediglich die höher gelegenen Gebiete der Kreisstadt. Es kann sein, daß dort für zwei bis drei Stunden das Wasser ausfällt. Wir tun aber, was wir können. Von einer Katastrophe kann keine Rede sein, noch „schmuggeln" wir uns durch." Soweit die Rhenag in Siegburg.

Kaum einer trinkt Wasser pur

Der Chlorgeschmack dringt sogar durch den Kaffee

Hennef (hf) — In Hennef trinkt zur Zeit kein Mensch mehr Wasser, das aus der Wasserleitung kommt. Sogar das Kaffeetrinken haben sich die Hennefer in den vergangenen Tagen fast abgewöhnt. Der Grund? Der starke Chlorgeschmack macht das Wasser — auch im gekochten Zustand und als Kaffee „verarbeitet" — kaum genießbar.

Wie wir erfahren, war die Gemeinde durch die Auflagen des Kreisgesundheitsamtes gezwungen, nach den starken Regenfällen der vergangenen Wochen eine stärkere Chlorzugabe zu verfügen. Diese stärkere Chlorierung ist erforderlich, weil bei starken Regenfällen erwiesenermaßen in die Quellgebiete verschmutztes Oberflächenwasser eindringt.

In etwa drei Wochen wird, wenn nichts dazwischen kommt, die Zuleitung aus der Wahnbachtalsperre fertig sein. Das Hennefer Netz soll dann sofort angeschlossen und beschickt werden. Erst nachträglich wird die Gemeinde den neuen Hochbehälter auf dem Steimelsberg bauen. Für die Übergangszeit reicht der alte Hochbehälter noch aus.

Zwei tote Katzen lagen im Brunnen

Beihilfen für die Wasserversorgung der Landgemeinden fließen schlecht

◆ Der Brunnen in Niederhalberg mußte amtlich geschlossen werden, obwohl er randvoll ist und der Ort an Wassermangel leidet, weil zwei tote Katzen aus dem Brunnen geborgen wurden. Wenigstens acht Wochen hatten die Katzenleichen in dem 32 Meter tiefen Brunnen gelegen. Nun ist man auf der Suche nach einer Spezialfirma, die den Brunnen auspumpen und reinigen soll. Solange kann das Wasser nicht benutzt werden.

Unimog bringt Wasser

Täglich ist der Unimog der Gemeinde unterwegs, die hochgelegenen Orte Oberauel, Ober- u. Niederhalberg und auch Teile von Bödingen mit Wasser zu versorgen.

Kreis wartet auf Wasser

Wird Talsperrenwasser bald fließen? — Zögernde Gemeinden hindern

Siegkreis. Ueberall werden in diesen Wochen die Gemeindevertretungen einberufen, um einen Beschluß über die Wasserversorgung herbeizuführen, der von weittragender Bedeutung für die zukünftige Entwicklung der Gemeinden sein wird. In diesen Wochen fällt in allen diesen Gemeinden die Entscheidung darüber, ob man sich an die Wahnbachtalsperre anschließen wird oder nicht. Damit wird ein Schlußpunkt unter Diskussionen gesetzt, die häufig den Boden der Sachlichkeit verließen und oft auch Weitblick der Gemeindevertreter vermissen ließen.

erfüllen. In Lauthausen aber meinte man kürzlich voller Skepsis: „Bis heute trinkt noch keine Kuh im Siegkreis Wasser aus der Wahnbachtalsperre".

Nun vergißt man bei derartig bitteren Bemerkungen zwei Tatsachen. Einmal konnte die für die Planung der Versorgungsleitungen erforderliche Grundlage — nämlich klare und eindeutige Beschlüsse der Gemeindevertretungen, ob man sich an die Talsperre anschließen wird oder nicht — bislang in vielen Fällen nicht herbeigeführt werden, weil manche Gemeindevertretungen aus verschiedenen Gründen die Entscheidung auf die lange Bank schoben.

Gemeinderat Rosbach entschied für Talsperrenwasser

Einstimmiger Beschluß in Sondersitzung — Obermedizinalrat: Bisher schlechtes Wasser

Rosbach. Die Beratungen in der jüngsten Kreisausschußsitzung des Siegkreises über die zentrale Wasserversorgung im Siegkreis durch die Wahnbachtalsperre waren Anlaß dazu, den Rosbacher Gemeinderat zu einer außerordentlichen Ratssitzung einzuladen. Bürgermeister Thomas hatte kurzfristig neben dem Gemeinderat Obermedizinalrat Dr. Kaiser und Kreisbaumeister Rambow zu dieser Sitzung eingeladen, in der es galt, den Beschluß zu fassen, die Gemeinde Rosbach zentral mit Wasser aus der Wahnbachtalsperre zu versorgen.

Nach Einführungsworten des Bürgermeisters umriß Gemeindedirektor Wienand in einem ausführlichen Referat die zur Zeit gegebenen Umstände. Er wies darauf hin, daß dem Gedanken der Schaffung eines Wirtschaftsförderungsplanes nur nähergetreten werden könne, wenn eine zentrale Wasserversorgung der Gemeinde gegeben sei. Jegliche Verhandlungen mit Industriebetrieben zwecks Ansiedlung in der industriearmen Gegend der oberen Sieg sei utopisch, wenn nicht feststehe, daß die Industrie mit einwandfreiem Gebrauchswasser versorgt werden könne. Nunmehr hat sich die Möglichkeit gezeigt, an das Versorgungsnetz des Wahnbachtalsperrenverbandes angeschlossen zu werden, weil zur Zeit die Kapazität der Sperre nicht ausgelastet ist.

Der Gemeindedirektor empfahl dem Gemeinderat, wie folgt zu beschließen: Die Gemeinde Rosbach ist bereit, sich an den Wahnbachtalsperrenverband anzuschließen unter der Bedingung, daß im Siegkreis kein differenzierter Wasserpreis erhoben wird, d. h. daß der Gemeinde Rosbach das Wasser zu dem gleichen Preis geliefert wird wie den übrigen unteren Siegkreisgemeinden, und daß der Talsperrenverband sich bereit erklärt, die Zuleitung einschl. des in der Gemeinde Rosbach zu errichtenden Hochbehälters auf seine Kosten zu erstellen.

Kreisbaumeister Rambow referierte eingehend über die Schwierigkeiten auf dem Gebiete der Wasserversorgung im Siegkreis allgemein, die Anlage des Wahnbachtalsperrenverbandes und über Einzelheiten der Versorgung durch den Verband. Er empfahl dem Gemeinderat, der Beschlußformulierung des Gemeindedirektors zuzustimmen.

übrigen Lebens- und Bedarfsgütern gleichstellen und hier der Hygiene und der Sauberkeit den ersten Platz einräumen.

Nachdem in Frage und Antwort noch einzelne Zweifel behoben worden waren, beschloß der Gemeinderat Rosbach einstimmig folgendes:

1. Die Gemeinde Rosbach ist bereit, sich an das Versorgungsgebiet der Wahnbachtalsperre

Böhmer SCHUHE
modisch richtig
Bonn, Markt 34

anzuschließen unter der Bedingung, daß die Zuleitung zur Gemeinde Rosbach bis einschließlich des auf einem Höchstpunkt zu errichtenden Hochbehälters auf Kosten des Wahnbachtalsperrenverbandes erstellt wird, und von der Gemeinde Rosbach der gleiche Wasserpreis gefordert wird wie von den übrigen Gemeinden des unteren Siegkreises. Das neue Wasserwerk wird als Eigenbetrieb von der Gemeinde Rosbach betrieben.

Gemeinde zog den Schnitt

Anschluß an den Wahnbachtalsperrenverband

Dattenfeld (oi) — Die Wasserversorgung in der Gemeinde Dattenfeld steht vor einem entscheidenden Wendepunkt. Der Gemeinderat beschloß in einer Sondersitzung den Anschluß der Gemeinde Dattenfeld an die zentrale Wasserversorgung des Wahnbachtalsperrenverbandes.

Wasserversorgung an der oberen Sieg

Ein Gespräch mit Kreisobermedizinalrat Dr. Kaiser — „Untragbare Zustände"

Siegburg (sho) — „Was wird sich 1960 um die Wasserversorgung an der oberen Sieg tun?" Diese Frage richtete unser Mitarbeiter zum Jahreswechsel an Obermedizinalrat Dr. Kaiser, den Leiter des Kreisgesundheitsamtes. Dazu der Mediziner spontan: „Die derzeitige Wasserversorgung an der oberen Sieg entspricht im ganzen gesehen einem Zustand, wie er vor 50 Jahren üblich war!"

Die dortigen Anlagen enthalten zum überwiegenden Teil Oberflächen- bzw. Grundwasser, das mit Oberflächenwasser vermischt ist. Den Beweis hierfür erbrachten neben dem Kreisgesundheitsamt auch in der Bundesrepublik allgemein anerkannte, bedeutende Fachgutachter des Geologischen Landesamtes in Krefeld und des Hygiene-Institutes der Universität Bonn. Die Quellfassungen sind zum Teil so flach und primitiv, daß die Filterkraft des Bodens, wie es auch zahlreiche Wasseruntersuchungsbefunde nachweisen, nicht ausreicht, ein so einwandfreies Wasser zu liefern, daß keine Kotbakterien und gegebenenfalls Seuchenerreger in das Trinkwasser gelangen können. Ganz abgesehen davon, bestehen keine ausreichenden Schutzgebiete, die eine Verunreinigung der primitiven Quellen zusätzlich zu verhindern imstande wären. Hierbei ist zu bedenken, daß die Quellschutzgebiete jeweils das Einzugsgebiet umfassen müssen. Der Erwerb dieser Gebiete erfordert aber ganz erhebliche Geldmittel.

● Die gesamte Wassersituation an der oberen Sieg ist auf Grund sehr ungünstiger hydrologischer Verhältnisse derartig, daß praktisch alle Wassergewinnungsanlagen nur Behelfslösungen hinsichtlich der Qualität und der Wassermenge darstellen. Die Ansprüche an die Reinheit eines Trinkwassers können sich nur nach der Gesundheit des Menschen richten. Die von der Wissenschaft erarbeiteten und von den Gerichten bestätigten Bedingungen besagen, daß in 100 ccm Wasser zu keiner Zeit ein Bakterium-Coli sein darf, die Keimzahl auf Gelatine und Agar muß unter zehn in einem Kubikzentimeter liegen. Erst wenn ständig, auch zu niederschlagsreichen Zeiten, das Trinkwasser diesen Richtlinien entspricht, kann von einem einwandfreien Wasservorkommen gesprochen werden, vorausgesetzt natürlich, daß Qellfassung und Quellschutzgebiet ordnungsgemäß sind. Diese hohen Ansprüche an ein Trinkwasser werden aber in dem besagten Gebiet von keinem Wasservorkommen erfüllt.

Land noch weit zurück

In den Städten ist die Entwicklung hinsichtlich der Wasserhygiene bedeutend weiter fortgeschritten. Die Stadtbevölkerung ist also bezüglich ihrer Gesundheit, die ja schließlich Arbeitskraft und soziale Sicherheit bedeutet, wesentlich besser geschützt als in ländlichen Gemeinden. Man kann es mir nicht verdenken, daß ich die Ansprüche hinsichtlich der Gesundheit und des Gesundheitsschutzes von Einwohnern ländlicher Gemeinden denen der Stadtbevölkerung gleichsetze.

Industrieansiedlung nicht möglich

● Inzwischen hat die Trockenheit im vergangenen Sommer gezeigt, daß sämtliche Quellvorkommen erheblich an Wassermenge nachgelassen haben. Ich verweise insbesondere auf die katastrophalen Wasserverhältnisse in Leuscheid, Schladern, Geilhausen, Imhausen und anderen Orten. Es steht fest, daß das bisherige Wasservorkommen, abgesehen vom Rückgang der Quellschüttungen, auch dann nicht mehr ausreicht, wenn in den Versorgungsgebieten Neubauten mit modernen hygienischen Einrichtungen wie Wasserklosetts, Badewannen und Waschmaschinen errichtet werden. Ganz abgesehen davon reicht die Wassermenge für eine Ansiedlung auch von kleinen Industriebetrieben in gar keinem Falle mehr aus.

„Ich bin kein Reisender mit Wasser"

Kreisbaumeister Rambow empfiehlt Mülldorf Anschluß an Wahnbachtalsperre

Siegburg-Mülldorf. „Ich bin kein Reisender mit Wasser, wie ich zuweilen genannt werde, sondern ich habe mir die Aufgabe gestellt, die Wasserversorgung im Kreise in Ordnung zu bringen", führte Kreisbaumeister Rambow in der Sitzung des Gemeinderates aus. Auch für Siegburg-Mülldorf empfehle sich dringend ein Anschluß an die Wahnbachtalsperre.

Für den im Jahre 1953 in St. Augustin gebauten Brunnen habe die Regierung das Wasserrecht nicht verliehen. Sie habe ihn nur als Behelfsmaßnahme genehmigt, da der Wassermangel in St. Augustin unerträglich geworden war. zwar der Wasserpreis steigen, die Versorgung werde damit aber für mehr als hundert Jahre gesichert. Der Wert der Grundstücke erhöhe sich, und neue Industrien könnten sich ansiedeln.

Dr. Kropp (CDU): „Die mangelhafte Entwässerung in St. Augustin mit den vielen Sickergruben birgt die große Gefahr in sich, daß das Wasser des Brunnens verseucht wird. Da die Wasserversorgung in allen Gemeinden des Amtes leidet, empfehle ich, daß sich das gesamte Amt an die Talsperre anschließt."

Amtsdirektor Minz: „Man sollte sich den Zugang zum Talsperrenverband nicht versperren. Wir haben noch genug Wasser. Aber wie wird es in fünf oder zehn Jahren sein? Wenn wir jetzt ablehnen, haben wir in Zukunft keine Möglichkeit mehr, Wasser aus der Sperre zu bekommen. Die Gemeinde sollte sich mit einem kleinen Teil anschließen, im übrigen das Wasser aber weiterhin aus dem Brunnen in St. Augustin entnehmen."

BESTÄTIGUNG DES VORSTANDES UND NEUE GESCHÄFTSFÜHRUNG

In der Mitgliederversammlung des Wahnbachtalsperrenverbandes am 29. Juni 1959 wurden der Vorsteher Dr.-Ing. Franz Kaiser, der inzwischen von der Leitung der Phrix-Werke AG in Siegburg als Generalbevollmächtigter an den Sitz des Gesamtunternehmens nach Hamburg berufen worden war, und der stellvertretende Vorsteher Dr. Franz Schmidt, Oberstadtdirektor von Bonn, auf weitere 5 Jahre gewählt.

Zum Nachfolger als Geschäftsführer des Verbandes berief die Verbandsversammlung ab 1. August 1959 den Leitenden Regierungsbaudirektor in Ruhe Hans Kiel, der sich bis zu seiner Pensionierung als Hauptdezernent für Wasserwirtschaft und Wasserrecht beim Regierungspräsidenten in Köln in besonderem Maße für den Wahnbachtalsperrenverband eingesetzt hat.

Zum stellvertretenden Geschäftsführer wurde Regierungsbaurat a.D. Franz-Gerd Hötter, bisher im Wasserwirtschaftsamt Bonn tätig, gewählt.

Wasserturm in Heisterschoß.

Wasserbehälter an den Wolsbergen in Siegburg.

ABSCHIED VON GESCHÄFTSFÜHRER SIEGFRIED SCHILDER

Bald nach der Aufnahme der Trinkwasserversorgung durch den Wahnbachtalsperrenverband erkrankte Geschäftsführer Siegfried Schilder plötzlich an einem schnell wachsenden Bronchialkrebs. Auch eine schwere Operation ließ nicht mehr auf Rettung hoffen. Mit tiefer Betroffenheit und Schmerz mussten Kollegen, Mitarbeiter und Freunde am 23. Februar 1959 von ihm Abschied nehmen.

Die folgenden Worte des Vorstehers anlässlich der Inbetriebnahme der Versorgungsanlagen am 28. April 1958 drücken aus, was der Verstorbene geleistet und welchen Verlust der Verband erlitten hat:

„In diesem Dank an alle möchte ich einen besonders hervorheben und das ist der Geschäftsführer des Verbandes, Herrn Baurat Schilder. Sein Können, seine Umsicht und Übersicht bis in die kleinsten Dinge, seine Energie und Tatkraft waren mit die wichtigste Grundlage zum Gelingen dieses Unternehmens. Ich kann die Anerkennung, die dieser Mann verdient, wohl am besten in dem Satz zusammenfassen: Der Wahnbachtalsperrenverband kann sich glücklich schätzen, einen als Techniker und Mensch so hervorragenden Geschäftsführer zu besitzen."

Der frühe Tod im 53. Lebensjahr riss Geschäftsführer Siegfried Schilder mitten aus seinem so überaus fruchtbaren Wirken für den Wahnbachtalsperrenverband gerade in dem durch extreme Trockenheit gekennzeichneten Jahr, in dem die in Betrieb genommenen Versorgungsanlagen, voran die Wahnbachtalsperre, ihre erste große Bewährungsprobe zu bestehen hatten.

FRANZ-GERD HÖTTER,
VON 1966 BIS 1989 GESCHÄFTSFÜHRER DES WAHNBACHTALSPERRENVERBANDES

Schon Jahre bevor er in den Wahnbachtalsperrenverband eintrat, kannte Franz-Gerd Hötter die Talsperre zwischen Siegburg und Neunkirchen-Seelscheid gut. Nach seinem Studium an der Technischen Hochschule in Aachen 1946 bis 1950 hatter der 26-Jährige sein Examen abgelegt und den so genannten „Vorbereitungsdienst für den höheren technischen Verwaltungsdienst in der Wasserwirtschaftsverwaltung des Landes Nordrhein-Westfalen" begonnen. Nach drei Jahren legte er die „Große Staatsprüfung" vor dem Oberprüfungsamt für die höheren technischen Verwaltungsbeamten in Frankfurt ab und begann seine Tätigkeit als technischer Angestellter, später als Regierungsbauassesor und –baurat beim Wasserwirtschaftsamt Bonn. Während dieser Zeit arbeitete er maßgeblich an mehreren Großvorhaben im Regierungsbezirk Köln mit, so am linksrheinischen Kölner Randkanal. Wichtig aber vor allem für seinen späteren Werdegang scheint die Arbeit als Vertreter der staatlichen Bauaufsicht bei dem Bau der Wahnbachtalsperre gewesen zu sein.

Hötter interessierte sich sehr für den Wahnbachtalsperrenverband. So suchte er 1959 beim Regierungspräsidenten in Köln um eine Beurlaubung ohne Dienstbezüge nach, weil er beim Wahnbachtalsperrenverband eine „Probedienstzeit" absolvieren wollte.

Aus dem damaligen Ministerium für Ernährung, Landwirtschaft und Forsten des Landes Nordrhein-Westfalen erreichte ihn ein negativer Bescheid: „Es ist nicht vertretbar, wenn ein meiner Aufsicht unterstellter Verband einen bewährten Beamten des Landes zunächst auf Probe einstellen will und dadurch die sofortige Besetzung der dringend benötigten Planstelle unmöglich macht", hieß es in dem Schreiben. Und so empfahl WTV-Geschäftsführer Hans Kiel dem Verbandsvorsteher Dr. Franz Kaiser: „Im Interesse des Verbandes müsste unter allen Umständen versucht werden, die Schwierigkeiten, die sich dadurch für die Einstellung Baurat Hötters ergeben, zu beseitigen." In Kürze: Hötter erhielt seinen Vertrag, auch ohne Probezeit.

Er wurde im Dezember 1959 als stellvertretender Geschäftsführer und Leiter der Bau-, Planungs- und Grunderwerbsabteilung eingestellt. Kaum sechs Jahre später wählten ihn die Vorstandsmitglieder zum Geschäftsführer. Die großen Aufgaben während seiner Amtszeit: eine Ausweitung des Versorgungsgebietes im damaligen Siegkreis und in den ländlichen Gebieten des früheren Kreises Bonn-Land. Hinzu kamen der Bau des Grundwasserwerkes Untere Sieg mit der Trinkwasseraufbereitungsanlage Sankt Augustin-Meindorf und allen erforderlichen Hauptversorgungsleitungen, darunter auch einem Rheindüker im Norden Bonns.

Als Glanzpunkt in Hötters Tätigkeit beschrieb der Verbandsvorsteher, Oberkreisdirektor Paul Kieras, 1989 anlässlich seiner Verabschiedung als Geschäftsführer den Bau der Phosphor-Eliminierungsanlage. Ein Urteil, das auch der Geschäftsführer des Ruhrverbandes und des Ruhrtalsperrenvereins, Professor Dr. h.c. Klaus R. Imhoff, bei eben dieser Verabschiedung bestätigte: Die Phosphor-Eliminierung wie auch die „hypolimnische Belüftung" hätten den „doch relativ kleinen Wahnbachtalsperrenverband weltbekannt" gemacht. Hötter habe es bestens verstanden, sein Team durch „Freiräume, die der jeweiligen Kompetenz entsprachen", anzuspornen.

Die Organisation wissenschaftlicher Arbeit führte der begeisterte Ingenieur in mehreren Gremien konsequent fort: Rund 16 Jahre saß er im Vorstand der Deutschen Vereinigung des Gas- und Wasserfaches e.V. (DVGW) und vertrat diese im Deutschen Verband für Wasserwirtschaft und Kulturbau (DVWK). Seit 1971 gehörte Hötter ferner dem Herausgeberkreis der Fachzeitschrift „Das Gas- und Wasserfach" an, ab 1983 arbeitete er federführend für dieses Fachorgan. Seine Erfahrungen bei der Ausweisung von Wasserschutzgebieten brachte er in den zuständigen DVGW-Fachausschuss ein.

Mit der Vollendung des 65. Lebensjahres am 3. Juli 1989 schied Franz-Gerd Hötter aus dem Wahnbachtalsperrenverband aus.

Franz-Gerd Hötter

Herr Hötter mit den Mitarbeitern/innen der Geschäftsstelle auf der Baustelle des 3. Rheindükers.

Ein Gespräch

Er ist nicht unter den Männern der ersten Stunde gewesen. Aber wenn es jemanden gibt, der die Trinkwasserversorgung in Bonn und dem Rhein-Sieg-Kreis durch den Wahnbachtalsperrenverband entscheidend prägte, dann ist das dennoch Franz-Gerd Hötter. Im Jahr 1966 wurde der Bauingenieur zum Geschäftsführer gewählt, und er bekleidete dieses Amt bis zur Pensionierung im Jahr 1989: Von 50 WTV-Jahren zeichnete Hötter für nahezu die Hälfte der Zeit verantwortlich. Bereits als Regierungsbaureferendar im Dezernat für Wasserwirtschaft beim Regierungspräsidenten in Köln, erinnert sich der 78-Jährige heute schmunzelnd, hörte er zum ersten Mal vom künftigen Arbeitgeber: „Oberbaudirektor Hans Kiel packte damals seine Aktentasche zusammen und verkündete, er gründe heute den Wahnbachtalsperrenverband". Das war im Jahr 1953.

Aus der Ferne beobachtete der ehrgeizige Wasser-Experte, in welch „sagenhafter Geschwindigkeit" der Bau der Talsperre wuchs. „Das muss man durch die Brille dieser Zeit sehen", erklärt er. „Diese Zeit des Wiederaufbaus war schon eine ganz besondere."

Doch die anfängliche Euphorie wich auch der alltäglichen Erfahrung und neuen Schwierigkeiten. Mit zwei Problemen musste sich Hötter schließlich als Direktor ganz vornehmlich beschäftigen: Zum einen brauchten immer mehr Menschen immer mehr Wasser. Zum anderen stellte die Veralgung der Talsperre das Team vor bislang ungeahnte Fragestellungen. Hötter: „Damals war das Phänomen der Eutrophierung noch unbekannt." Wissenschaftliche Untersuchungen mussten in aller Eile durchgeführt werden, damit das Wasser nicht an hygienischer und geschmacklicher Qualität verlor.

„Wir haben anhand von Vergleichszahlen mit der Trierer Riveris-Talsperre, in der wohl Nitrate, aber so gut wie kein Phosphor vorkam, das Grundübel schließlich gefunden: „ein zu hoher Phosphorgehalt." In der ehemaligen Herkenrather Mühle entstand die Versuchsanstalt für die erste und wohl auch heute noch in dieser Form einzigartige „Phosphor-Eliminierungsanlage", darauf ist Hötter immer noch stolz. Auch auf die hervorragende Arbeit im Team, die sich im Vertrauen des Vorstehers und der Verbandsversammlung fortsetzte. „In ganzen fünf Minuten entschied damals das Gremium, die 25 Millionen teure Anlage zu bauen", erinnert sich Hötter an jene historische Sitzung, bei der er in der Verbandsversammlung unter Leitung von Vorsteher Oberkreisdirektor Paul Kieras vortrug, die bisherigen Versuchsanlagen im großtechnischen Maßstab umzusetzen: 50 Kubikmeter Wasser pro Stunde konnten in der zweiten Versuchsanlage, der „Herkenrather Mühle", von Phosphor befreit werden, in der Großanlage sollten es bis zu 18.000 Kubikmeter in der Stunde werden. „Und natürlich haben wir uns auch unsere Sorgen gemacht, ob das funktioniert."

Phosphor-Eliminierungsanlage an der Vorsperre der Wahnbachtalsperre.

Sorgen machten sich Hötter und sein Team auch über den Wasserverbrauch. Denn so bescheiden die Nachkriegsgeneration höchstens 50 Liter pro Kopf und Tag benötigte, stiegen die Verbrauchszahlen in den 60er Jahren rapide an. „Wir haben zeitweise veranschlagt, dass der Verbrauch auf 300 Liter klettern könnte", lächelt der Direktor außer Dienst in der Rückschau, und Vergleiche mit der Stadt Zürich zum Beispiel, in der auch schon ein Spitzenverbrauch von 1.000 Litern je Person und Tag gemessen wurde, hatten das WTV-Team noch nachdenklicher gemacht. Zu so astronomischen Zahlen ist es jedoch nie gekommen.

Zwei doppelte Rheindüker verlegte der WTV während Hötters Dienstzeit. „Auf einem Bein steht man so ungern", erklärt er, „ was ist, wenn dieses ausfällt?" Auch das Grundwasserwerk Sankt Augustin-Meindorf entstand unter seiner Leitung und ging 1968 „ans Netz". Als die „Phrix", lange Zeit Wasser-Abnehmer Nummer 1, im Jahr 1971 als Mitglied und Abnehmer von Betriebswasser beim Wahnbachtalsperrenverband ausschied, wurde diese Menge, immerhin fast die Hälfte des bislang geförderten Wassers, nahezu in der vollen Menge von den Kommunen als Trinkwasser abgenommen. Hötter: „Zwischendurch haben wir uns gefragt, was wir mit all dem Wasser wohl sollen." Und hätte man von den WTV-Mitarbeitern nicht „immer alles verlangen können", so Hötter, „dann hätten wir all das niemals geschafft."

Dennoch ist der vierfache Familienvater gern in Rente gegangen: „Ich habe 40 Jahr lang Wasser gemacht", resümierte der am Niederrhein geborene im Jahr 1989, „nu is et joot".

Herr Hötter erläutert die Trinkwasseraufbereitung in Siegelsknippen.

Leitender Regierungsbaudirektor a.D.
Hans Kiel
GRÜNDER DES WAHNBACHTALSPERRENVERBANDES

Am 12. Juni 1953 fand im Hotel „Zum Stern" in Siegburg unter Leitung von Regierungsbaudirektor Hans Kiel als Hauptdezernent für Wasserwirtschaft bei der Aufsichtsbehörde, dem Regierungspräsidenten in Köln, die Gründung des Wahnbachtalsperrenverbandes statt.

Am 29. Juni 1959 wählte die Verbandsversammlung den Leitenden Regierungsbaudirektor a.D. Hans Kiel zum Nachfolger des verstorbenen Geschäftsführers Siegfried Schilder ab 1. August 1959 für die Dauer von zunächst 5 Jahren. Er hat dieses Amt nach Verlängerung seines Anstellungsvertrages 7 Jahre bis zur Vollendung seines 70. Lebensjahres mit großem Erfolg ausgeübt. Wer war dieser Mann?

Hans Kiel wurde am 4. August 1896 in Hannover geboren, besuchte dort das Ratsgymnasium, begann 1919, nach dem 1. Weltkrieg aus dem Heeresdienst entlassen, das Studium des Bauingenieurwesens an der Technischen Hochschule Hannover. 1922 bestand er das Examen als Diplomingenieur. Nach seiner Ausbildung als Regierungsbauführer beim Wasserstraßenamt Tönning, den Kanalbauämtern Hannover und Peine für den Mittellandkanal und bei der Wasserstraßendirektion Hannover legte er im Februar 1925 die Große Staatsprüfung ab. Zum Regierungsbaumeister ernannt, war Kiel bis Ende 1925 beim Neubauamt für den Damm zur Nordseeinsel Sylt und im folgenden Jahr als Bevollmächtigter bei der Stettiner Hafengemeinschaft tätig.

Am 1. Dezember 1926 begann beim Kulturamt Stettin das mehr als 32-jährige Wirken von Hans Kiel in der Wasserwirtschaftsverwaltung. Sein Name ist mit der Durchführung zahlreicher Kulturbaumaßnahmen im Regierungsbezirk Düsseldorf eng verbunden, wo er zunächst als Regierungsbaumeister, seit 1. April 1930 als Regierungsbaurat und ab 1. Dezember 1933 als Vorstand des Wasserwirtschaftsamtes II wirkte. Seinem Geschick und Können ist es zu verdanken, dass mit den niederländischen Nachbarn die wasserwirtschaftlichen Fragen im Grenzgebiet einvernehmlich geregelt werden konnten.

Während des 2. Weltkrieges wurde Kiel als Oberregierungs- und Baurat nach Den Haag abgeordnet, um die wasserwirtschaftlichen Angelegenheiten in den Niederlanden zu bearbeiten. Diese schwierige Aufgabe hat er in verständnisvollem Zusammenwirken mit den holländischen Kollegen äußerst diplomatisch und erfolgreich durchgeführt.

Hans Kiel in seinem Appartement im Wohnhaus oberhalb der Dammkrone der Wahnbachtalsperre.

Nach dem Kriegsende nahm Kiel seine frühere Tätigkeit als Vorstand des Wasserwirtschaftsamtes II in Düsseldorf wieder auf und widmete sich mit bewährter Tatkraft der Beseitigung der großen Kriegsschäden und dem Wiederaufbau wasserwirtschaftlicher Anlagen.

Am 1. April 1948 wurde er als Hauptdezernent für Wasserwirtschaft an die Bezirksregierung in Köln versetzt, dort 1953 zum Regierungsbaudirektor und 1955 zum Leitenden Regierungsbaudirektor unter gleichzeitiger Ernennung zum Abteilungsleiter befördert. Diese Zeit ist durch Kiels unermüdliches Wirken für wasserwirtschaftliche Entwicklungen im Regierungsbezirk Köln gekennzeichnet.

So legte er die organisatorischen, technischen und wirtschaftlichen Grundlagen für das vom Land Nordrhein-Westfalen geschaffene Gesetz zur Bildung des Großen Erftverbandes für die Regelung der Wasserwirtschaft im linksrheinischen Braunkohlenabbaugebiet. Weiterhin wurden der Kölner Randkanal, die Genkel- und Wahnbachtalsperre errichtet.

Kiels Verdienste für die Wasserwirtschaft im Regierungsbezirk Köln fanden am 4. August 1961, seinem 65. Geburtstag, durch Verleihung des Bundesverdienstkreuzes I. Klasse ihre Anerkennung.

Nach Vollendung seines 63. Lebensjahres ließ sich Kiel auf eigenen Wunsch aus dem Landesdienst pensionieren und übernahm die Geschäftsführung des Wahnbachtalsperrenverbandes.

Mit seinem Ausscheiden als Geschäftsführer am 31. Juli 1966 wurde mit ihm noch eine einjährige Beratungstätigkeit für den Wahnbachtalsperrenverband vereinbart.

Ein wohlverdienter Ruhestand war Herrn Kiel nicht vergönnt. Nach schwerer Krankheit ist er am 10. August 1966 kurz nach Vollendung seines 70. Lebensjahres gestorben.

Auf der 24. Verbandsversammlung am 25. November 1965 wurde der seit dem 1. Dezember 1959 als Stellvertreter tätige Regierungsbaurat a. D. Franz-Gerd Hötter mit Wirkung vom 1. August 1966 auf die Dauer von 12 Jahren zum Geschäftsführer des Wahnbachtalsperrenverbandes gewählt. Er ist nach insgesamt nahezu 30-jährigem sehr erfolgreichem Wirken für den Verband am 1. August 1989 in den verdienten Ruhestand getreten.

AUSWEITUNG DER VERSORGUNG IM SIEGKREIS

Mit Inbetriebnahme der Wahnbachtalsperre, der zugehörigen Trinkwasseraufbereitung Siegelsknippen sowie der 1. Hauptversorgungsleitung nach Bonn und der damit verbundenen Aufnahme der Trinkwasserlieferung durch den Verband war mit dem Anschluss der Städte Bonn und Siegburg sowie weiterer Gemeinden im unteren Siegkreis ein bedeutsamer Schritt zu einer gesicherten Trinkwasserversorgung in der Region vollzogen. Das traf aber noch nicht auf die Versorgung im damaligen Siegkreis und Landkreis Bonn zu.

Das extreme Trockenjahr 1959 brachte in einem bisher nicht erkannten Ausmaß die Anfälligkeit und Unzulänglichkeit der bisherigen Trinkwasserversorgung ganz besonders in den Höhengebieten des Siegkreises und im Landkreis Bonn zutage. Der Wassermangel führte im Sommer und Herbst des Jahres 1959 in zahlreichen Siedlungen zu einem drastischen Rückgang des Dargebotes und häufig bis zum Totalausfall der derzeit genutzten Eigenversorgungsanlagen. Die sich häufenden Berichte in den Zeitungen über Notstände zeichneten ein ungünstiges Bild der Versorgungssituation.

Hatten bisher viele Wasserleitungsgenossenschaften und -vereine, die ihr Trinkwasser aus oberflächennahen Quellfassungen und flachen Brunnen mit von den Niederschlägen stark abhängigem Wasserdargebot entnehmen, die Meinung vertreten, dass sie aus diesen Anlagen weiter den Bedarf sicherstellen könnten, mussten sie jetzt erkennen, dass sie sich getäuscht hatten. War es bisher noch den Fachleuten der Gesundheitsämter und Wasserbehörden im Siegkreis und Landkreis Bonn häufig schwer gefallen, als „Reisende in Sachen Wasser" die Vertreter ihrer Gemeinden von der Bedeutung und Notwendigkeit einer gesicherten und zukunftsgerichteten Trinkwasserversorgung zu überzeugen, wurden sie nunmehr mit Anträgen zum Anschluss an die im Aufbau befindliche Versorgung durch den Wahnbachtalsperrenverband überhäuft. Häufig konnte es mit der Lieferung nicht schnell genug gehen, weil noch die Anschlussleitungen von den Übergabepunkten des Verbandes bis in die Verbrauchsgebiete verlegt werden mussten.

In den Verbandsversammlungen am 29. Juni und 15. Juli 1959 wurden weitere Baumaßnahmen beschlossen:

Zur Versorgung der Höhengebiete des Siegkreises wurden die Hauptversorgungsleitung von Siegelsknippen zum Hochbehälter Hennef-Happerschoß mit Durchmesser von 300/400 mm, das zugehörige Pumpwerk in der Trinkwasseraufbereitungsanlage, der Hochbehälter Hennef-Happerschoß mit einem Inhalt von 7.500 m³ und zwei Pumpwerke für die weiterführenden Höhenversorgungsleitungen mit 300 mm Durchmesser zum Hochbehälter Honscheid mit dem Pumpwerk zum nächsten, weiter östlich zu errichtenden Hochbehälter Rankenhohn und die Höhenversorgungsleitung im Durchmesser von 250 mm zu dem am nördlichen Rand des Versorgungsgebietes vorgesehenen Hochbehälter Much-Nackhausen in Angriff genommen.

Mit dem in großer Eile vorangetriebenen Bau der Transport-, Förder- und Speicheranlagen im Siegkreis versuchte der Wahnbachtalsperrenverband, dem während der Trockenheit im Jahr 1959 besonders in den Höhengebieten eingetretenen starken Wassermangel zu begegnen. Allein im Jahr 1960 wurden vom Verband 15 km Transportleitung in den Höhengebieten des Siegkreises verlegt. Dazu kamen die Anschluss- und Versorgungsleitungen in den Bedarfsgebieten.

Hochbehälter Hennef-Happerschoß

Mehrmals erforderten akute Versorgungsnotstände in den ländlichen Gebieten die vorzeitige und provisorische Inbetriebnahme von noch nicht fertig gestellten Verbandsanlagen. Häufig ergaben sich Versorgungsengpässe dadurch, dass die Anschlussleitungen an die Transportleitung, die Übergabestation und den Wasserbehälter des Verbandes bis in die anzuschließenden Siedlungen nicht schnell genug fertig gestellt und in Betrieb genommen werden konnten.

Unter dem Eindruck teilweise katastrophenähnlicher Versorgungsnotstände während der großen Trockenheit im Jahr 1959 wurde der Beschluss zu einer erheblichen Ausweitung der zentralen Trinkwasserversorgung aus der Wahnbachtalsperre auch auf solche Gebiete im damaligen östlichen Siegkreis und westlichen Landkreis Bonn gefasst, deren Gewinnungsanlagen bisher noch als ausreichend galten und deren Träger einen überörtlichen Trinkwasserbezug zunächst nicht für notwendig erachtet hatten.

Zur Lieferung an die Gemeinden im östlichen Siegkreis wurde das Transportleitungssystem über den Hochbehälter Rankenhohn hinaus zum Hochbehälter Ohmbach und über ein in diesem Behälter installiertes Pumpwerk weiter zum Hochbehälter Kuchhausen nahe der Kreisgrenze zum Landkreis Altenkirchen verlängert. Damit wurde die Trinkwasserversorgung der Gemeinden Eitorf, Herchen, Ruppichteroth und Windeck gewährleistet. Vom Hochbehälter Honscheid wurde eine weitere Transportleitung nach Süden mit dem zwischengeschalteten Pumpwerk Süchterscheid bis zum Hochbehälter Eichholz südöstlich von Uckerath zur Lieferung in die Höhengebiete von Hennef geführt.

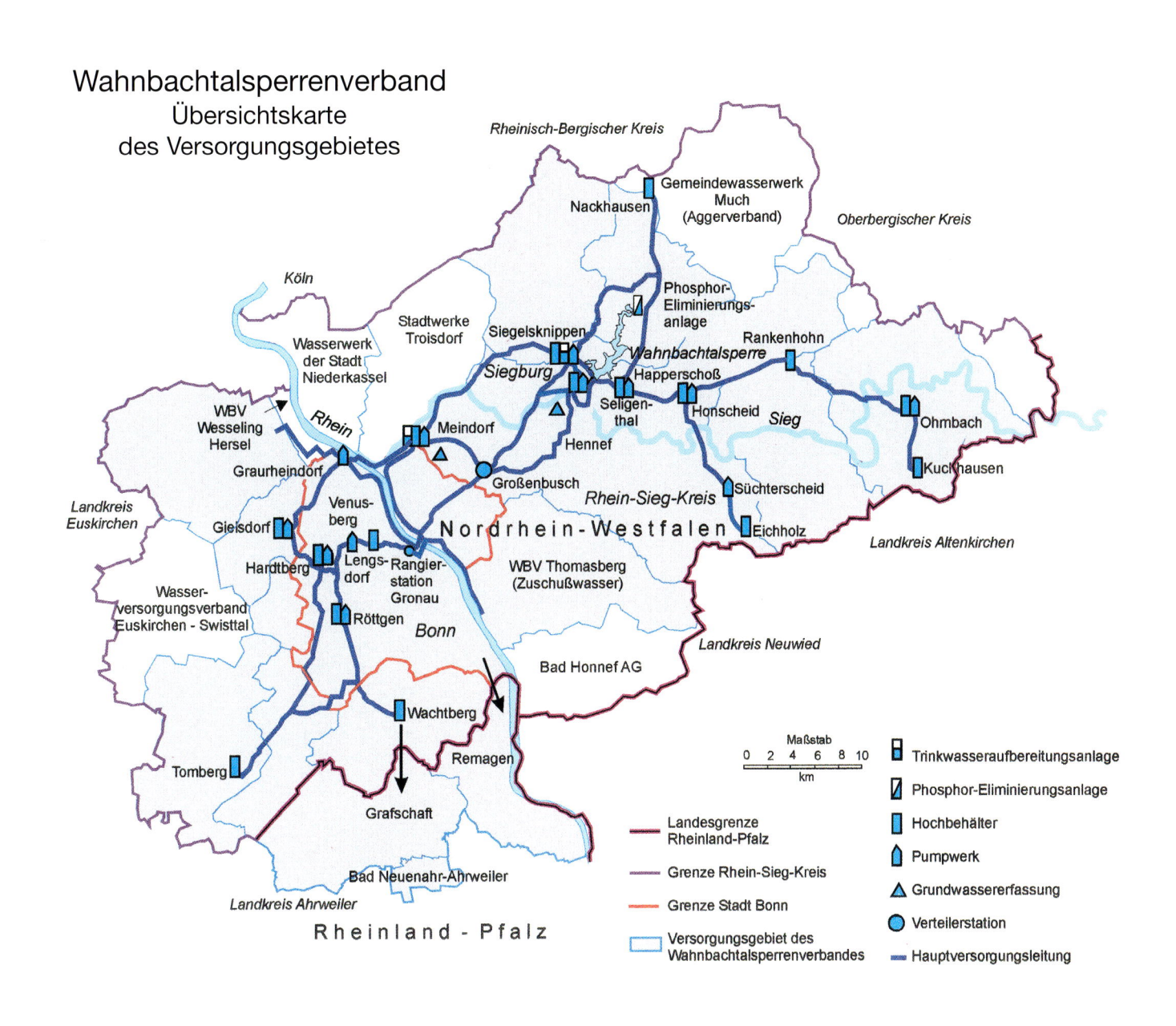

Wahnbachtalsperrenverband
Übersichtskarte des Versorgungsgebietes

ABSTÜTZUNG DER VERSORGUNG VON BONN

Zur weiteren Verbesserung der Versorgung der Stadt Bonn erging der Beschluss über die Weiterführung der Transportleitung von 600 mm Durchmesser von der Einspeisung im Wasserwerk Gronau in das Stadtnetz bis zum Standort des vorhandenen städtischen Wasserbehälters Venusberg mit einem Inhalt von 7.000 m³ und dessen Ergänzung durch einen Behälter des Wahnbachtalsperrenverbandes mit dem doppelten Speichervolumen.

Die Inbetriebnahme der Zubringerleitung und des verbandseigenen Wasserbehälters Venusberg erfolgte zum Zeitpunkt der Fertigstellung der für die Einspeisung in das Stadtnetz wichtigen Rohrleitung im Durchmesser 800 mm durch die Stadt Bonn. Bis zu diesem Zeitpunkt wurde das Trinkwasser vom Wahnbachtalsperrenverband durch das Stadtnetz in den städtischen Hochbehälter Venusberg eingespeist.

Hochbehälter Venusberg

VERSORGUNG IM LANDKREIS BONN

Gleichzeitig wurde zur Sicherstellung der Trinkwasserversorgung im Landkreis Bonn das Verteilungssystem aus der Wahnbachtalsperre kontinuierlich erweitert.

Anfang Mai 1960 bestimmten der Landkreis Bonn und die Gemeinde Duisdorf den Standort für das Pumpwerk Lengsdorf des Verbandes und erwarben die notwendigen Grundstücke. Für die Ansiedlung von Bundesministerien im Gebiet der Gemeinde Duisdorf werden auch deren bisherige Wassergewinnungsgebiete in Anspruch genommen. Auf Bitten des Bundes und der Gemeinde Duisdorf erklärte sich der Wahnbachtalsperrenverband im November 1960 bereit, aus der neuen Transportleitung vom Hochbehälter Venusberg zu dem im Bau befindlichen Pumpwerk Lengsdorf unter Ausnutzung des in den Nachtstunden verfügbaren Druckes vorzeitig Trinkwasser nach Duisdorf zu liefern und hierfür zunächst ein provisorisches Pumpwerk zu betreiben.

Der Zusammenbruch der Trinkwasserversorgung 1960 in der Gemeinde Berkum/Landkreis Bonn im Mittelpunkt des Drachfelser Ländchens verlangte die schnelle Belieferung durch den Wahnbachtalsperrenverband. Geplant war zunächst eine etwa 10 km lange Zuleitung vom Pumpwerk Lengsdorf mit einem Leitungsquerschnitt von 250 mm und ein weiteres Pumpwerk. Der Wahnbachtalsperrenverband betrachtete den vom Mitglied Landkreis Bonn vorgetragenen Anschlusswunsch der Gemeinde Berkum als ersten Ansatz zur Sicherstellung der Trinkwasserversorgung im südwestlichen Landkreis Bonn und richtete seine Planungen darauf aus, den gesamten Raum versorgungstechnisch zu erfassen. Gebaut wurde ab Januar 1961 eine Transportleitung mit einem trotz anfänglicher Vorbehalte der Genehmigungsbehörde auf die etwa sechsfache Kapazität gegenüber der ursprünglichen

Hochbehälter und Pumpwerk Bonn-Röttgen

Trinkwasserübergabestation Bonn-Kaiserfuhr

Pumpwerk Bonn-Lengsdorf

Planung ausgelegten Querschnitt von 600 mm vom Pumpwerk Lengsdorf über das weitere Pumpwerk Röttgen zu einem Hochbehälter auf dem Wachtberg (258 m + NN) mit einem Inhalt von 4.000 m³. Aus dem Hochbehälter Wachtberg und weiteren Übergabestationen im Zuge dieser Transportleitung werden heute alle Orte der das gesamte Drachenfelser Ländchen umfassenden Gemeinde Wachtberg mit Trinkwasser vom Wahnbachtalsperrenverband versorgt.

Das Konzept der versorgungstechnischen Erfassung des jeweiligen Raumes und nicht nur des Gebietes einzelner Gemeinden, die nach und nach den Anschluss an den Wahnbachtalsperrenverband wünschten, wurde nunmehr im gesamten Verbandsgebiet verwirklicht. Eine solche großzügige, in die Zukunft gerichtete Planung erforderte allerdings erhebliche finanzielle Vorleistungen, die sich aber später mehr als bezahlt gemacht haben.

Hochbehälter Wachtberg

Hochbehälter Tomberg

GEMELDETE BEDARFSMENGEN DER VERBANDSMITGLIEDER

Mitglied	Anmeldung		
	bei Gründung 1953 Mio. m³/Jahr	Im Jahr 1960 für 1990 Mio. m³/Jahr	Steigerung gegenüber 1953 auf %
1. Trinkwasser			
Stadt Bonn	9,0	15,0	167
Stadt Siegbrg	1,7	2,2	129
Siegkreis	1,1	7,0	636
Landkreis Bonn	2,7	7,7	285
insgesamt:	14,5	31,9	i.M. 220
2. Brauchwasser			
Phrix-Werke AG	13,6	13,6	100
Gesamtbedarf:	28,1	45,5	162

ERHÖHTER WASSERBEDARF

Aufgrund der zusätzlichen, ursprünglich nicht erwarteten Anforderungen nach Lieferung von Trinkwasser durch den Wahnbachtalsperrenverband zeigte sich schon bald nach Inbetriebnahme der Wahnbachtalsperre, dass ihre Leistungsfähigkeit in nächster Zeit erreicht sein und den steigenden Wasserbedarf der Verbandsmitglieder nicht mehr sicherstellen würde.

Die maximale Lieferkapazität der Wahnbachtalsperre wurde von vornherein aufgrund der zu erwartenden Zuflüsse über den Zeitraum eines Doppeltrockenjahres auf 29 Mio. m³/Jahr ausgelegt. Bei Gründung des Verbandes im Jahr 1953 meldeten die Trinkwasser abnehmenden Mitglieder einen Gesamtbedarf von 14,5 Mio. m³/Jahr und das Brauchwasser benötigende gewerbliche Mitglied Phrix-Werke AG 13,6 Mio. m³/Jahr an.

Die Trinkwasserabgabe des Verbandes lag im Trockenjahr 1959 bereits bei 10,9 Mio. m³. Sie betrug damit bereits 75 % des ursprünglich angemeldeten Zukunftsbedarfes, obwohl nur ein Bruchteil der geplanten Versorgungsgebiete an das erst zu einem geringen Teil fertig gestellte Versorgungssystem des Verbandes angeschlossen war. Eine Umfrage im Jahr 1960 bei den Trinkwasser abnehmenden Mitgliedern des Verbandes ergab aufgrund neuer Prognosen einen etwa im Jahr 1990 erwarteten Bedarf von bis zu 31,9 Mio. m³/Jahr, damit eine Steigerung auf 220 %. Das Brauchwasser abnehmende Mitglied änderte nicht seine ursprüngliche Anforderung in Höhe von 13,6 Mio. m³/Jahr. Der angemeldete neue Trinkwasserbedarf wurde dann tatsächlich schon etwa im Jahr 1972 erreicht.

Rangierstation Bonn-Gronau

GRUNDWASSERWERK UNTERE SIEG

Zur Bereitstellung des zusätzlichen Wasserbedarfes mussten bereits in naher Zukunft neue Gewinnungsmöglichkeiten erschlossen werden. Nach eingehenden Untersuchungen, die sich sowohl auf das gesamte Versorgungsgebiet des Verbandes als auch über dieses hinaus erstreckten, erwies sich als zweckmäßige Lösung die Errichtung eines neuen Grundwasserwerkes an der unteren Sieg, kurz oberhalb ihrer Einmündung in den Rhein.

In diesem Gebiet waren von den Stadtwerken Bonn in den 40er Jahren erste Erhebungen angestellt, wegen des nach dem damaligen Stand der Aufbereitungstechnik nicht zu beherrschenden hohen Gehaltes an aggressiver Kohlensäure aber nicht weitergeführt worden.

Horizontalfilterbrunnen IV

Ein Bohrprogramm, der Bau eines Versuchsbrunnens und ein umfangreicher Dauerpumpversuch brachten die Bestätigung, dass in dem von der Sieg im Norden und Osten sowie vom Rhein im Westen umschlossenen Gebiet echtes Grundwasser aus einem Einzugsgebiet in einer Größe von etwa 30 km^2, vor allem aber Uferfiltrat der Sieg in einer Gesamtmenge von mindestens 20 Mio. m^3/Jahr zu gewinnen sind.

Das durch den Regierungspräsidenten in Köln dem Wahnbachtalsperrenverband im Jahr 1967 bewilligte Wasserrecht erstreckt sich auf die Gewinnung von echtem Grundwasser und Sieginfiltrat aus vier Horizontalfilterbrunnen in einer Menge von im Mittel 3.000 m^3/h bzw. 43.000 m^3/Tag, bis maximal 6.500 m^3/h, entsprechend 130.000 m^3/Tag, und in einer Gesamtmenge bis zu 20 Mio. m^3/Jahr.

Das Gewinnungsgebiet auf der rechten Rheinseite verdankt in geologischer Hinsicht seine Entstehung den eiszeitlichen Flussläufen von Rhein und Sieg, deren Aufschüttungen in Form von Terrassen im Gelände teilweise auch heute noch erkennbar sind. In den durchschnittlich etwa 15 m, in tieferen ehemaligen Abflussrinnen eiszeitlicher Schmelzwasserströme auch bis zu 20 m mächtigen Ablagerungen von mittel- bis grobkörnigen Kiesen und Sanden bewegt sich etwa parallel zum oberirdischen Flusslauf der Sieg in südwestlicher Richtung zum Rhein ein Grundwasserstrom. Er wird in erster Linie durch aus der Sieg zwischen der Mündung von Pleisbach und Agger versickerndes Uferfiltrat gespeist. Weiterhin werden noch Zuflüsse aus versickerten Niederschlägen sowie kleineren oberirdischen Gewässern in dem südlich zu den Ausläufern des Siebengebirges ansteigenden Gebiet gespeist. Da sich Rhein und Sieg mit ihrem heutigen Bett in die abgelagerten eiszeitlichen Kiese und Sande eingegraben haben, bestehen zwischen Fluss- bzw. Strom- und Grundwasserständen enge Wechselbeziehungen. Bei hohen Wasserständen in der Sieg bzw. Rückstau vom Rhein her bei Hochwasser verstärkt sich die Infiltration. Es findet also ein verstärktes Versickern von Siegwasser statt. Bei länger andauernden Hochwasserständen in Rhein und Sieg wird das ausgedehnte Grundwasserbecken aufgefüllt. Es kommt zu einem Aufstau im Untergrund, da das gespeicherte Grundwasser an seinem Abströmen in Richtung Rhein gehindert wird.

Blick vom Dach der Trinkwasseraufbereitungsanlage Sankt Augustin-Meindorf über das Fassungsgebäude von Horizontalfilterbrunnen II über den Rhein nach Bonn.

Grundwasserförderleitungen in einem Horizontalfilterbrunnen.

GRUNDWASSERGEWINNUNG

Die geohydrologischen Untersuchungen im künftigen Gewinnungsgelände führten zur Festlegung von Art und Standort der Grundwasserfassungsanlagen. Zur Entnahme des Grundwassers wurden Horizontalfilterbrunnen gewählt, von denen zusammen mit der Aufbereitungsanlage zunächst zwei und im Jahr 1975 ein dritter errichtet worden sind. Aus den drei Brunnen kann die bewilligte Grundwassermenge im Gewinnungsgebiet gefördert werden.

Die Förderbrunnen befinden sich in dem landwirtschaftlich genutzten Gebiet der Rhein- und Siegniederung. Das Gelände ist zwar durch Deiche gegen unmittelbare Überflutung von Rhein und Sieg her geschützt. Es wird jedoch bei länger andauerndem Hochwasser in Rhein und Sieg infolge des stark durchlässigen Untergrundes durch besonders in den Geländemulden aufsteigendes Grundwasser eingestaut. Diese Tatsache hat auch die bauliche Nutzung des Gebietes verhindert. Durch die punktförmige Anordnung einiger Horizontalfilterbrunnen anstelle einer größeren Zahl von Vertikalbrunnen in Form einer Galerie konnte die Durchschneidung der landwirtschaftlich genutzten Flächen vermieden werden. Weiterhin waren geohydrologische, technisch-wirtschaftliche sowie betriebliche Gesichtspunkte bei der Entscheidung für Horizontalfilterbrunnen maßgebend.

Die drei Horizontalfilterbrunnen sind grundsätzlich gleich ausgeführt: In die Grundwasser führenden Kiese und Sande wurde eine kreisförmiger Stahlbetonschacht mit einem inneren Durchmesser von 5,0 m und einer Wanddicke von 0,50 m bis auf die an der Sohle des Grundwasserhorizontes anstehenden Tone aus dem Tertiär abgeteuft. In die Betonschalung des Schachtes wurden vor dem Absenken in Höhe des späteren Vortriebshorizontes der Horizontalfilterstränge spezielle Schachtwanddurchführungen eingebaut. Nachdem der Brunnenschacht seine Solltiefe erreicht hatte, wurde die offene Sohle mit unter Wasser eingebrachtem Beton verschlossen, dann der Brunnenschacht leer gepumpt und die bewehrte Stahlbetonsohle hergestellt. Mit Hilfe einer hydraulisch gesteuerten Presse, deren Reaktionskräfte jeweils auf der gegenüberliegenden Seite des Brunnenschachtes abgetragen wurden, erfolgte dann der Vortrieb starkwandi-

Blick in den Schacht eines Horizontalfilterbrunnens mit den Steigleitungen für das gewonnene Grundwasser.

links: Zufahrt zum Horizontalfilterbrunnen I.

ger Stahlrohre von 464 mm Außendurchmesser auf ca. 41 m Länge mit einem besonders geformten Spülkopf an der Spitze. Durch die Öffnungen im Spülkopf wurde das vom eindringenden Grundwasser gelöste Bodenmaterial in das Schachtinnere gefördert. Im Schutz der Vortriebsrohre wurden sodann die horizontalen Filterrohre eingebaut. Der zwischen den eingeschobenen Filterrohren von etwa 300 mm Durchmesser und den größerformatigen Vortriebsrohren verbliebene Ringraum wurde unter deren gleichzeitigem Ziehen mit einer dem Kornaufbau der durchteuften Bodenschichten angepassten Quarzfilterkiesschüttung ausgefüllt. Bei den beiden in den Jahren 1966/67 niedergebrachten Horizontalbrunnen wurden in die jeweils neun Horizontalfilterstränge Schlitzbrückenfilter- bzw. Vollrohre aus Kupfer eingebaut. Der im Jahr 1974 niedergebrachte 3. Horizontalbrunnen wurde aufgrund der bei den zwei anderen Brunnen gewonnenen Erkenntnisse mit Filter- und Vollrohren aus Chrom-Nickel-Molybdän-Stahl (Werkstoff-Nr. 4571) bei einem vergrößerten Außendurchmesser von 393 mm ohne zusätzliche Filterkiesumhüllung ausgerüstet. In den drei Brunnenschächten sind in einer Ebene oberhalb vom Filtervortriebshorizont in die Schachtwandung jeweils weitere neun bis zehn Schachtwanddurchführungen zur Reserve eingebaut. Sie gestatten es, falls die Leistung der eingebauten Filterstränge stark zurückgehen sollte, zusätzliche Filterrohre einzubauen. Bisher hat sich jedoch bei den Horizontalfiltersträngen kein nennenswerter Leistungsabfall gezeigt. Jeder Horizontalfilterstrang ist an der Einbindung in die Schachtwandung mit einem Kugelhahn als Absperrorgan versehen und kann damit getrennt verschlossen werden.

Die drei Horizontalfilterbrunnen sind jeweils auf eine Dauerleistung von bis zu 2.000 m³/h und eine maximale Förderung von bis zu 3.000 m³/h ausgelegt. Im Brunnenschacht befinden sich jeweils vier an Steigleitungen hängende Unterwassertauchmotorpumpen mit einer Leistung von 2 x 1.000 sowie 2 x 500 m³/h. Jede der aus dem hoch korrosionsbeständigen Werkstoff-Nr. 4571 hergestellten Steigleitung ist im Brunnengebäude mit einem Absperrorgan, Be- und Entlüftungsarmaturen sowie Durchflussmesseinrichtungen versehen.

Im Obergeschoss des zum Abfangen der Steigleitungen beim Ziehen der Pumpen ausreichend hoch ausgeführten Brunnengebäudes sind die Einrichtungen zur elektrischen Energieversorgung der Brunnenpumpen untergebracht. Die vier Brunnensteigleitungen vereinigen sich jeweils außerhalb vom Brunnengebäude in einer Transportleitung von 800 mm Querschnitt, durch die das aus dem Brunnen geförderte Rohwasser der Aufbereitungsanlage zugeführt wird. Parallel zu den Brunnenleitungen verlaufen die Energie- und Steuerkabel.

Die Eingänge zu den in Stahlbetonskelettbauweise mit Auskleidung durch Mauerziegel errichteten Brunnengebäuden liegen hochwasserfrei. Sie mussten deshalb je nach Geländehöhe teilweise erheblich angeschüttet werden.

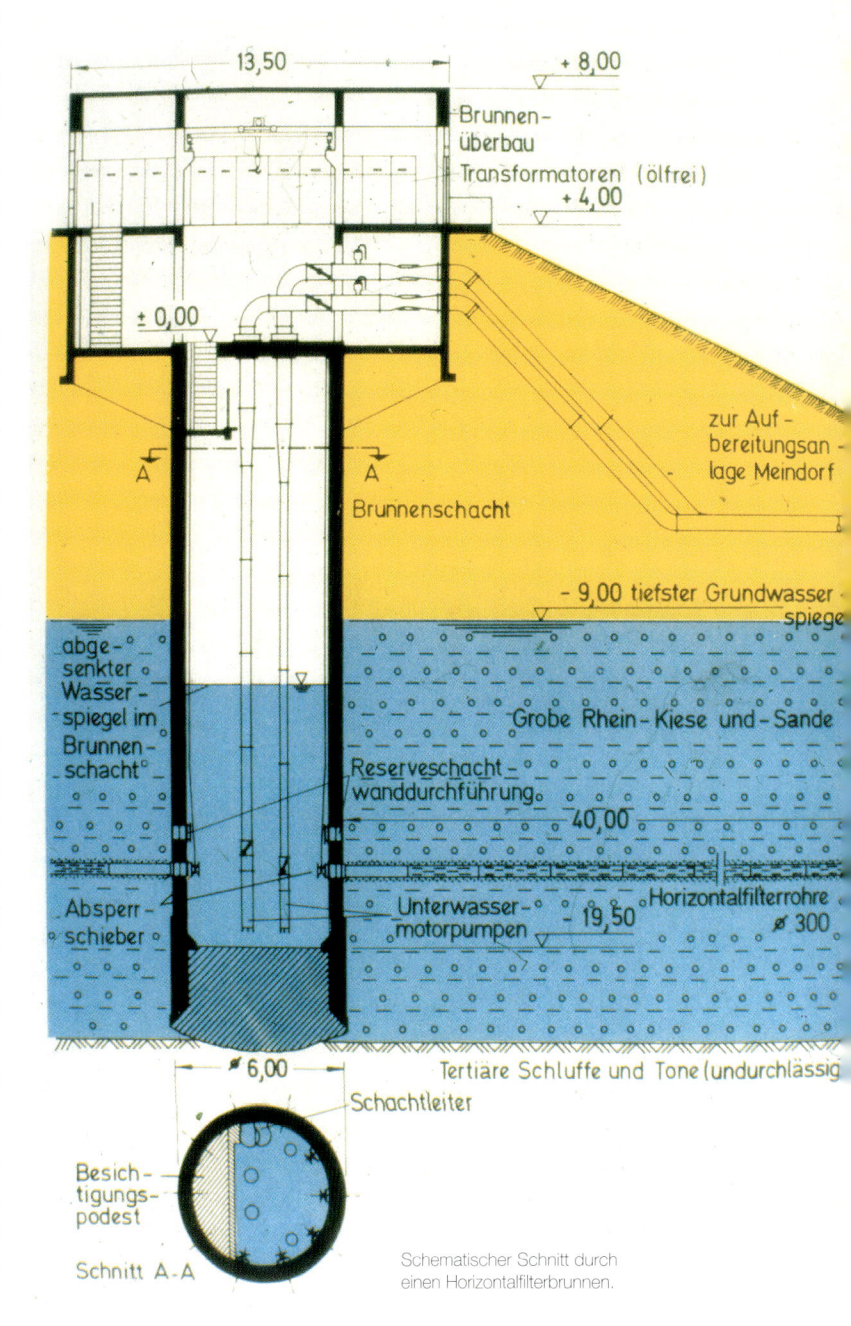

Schematischer Schnitt durch einen Horizontalfilterbrunnen.

TRINKWASSERAUFBEREITUNG
SANKT AUGUSTIN-MEINDORF

Die Trinkwasseraufbereitungsanlage Sankt Augustin-Meindorf mit den übrigen Betriebsanlagen befindet sich in hochwasserfreier Lage am Rand einer ehemaligen Siegterrasse.

Die Aufbereitungsanlage wurde auf eine Durchsatzleistung von 4.000 m³/h mit der Möglichkeit einer Steigerung der Abgabemenge bis auf maximal 6.500 m³/h ausgelegt.

Das aufgrund des Gehaltes an Kohlendioxid aggressive Grundwasser mit sehr geringem Eisen- und Mangangehalt wird folgenden Behandlungsstufen unterzogen:

Offene Belüftung durch Steilrohrverdüsung zum Ausgasen von Kohlendioxid, zur Sauerstoffsättigung und Oxidation zweiwertiger Eisen- und Manganverbindungen, Filtration über offene Schnellfilter mit Quarzsandfüllung zur Abscheidung von Eisen- und Manganoxidhydraten, Kalkwasserzugabe zur Entsäuerung und Einstellung des Kalk-Kohlensäure-Gleichgewichtes, Zwischenspeicherung in einem Wasserbehälter von 10.000 m³.

Steilrohrverdüsung zum Ausgasen von Kohlendioxyd, zur Sauerstoffsättigung und Oxidation zweiwertiger Eisen- und Manganverbindungen.

Gebäude der Trinkwasseraufbereitung Sankt Augustin-Meindorf.

Trinkwasserpumpwerk

Der von den in den drei Horizontalfilterbrunnen installierten Unterwassertauchpumpen erzeugte Förderdruck liefert zugleich den zur Verdüsung des Rohwassers notwendigen Abspritzdruck. Nach der Verdüsung im Obergeschoss der Filterhalle durchläuft das Rohwasser in zwei getrennten Straßen die gesamte Anlage, wobei durch entsprechende Schaltung bedarfsweise alle vier nebeneinander angeordneten Aufbereitungseinheiten beaufschlagt werden können.

Die durch das aggressive Rohwasser beanspruchten Schachtinnenwände der Horizontalfilterbrunnen sowie Boden und Wände der Verdüsungsanlagen wurden inzwischen im Rahmen von Erhaltungsmaßnahmen mit großformatigen Glasplatten ausgekleidet.

Das Trinkwasserpumpwerk ist mit zwei Pumpengruppen zur Förderung im Mitteldruck- und Hochdruckbereich von 7 bzw. 12 bar ausgerüstet. Sie speisen in die 2. und 3. Hauptversorgungsleitung ein. Zur Ausnutzung der Lageenergie des aus der rund 110 m höher gelegenen Trinkwasseraufbereitungsanlage Siegburg-Siegelsknippen zur Aufbereitungsanlage Sankt Augustin-Meindorf fließenden aufbereiteten Talsperrenwassers sind zwei Turbinen installiert, die jeweils eine auf gleicher Welle mitlaufende Pumpe zur Trinkwasserförderung antreiben.

Am 24. Juni 1968, 15 Jahre nach Gründung des Wahnbachtalsperrenverbandes, wurde in einer Feierstunde das Grundwasserwerk Untere Sieg nach einer Bauzeit von weniger als drei Jahren durch den Minister für Ernährung, Landwirtschaft und Forsten des Landes Nordrhein-Westfalen, Dr. h.c. Diether Deneke, in Betrieb genommen (Bild unten).

WEITERER AUSBAU DES TRINKWASSER-VERTEILUNGSSYSTEMS

Führung der zweiten Hauptversorgungsleitung DN 1000 mm nach Bonn-Nord im Schutzrohr unter der Bundesautobahn A 565.

Kreuzung der Sieg mit der zweiten Hauptversorgungsleitung DN 800 mm.

Mit der Aufbereitungsanlage Sankt Augustin-Meindorf des Grundwasserwerkes Untere Sieg und deren Betrieb im Verbund mit der Aufbereitungsanlage für die Wahnbachtalsperre war ein weiterer wichtiger Knotenpunkt im Versorgungssystem des Wahnbachtalsperrenverbandes entstanden. Die Verbindung zwischen den beiden Aufbereitungsanlagen bildet den ersten Abschnitt der 2. Hauptversorgungsleitung mit einem Querschnitt von 800 mm. Die 2. Hauptversorgungsleitung wurde von der Aufbereitungsanlage Sankt Augustin-Meindorf in den Norden von Bonn mit einem Querschnitt von 1.000 mm, also mit gegenüber der 1. Hauptversorgungsleitung von 800 mm Durchmesser erheblich gesteigerter Leistungsfähigkeit, weitergeführt. Mit der 2. Hauptversorgungsleitung wurde das Grundwasserwerk Untere Sieg in das Versorgungssystem des Verbandes integriert. Das über die Aufbereitungsanlage Sankt Augustin-Meindorf geleitete Trinkwasser aus der Wahnbachtalsperre wird nach Mischung mit dem aufbereiteten Grundwasser weiter in das linksrheinische Versorgungssystem des Verbandes verteilt.

AUFSCHLUSSREICHER ARCHÄOLOGISCHER BAUFUND

Beim Bau des ersten Abschnittes der 2. Hauptversorgungsleitung zwischen den Trinkwasseraufbereitungsanlagen Siegburg-Siegelsknippen und Sankt Augustin-Meindorf im Jahr 1970 förderte der Bagger in der Siegaue bei Menden überraschend einen behauenen Stein aus Trachyt vom Drachenfels in den Maßen von rund 70 x 113 cm zutage, von dem leider beim Anheben in den Backen des Greiferkorbes ein Stück abbrach. Nach dem Säubern entpuppte sich der Steinkoloss aufgrund der Bewertung durch die sofort herbeigerufenen Archäologen des Rheinischen Amtes für Bodendenkmalpflege in Bonn als ein römischer Grenzstein, dessen wieder lesbare lateinische Inschrift sein Geheimnis preisgab:
Der Stein wurde offenbar in Nähe der Fundstelle gesetzt, als die auf der gegenüberliegenden Seite des Rheinstroms im Bonner Kastell stationierte „legio I Minerva pia fidelis" (1. römische Legion) am Ende des 2. oder in der ersten Hälfte des 3. Jahrhunderts n. Chr. ihr nach einem Aurelius benanntes, rechtsrheinisches Weideland erweiterte, das sie für ihre zahlreichen Reit-, Zug-, Trag- und Nutztiere brauchte.

2. UND 3. RHEINKREUZUNG

Die über die künstlich hergestellte Landzunge, das Kemper Werth, im Mündungsgebiet der Sieg in den Rhein durch das gesetzliche Überschwemmungsgebiet verlaufende 2. Hauptversorgungsleitung kreuzt in Bonn-Graurheindorf den Rheinstrom mit einem Doppelrohrdüker. Er besteht aus zwei Stahlrohren von je 800 mm Durchmesser in einem gegenseitigen Achsabstand von 1,50 m. Im Gegensatz zu dem in einzelnen Rohrabschnitten hergestellten Rheindüker im Zuge der 1. Hauptversorgungsleitung im Süden von Bonn wurden die aus Sicherheitsgründen gewählten zwei Rohre von je 800 mm Durchmesser für die Rheinkreuzung auf einer am rechten Rheinufer für die Verlegung vorbereiteten Ablaufbahn mit provisorischer Überbrückung der zu kreuzenden Sieg in ganzer Länge montiert und die beiden Wasserleitungsrohre nebst Kabelschutzrohren unverschieblich miteinander verbunden. Nach Herstellung der Verlegerinne im Strom wurden die beiden Dükerrohre auf der rechten Rheinseite in einer Länge von je rund 340 m vom linken Rheinufer aus in die vorbereitete Rinne unter der Rheinstromsohle eingezogen. Zum Schutz gegen äußere Korrosion erhielten die Dükerrohre nach dem Zusammenschweißen der beiden Leitungsstränge eine 9 cm dicke Schutzschicht aus einem aufgespritzten Betonmantel. Die Bewehrung des Betonmantels besteht aus Kunststoffseilen.

Die Verlegerinne für die Dükerverlegung musste mit Rücksicht auf treibende Schiffsanker so tief ausgebaggert werden, dass nach der Wiederverfüllung eine Mindestüberdeckung von 2,50 m über den verlegten Dükerrohren garantiert ist. Während des Einziehens des Rohrleitungsdükers mit einem Gesamtgewicht von mehr als 1.000 t wurde die Durchfahrtrinne im Strom jeweils lediglich halbseitig während einiger Stunden für die Schifffahrt gesperrt.

Mit einer Verbindungsleitung zwischen der Aufbereitungsanlage Sankt Augustin-Meindorf und der 1. Hauptversorgungsleitung nach Bonn sowie Errichtung der Station Sankt Augustin-Großenbusch an der

Provisorische Brücke über die Sieg mit der Ablaufbahn für die zum Einziehen in den Rheinstrom nach Bonn-Grau-Rheindorf vorbereiteten Dükerrohre.

Einbindungsstelle wurde ein weiterer Einspeisungsort von Grundwasser in die Trinkwasser aus der Wahnbachtalsperre führende 1. Hauptversorgungsleitung geschaffen. Diese Verbindungsleitung zwischen der Mischstation Sankt Augustin-Großenbusch und der Aufbereitungsanlage Sankt Augustin-Meindorf wurde später in die 3. Hauptversorgungsleitung von der Aufbereitungsanlage Siegburg-Siegelsknippen nach Bonn-Süd integriert.

Die 3. Hauptversorgungsleitung kreuzt etwa 170 m oberhalb vom 1. Rheindüker in Höhe des Rheinauenparks den Rheinstrom. Dieser im Jahr 1983 verlegte 3. Rheindüker des Wahnbachtalsperrenverbandes besteht aus je 2 Stahlrohrrleitungen von 800 mm Durchmesser für den Transport des Trinkwassers und weiteren 2 Hochdruckgasleitungen von 400 mm Durchmesser der Ruhrgas AG, die sich damit zu einem für beide Partner wirtschaftlich günstigen Gemeinschaftsvorhaben entschlossen hat.

Verlegung der Gas- und Wasserleitungsrohre für den 3. Rheindüker auf der Ablaufbahn in Bonn-Beuel-Süd.

Bauvorhaben:	GEMEINSCHAFTSPROJEKT RHEINDÜKER BONN
	2 Gashochdruckleitungen 400 mm Durchmesser
	2 Trinkwasserleitungen 800 mm Durchmesser
	2 Kabelschutzrohre 150 mm Durchmesser
	2 Kabelschutzrohre 100 mm Durchmesser
Bauherr:	RUHRGAS AG, Huttropstr. 60, 4300 Essen
	WAHNBACHTALSPERRENVERBAND, Kronprinzenstr. 13, 5200 Siegburg
Planung + Bauleitung:	PIPELINE ENGINEERING GMBH, Moltkestr. 76, 4300 Essen
Bauausführung:	ARGE RHEINDÜKER BONN
	HEINRICH ELSKES KG, Wanheimerstr. 204, 4100 Duisburg
	ibu Gesellschaft für INGENIEUR-, PIPELINE- und WASSERBAU MBH. Reichstr. 51, 4000 Düsseldorf
Vermessung:	PIPELINE ENGINEERING GMBH, Moltkestr. 76, 4300 Essen
Statik:	MARTIN KEHLMANN, Am Zehnthof 159, 4600 Dortmund
Schweißtechnische Ausführung:	HAAKSHORST GMBH + COKG, Bockmühle 50-56, 5600 Wuppertal
Gartenbau:	

unten: Vorbereitungen am rechtsrheinischen Beueler Ufer zum Einziehen des Dükers - aufsteigende Rohräste entsprechend der Uferneigung auf der linken Rheinseite.

LINKSRHEINISCHES VERSORGUNGSSYSTEM

Trinkwasserübergabestation Bonn-Graurheindorf

Am Hochbehälter Alfter-Gielsdorf beginnt die entlang dem Konrad-Adenauer-Damm verlaufende Transportleitung mit einem Durchmesser von 600 mm zum Hochbehälter Bonn-Hardtberg mit einem Speicherinhalt von 5.000 m³ und drei installierten Pumpwerken. Diese Transportleitung verknüpft die 2. Hauptversorgungsleitung von Bonn-Nord mit der verlängerten 1. Hauptversorgungsleitung von Bonn-Süd.

An dem in gleicher Höhe wie der Hochbehälter Röttgen gelegenen Hochbehälter Bonn-Hardtberg nimmt die insgesamt etwa 14 km lange Transportleitung zum Hochbehälter unterhalb von der Ruine Tomberg in der Stadt Rheinbach ihren Anfang. Dieser Behälter liegt wieder auf gleicher Höhe wie der Hochbehälter Wachtberg. Mit dieser zweiten, im Gebiet des früheren Landkreises Bonn verlegten Transportleitung wurden die Städte Rheinbach und Meckenheim sowie die im Zusammenhang mit der Entwicklung von Bonn zum Sitz der Bundesregierung neu entstandene Wohnstadt Meckenheim-Merl in das Trinkwasserverteilungssystem des Wahnbachtalsperrenverbandes eingebunden.

Die Fortsetzung der 2. Hauptversorgungsleitung von der Aufbereitungsanlage Sankt Augustin-Meindorf nach Westen endet nach Kreuzung des Rheinstroms mit dem Querschnitt von 1.000 mm in der Trinkwasserübergabestation Bonn-Graurheindorf an die Stadtwerke Bonn. Hier findet zugleich eine Einspeisung in die von Bonn-Gronau kommende, am linken Rheinufer verlaufende Versorgungsleitung zum früheren Wasserwerk Eichenkamp der Stadt Bornheim mit einem Querschnitt von 350 mm statt (siehe Übersichtskarte S.77).

Die 2. Hauptversorgungsleitung wurde im Querschnitt von 800 mm von der Trinkwasser-Übergabestation Bonn-Graurheindorf zum Hochbehälter und Pumpwerk Alfter-Gielsdorf weitergeführt. Der Hochbehälter Alfter-Gielsdorf, auf gleicher Höhe wie der im Zuge der Fortsetzung der 1. Hauptversorgungsleitung errichtete Hochbehälter Bonn-Venusberg gelegen, ist mit einem Inhalt von 21.000 m³ der größte Trinkwasserspeicher des Wahnbachtalsperrenverbandes. Aus dem Hochbehälter Alfter-Gielsdorf werden u. a. die Gemeinde Alfter und die Höhengebiete der Stadt Bornheim mit Trinkwasser beliefert.

Die beiden Hochbehälter Tomberg und Wachtberg mit gleicher Wasserspiegelhöhe von 258 m + NN im linksrheinischen Versorgungsgebiet sind über die beiden Füllleitungen sowie die seinerzeit durch die Entwicklungsgesellschaft Meckenheim-Merl errichtete und später vom Wahnbachtalsperrenverband übernommene Verbindungsleitung miteinander verknüpft. Sie dienen einmal der Versorgung der sie umgebenden Gebiete der Städte Meckenheim, Rheinbach sowie der Gemeinde Wachtberg und besitzen zugleich als Gegenbehälter für die Versorgung der höher gelegenen Stadtteile von Bonn eine große Bedeutung.

Trinkwasserbehälter und Pumpwerk Bonn-Röttgen.

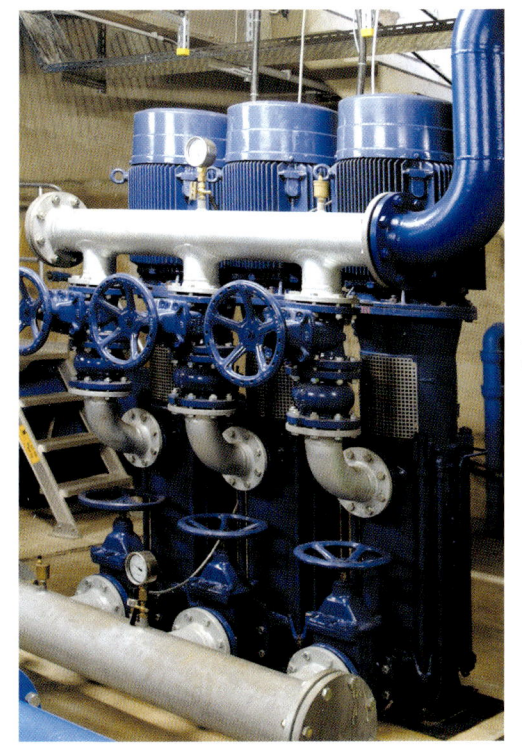

Förderpumpen nach Meckenheim im Trinkwasserbehälter Wachtberg.

Trinkwasserbehälter und Pumpwerk Bonn-Hardtberg.

Hochbehälter Alfter-Gielsdorf.

Trinkwasserbehälter und Pumpwerk Wachtberg.

NEUORDNUNG DES BONNER RAUMES

Am 1. Juli 1969, während der Errichtung und Inbetriebnahme der vorstehend geschilderten Anlagen im linksrheinischen Versorgungsgebiet des Wahnbachtalsperrenverbandes, trat das Gesetz zur Neuordnung des Bonner Raumes in Kraft. Durch das Gesetz wurde die Stadt Bonn mit den bisher zum Landkreis Bonn gehörenden Städten Bad Godesberg, Beuel und den Gemeinden des Amtes Duisdorf sowie den beiden bisherigen Gemeinden Holzlar und Oberkassel im rechtsrheinischen Siegkreis zur Großstadt Bonn vereinigt. Die 13 Städte und Gemeinden im bisherigen Siegkreis auf der rechten Rheinseite wurden mit den 6 Städten und Gemeinden Alfter, Bornheim, Meckenheim, Rheinbach, Swisttal und Wachtberg des bisherigen linksrheinischen Landkreises Bonn zum Rhein-Sieg-Kreis mit der Kreisstadt Siegburg verschmolzen.

Das unabhängig von den bisherigen Verwaltungsgrenzen nach betriebstechnischen Gesichtspunkten gestaltete Versorgungssystem des Verbandes trug den damit verbundenen Anforderungen im vollen Umfang Rechnung.

EINHEITLICHER WASSERPREIS

Bei der Gründung des Wahnbachtalsperrenverbandes wurde von einem differenzierten Wasserpreis der einzelnen Mitglieder ausgegangen. Es galt der Grundsatz, dass ein Verbandsmitglied nur für solche Anlagen veranlagt wurde, von denen ihm ein Vorteil erwächst (Vorteilsmaßstab). Das galt für die Abnehmer von Trinkwasser und den Abnehmer von Brauchwasser. Grundlage für die Beitragserhebung bildeten die von den Mitgliedern angemeldeten Bereitstellungsmengen. Bei Verwirklichung der Erweiterungsmaßnahmen im Siegkreis und im Landkreis Bonn wurde der einheitliche Wasserpreis unter Zugrundelegung der Bereitstellungsmengen beschlossen.

Auch bei den Planungen für das zweite Wasservorkommen des Verbandes, das Grundwasserwerk Untere Sieg, war zunächst weiterhin eine Trennung der Beiträge für die Wahnbachtalsperre und das Grundwasserwerk auf Grundlage der jeweils von den Mitgliedern angemeldeten Bereitstellungsmengen vorgesehen. Mit wachsendem Baufortschritt des Grundwasserwerkes Untere Sieg setzte sich angesichts des engen technischen und betrieblichen Verbundes zwischen den beiden Anlagensystemen folgerichtig der Verbandsgedanke mehr und mehr durch. Dieser gipfelte in dem einstimmigen Beschluss der Verbandsversammlung am 21. April 1967, das Versorgungssystem des Verbandes als eine Einheit zu betrachten und den einheitlichen Wasserpreis aufgrund der tatsächlichen Trinkwasserabnahme einzuführen.

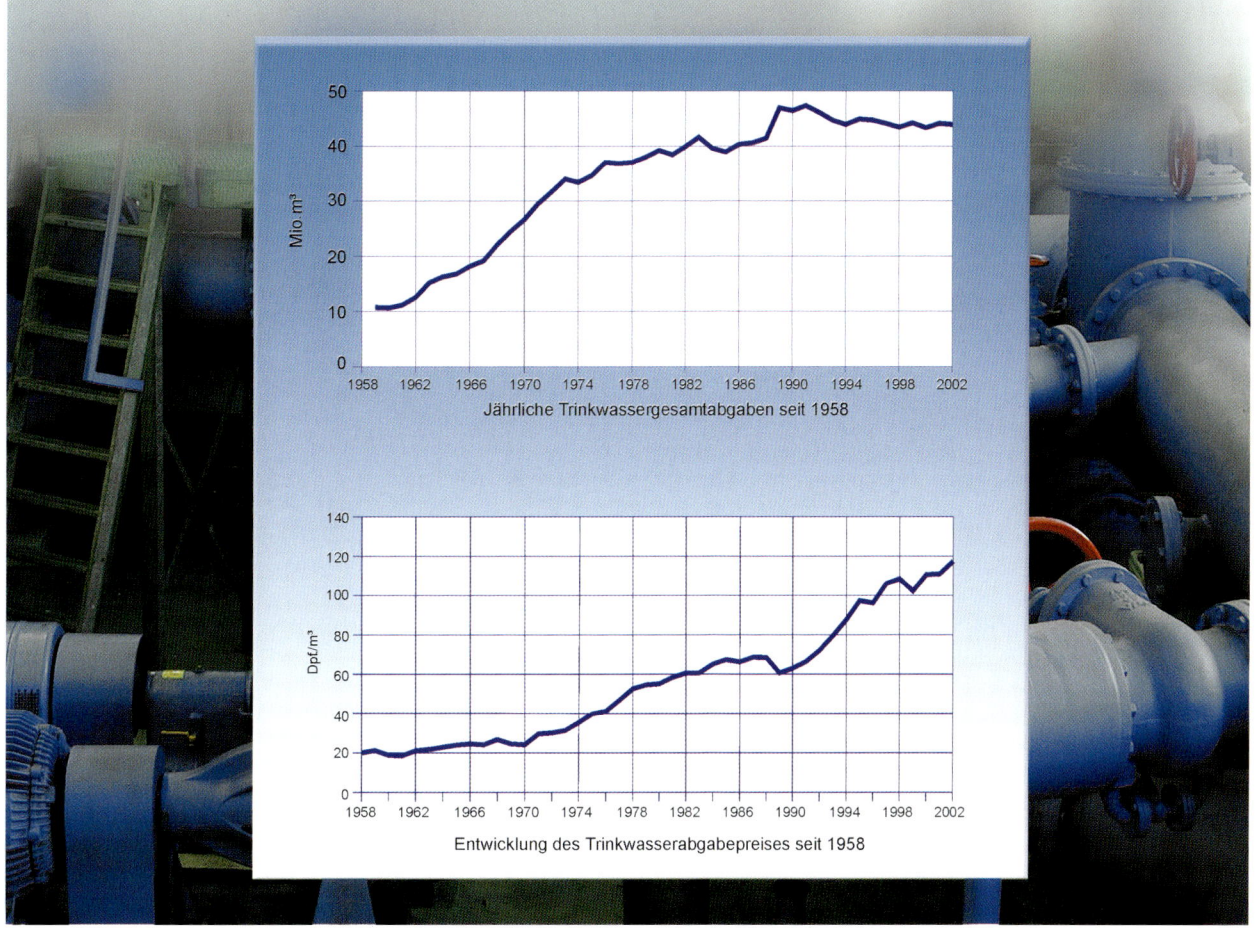

Jährliche Trinkwassergesamtabgaben seit 1958

Entwicklung des Trinkwasserabgabepreises seit 1958

AUSSCHEIDEN DER PHRIX-WERKE

Aufgrund andauernder Schwierigkeiten beim Absatz ihrer Produkte stellten die Phrix-Werke AG im Juli 1971 die Produktion in ihrem Werk in Siegburg ein. Das Unternehmen beantragte daraufhin die Entlassung aus der Mitgliedschaft beim Wahnbachtalsperrenverband zum 31. Dezember 1971. Die Verbandsversammlung erklärte sich mit der Entlassung gegen Zahlung einer Abfindung zur Abgeltung der Ansprüche des Wahnbachtalsperrenverbandes aus der bisherigen Mitgliedschaft des Unternehmens einverstanden. Damit stand das ursprüngliche Kontingent der Phrix-Werke AG zum Bezug von jährlich bis zu 13,6 Mio. m³ Wasser aus der Wahnbachtalsperre zusätzlich zur Bereitstellung von Trinkwasser zur Verfügung.

Heute anderweitig genutzte Gebäude der Phrix-Werke.

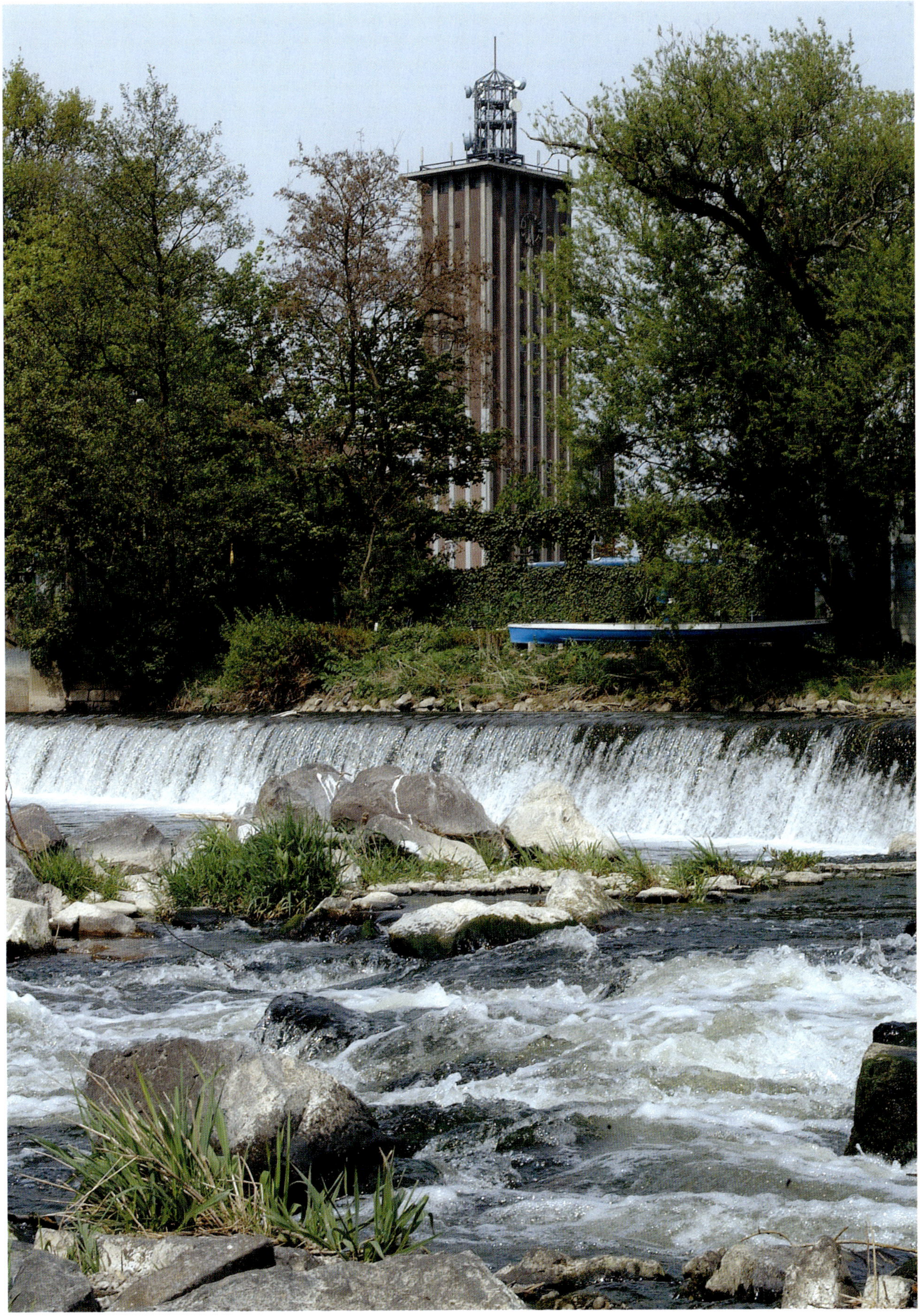

AUS SCHÄDEN WIRD MAN KLUG – FEHLER MACHT MAN NUR EINMAL

GERHARD WEINERT, VON 1965 BIS 1997 ROHRNETZMEISTER BEIM WAHNBACHTALSPERRENVERBAND, BERICHTET ÜBER ERFAHRUNGEN AUS SEINER FRÜHEREN TÄTIGKEIT:

Im Jahr 1970 brach im Pumpwerk Bonn-Lengsdorf, in dem das über die beiden Rheinduker Bonn-Süd für die höher gelegenen Stadtteile von Bonn und die Gemeinde Wachtberg bestimmte Trinkwasser am Hochbehälter Venusberg vorbei weiter in die Hochbehälter Röttgen und Wachtberg gefördert wird, das Gehäuse einer laufenden Pumpe.

Das Gebäude wurde überflutet und dadurch die elektrischen Anlagen für die Stromversorgung und Steuerung auch der übrigen installierten Pumpen stark in Mitleidenschaft gezogen.

Nach Einstellung der Wasserlieferung an das Verbandsmitglied Phrix-Werke Aktiengesellschaft in Siegburg aus der Wahnbachtalsperre wurde im Jahr 1971 die Transportleitung zur Vorbereitung auf eine künftige andere Nutzung von den während des nahezu 15-jährigen Betriebes eingetretenen Eisen- und Manganablagerungen gereinigt. Hierzu wurde ein mit beweglichen Kratzeinrichtungen auf dem inneren Rohrumfang versehener Körper aus Stahl und Kunststoff vom Druck des Spülwassers durch die Leitung getrieben.

Die Rohrleitung verläuft entlang dem Rand des Friedhofes Siegburg-Seligenthal in einem verhältnismäßig steilen Geländehang und am höchsten Punkt durch ein Schachtbauwerk mit einem automatischen Ventil zur Be- und Entlüftung.

Dieses Ventil wurde während der Reinigung der Rohrleitung versehentlich nicht abgebaut. Als der Reinigungskörper beim Spülen das Be- und Entlüftungsventil passierte, baute sich ein überhöhter Druck auf, der zum Bruch des Ventils führte. Das Wasser trat aus der Rohrleitung und dem Schachtbauwerk aus und überflutete das Friedhofsgelände. Obwohl sich die Ausspülungen noch im Rahmen hielten, waren nicht unwesentliche Schäden an den Grabeinfassungen und Wegen die Folge.

Am 14. März 1982 hat sich beim Reinigen einer außer Betrieb genommenen Kammer für die Zwischenspeicherung von Trinkwasser im Behälter Bonn-Hardtberg selbsttätig während der Nacht die Einlaufklappe etwas geöffnet. Das aus der Transportleitung in die Behälterkammer fließende Wasser verteilte sich über die nicht verschlossene Entleerung des Behälters im Innern des zugehörigen Pumpwerkes und überflutete die Motore. Durch den daraufhin vorgenommenen Einbau von Reparaturschaltern, die automatisch die Verschlüsse der Einlauf- und Entleerungsklappen verschließen, wurden künftig solche Schäden vermieden.

HERR WEINERT ERINNERT SICH NOCH SEHR GENAU AN DAS FOLGENSCHWERE EREIGNIS AM 3. DEZEMBER 1983:

Drei Mitarbeiter seiner Abteilung waren an diesem Tag mit Montagearbeiten in einem neu errichteten Schachtbauwerk nahe dem linken Rheinufer im Gelände des Rheinauenparkes in Bonn-Gronau beschäftigt. In diesem Schacht verlaufen die beiden Wassertransportleitungen des Wahnbachtalsperrenverbandes, nachdem die weiteren beiden mit ihnen gemeinsam in einem Paket als Düker unter der Sohle des Rheinstroms verlegten Hochdruckgasleitungen der Ruhrgas AG in einer getrennten Trasse abgeschwenkt sind.

Gasexplosion in der Gronau fordert drei Schwerverletzte

EIN SACHVERSTÄNDIGER verschwindet im Dükerschacht, um die Ermittlungen aufzunehmen.

1,5 TONNEN wiegt die Abdeckplatte, die durch die Explosion fünf Meter weit geschleudert wurde. Foto: Engels (2)

Löste Zigarettenpause die Verpuffung aus?
Rätsel um Ursache — Tonnenschwerer Kanaldeckel weggeschleudert — Kein Attentat

(tp/dpa) Drei Schwerverletzte hat gestern gegen 11 Uhr eine Gasexplosion in der Rheinaue hinter dem Bundeshaus gefordert. Wie Polizei und Feuerwehr mitteilten, waren drei Arbeiter des Wahnbach-Talsperrenverbandes in einem Wasserleitungsschacht mit Abdichtungsarbeiten beschäftigt, als sich ein Gas/Luftgemisch entzündete. Bislang ist völlig unklar, woher das Gas kam. Eine 15 Meter vom Unglücksort entfernt verlaufende Hochdruck-Gasleitung wies nach ersten Messungen keine Schäden auf. Zwei Verletzte wurden mit Verbrennungen zweiten und dritten Grades in das Godesberger Waldkrankenhaus eingeliefert, der dritte Mann liegt mit Gesichtsverbrennungen in der Universitätsklinik. Bei Redaktionsschluß befand sich keiner der Verletzten mehr in Lebensgefahr.

Der 28jährige Udo F., Hans-J. K. (44) und Richard E. (40) sollten in dem Dükerschacht eine Wasserleitung zum in der Nähe gelegenen alten Wasserwerk abdichten. „Durch einen Funken wurde eine Verpuffung ausgelöst. Nach einer druckstärkeren Explosion wären die drei nicht lebend da herausgekommen", erklärte Eberhard Bosecker vom Gewerbeaufsichtsamt, das sich an den Ermittlungen beteiligt. Bei der Detonation wurde eine 1,5 Tonnen schwere, in den Boden verschraubte Abdeckplatte fünf Meter weit geschleudert. Schwerverletzt befreiten sich die Männer aus dem Schacht, riefen aus dem Dienstwagen über Funk ihre Firma an, die sofort die Polizei alarmierte, die wiederum Feuerwehr und Rettungsdienste anforderte.

Bereits am Nachmittag hat der Technische Überwachungsverein (TÜV) im Auftrag der Bonner Staatsanwaltschaft mit der Untersuchung der Unfallstelle und ihrer näheren Umgebung begonnen. Während die Explosion nach Auskunft der Feuerwehr vermutlich durch eine brennende Zigarette ausgelöst wurde (Polizeibeamte fanden im Schacht zwei Feuerzeuge), ist die Herkunft des Gases völlig unbekannt. „Wir können im Moment nicht sagen, ob es sich um Faul- oder Leitungsgas handelte", so Kripo-Hauptkommissar Werner Seidel, „die Ermittlungen und Messungen werden sich hinziehen." Ein Sprecher des Bundesinnenministeriums sagte auf Anfrage, es gebe bisher keine Anzeichen dafür, daß es sich um einen Anschlag von Terroristen handeln könnte.

Aus einem nicht gasdicht verschlossenen Abgang dieser bereits unter Druck stehenden Gasleitungen diffundierte Gas unkontrolliert durch den Boden und hatte sich in dem Schachtbauwerk für die beiden Wasserleitungen trotz geöffnetem Einstieg von den Mitarbeitern unbemerkt zu einem explosiven Gemisch angereichert. Durch einen während des Aufenthaltes der drei Mitarbeiter im Schacht ausgelösten Funken kam es zu einer explosionsartigen Verpuffung des Gas-Luft-Gemisches mit Flammenbildung, durch die

Richard Epple und Franz-Josef Körtgen schwere Verbrennungen im Gesicht, an Armen und Händen erlitten. Ihr in etwas Abstand tätiger Kollege Udo Fuhr trug zum Glück nur leichte Verletzungen davon. Die beiden Schwerverletzten mussten längere Zeit in einer Spezialklinik behandelt werden.

Die Erkenntnis aus diesem bedauernswerten Unfall führte zu der generellen Unfallverhütungsvorschrift der zuständigen Berufsgenossenschaft Gas-, Fernwärme- und Wasserwirtschaft, vor dem Betreten eines unter der Geländeoberfläche gelegenen Schachtbauwerkes durch Personen zunächst mit einem von außen herabgelassenen Spürgerät die Gaskonzentration im Innern zu messen.

Am 23. September 1993 trat in der Trinkwasser-Übergabestation Grau-Rheindorf im Bonner Norden beim Auswechseln eines Wasserzählers ein Schaden an einer Absperrklappe ein. Das Wasser ergoss sich aus der offenen Rohrleitung und überflutete den Keller der Station. Die Motore und elektrischen Schaltanlagen für die Weiterförderung des Trinkwassers nach Bornheim wurden beschädigt. Die Motore mussten ausgebaut und bei einer Fachfirma getrocknet werden.

Dieses Schadensereignis war schließlich der Anlass, in dem bereits im Jahr 1970 von einer Überschwemmung betroffenen Pumpwerk Bonn-Lengsdorf und dieser nunmehr überfluteten Station sowie im Pumpwerk Hennef-Süchterscheid, wo bei einem ähnlichen Schaden die gleichen Folgen eintreten konnten, alle elektrischen Anlagenteile erhöht und überflutungssicher anzuordnen.

In der aus Betonrohren bestehenden Transportleitung vom Wasserbehälter Bonn-Venusberg zum Pumpwerk Bonn-Lengsdorf wurde kurz hinter dem Behälter eine Undichtigkeit festgestellt. Da die Rohrnetzabteilung des Verbandes nicht über ausreichende Erfahrungen mit der Reparatur solcher Rohrleitungen verfügte, wurde damit eine Fachfirma beauftragt. Der Schaden zeigte sich an der Verbindung von zwei Rohren durch eingewachsene Baumwurzeln.

Zwei Tage nach Reparatur und Wiederinbetriebnahme der Leitung brach das als Ersatz eingebaute neue Betonrohr. Das aus der Bruchstelle austretende Wasser und der ausgespülte Boden überschwemmten auf großer Fläche die unterhalb verlaufenden Straßen. Als Ursache des Schadens erwies sich eine ungenügende Verdichtung des Bodens unter dem neu verlegten Rohr. Durch die eingetretene Setzung des Rohres infolge des Wassergewichtes und die Auflast des verfüllten Bodens kam es zur Überlastung des Betonrohres und zum Bruch.

UNVERGESSEN BLEIBT IHM AUCH FOLGENDE BEGEBENHEIT:

Die 2. Hauptversorgungsleitung von der Trinkwasseraufbereitung Siegburg-Siegelsknippen zur Aufbereitungsanlage des Grundwasserwerkes Untere Sieg kreuzt an der Stadtgrenze von Siegburg/Sankt Augustin die Sieg. Vor der Siegkreuzung befindet sich an einem Tiefpunkt der Rohrleitung ein Schacht mit der Möglichkeit zu ihrer Entleerung bei Reparatur- und Wartungsarbeiten. Bei einer solchen Gelegenheit ließ sich die Absperrarmatur an der abzweigenden Entleerungsleitung nicht wieder schließen. Dem sich, im Schachtinnern aufhaltenden Mitarbeiter gelang es, unter Gefahr des Ertrinkens den Schacht noch rechtzeitig zu verlassen. Um eine solche Gefahr künftig zu vermeiden, werden seither die Entleerungen von Rohrleitungen in Schächten nur noch nach vorheriger Verlängerung der hierzu dienenden Ablaufleitung bis über Flur und Einbau eines zusätzlichen Absperrorgans zur Bedienung von außerhalb vorgenommen.

Trinkwasserpumpwerk Hennef-Süchterscheid, außen und innen.

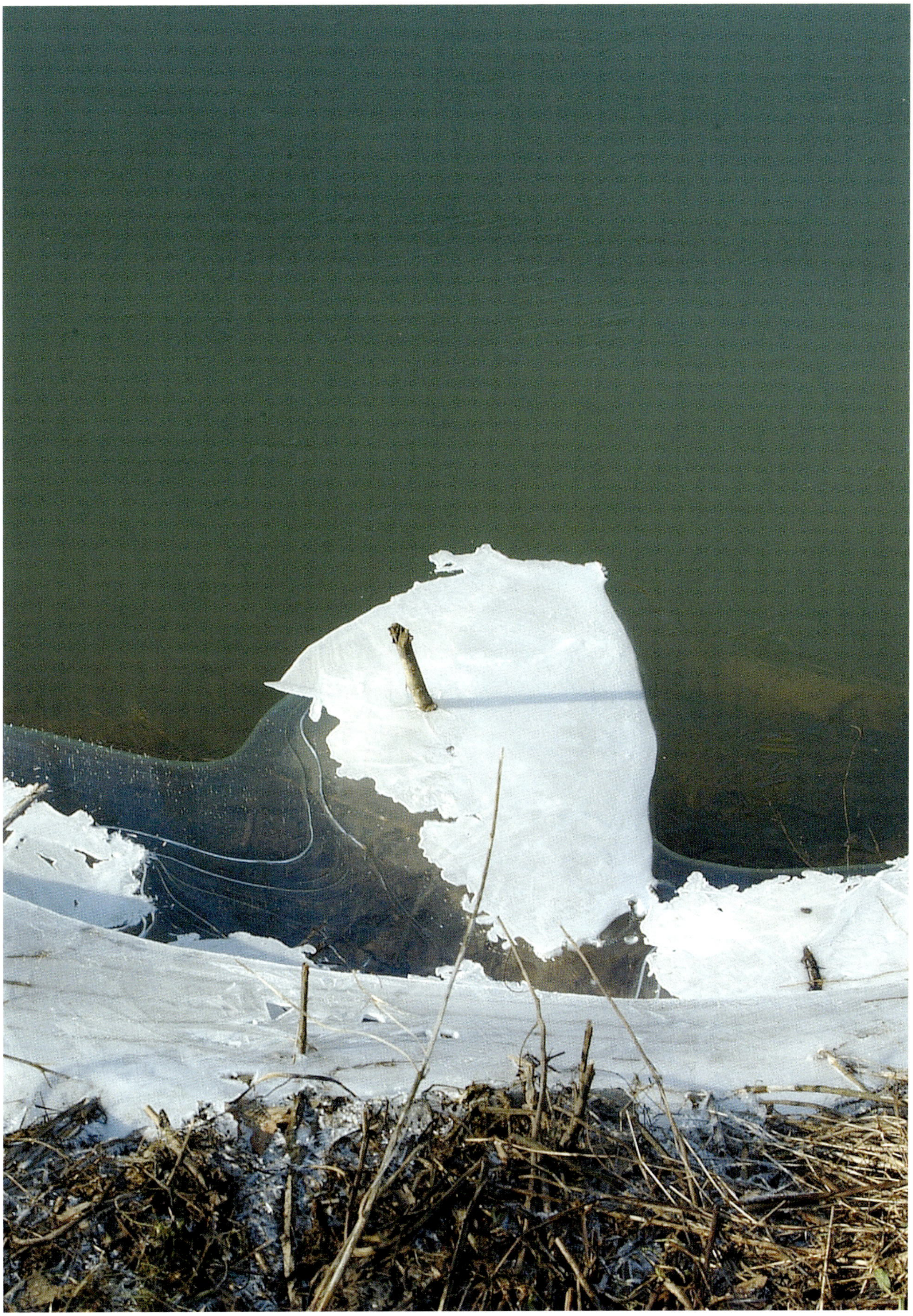

SICHERUNG DER

WASSERGÜTE

HERKENRATHER MÜHLE

DIE FRÜHERE GASTSTÄTTE „HERKENRATHER MÜHLE", ORT DER VORUNTERSUCHUNGEN ZUR NÄHRSTOFFELIMINIERUNG AN DER WAHNBACHTALSPERRE

Während der Planung, Errichtung und Inbetriebnahme der Wahnbachtalsperre im Jahr 1958 konnte niemand ahnen, welche Anstrengungen einmal zur Erfüllung der damals vom Wahnbachtalsperrenverband übernommenen Verpflichtung zur Lieferung eines qualitativ hochwertigen Trinkwassers notwendig werden. Doch schon bald musste man erkennen, dass insbesondere durch die intensive landwirtschaftliche Düngung und Nutzung der Flächen und die Abläufe aus den Siedlungen des Einzugsgebietes das in der Wahnbachtalsperre zur Trinkwassergewinnung gespeicherte Wasser Massenentwicklungen von Algen, in Fachkreisen als Vorgang der Eutrophierung bezeichnet, ausgesetzt ist.

Die Ursachen der Eutrophierung in der Wahnbachtalsperre, die Herkunft der sie auslösenden Nährstoffeinträge und deren Auswirkungen auf die Aufbereitungsprozesse sind beim Wahnbachtalsperrenverband seit den 60er Jahren in langjähriger Forschungs- und Entwicklungsarbeit untersucht worden. Mit der Entwicklung eines technisch ausgereiften Verfahrens und dessen praktischer Umsetzung in einer Anlage mit besonders großer Leistung wurde beim Wahnbachtalsperrenverband technisch-wissenschaftliches Neuland betreten. Hier liegt das besondere Verdienst seines damaligen Leiters des Betriebes und der Laboratorien, Herrn Professor Dr. Dr. h.c. Heinz Bernhardt, der allzu früh am 12. Januar 1996 verstorben ist.

Die hierzu entwickelten und jeweils über mehrere Jahre betriebenen Versuchsanlagen mit Durchsatzleistungen von zunächst 1 m^3/h und anschließend 50 m^3/h wurden im unmittelbar vor der Mündung des Wahnbaches in das Vorbecken der Wahnbachtalsperre befindlichen Gebäude des bisherigen Ausflugslokals „Herkenrather Mühle" errichtet. Die Gaststätte und die etwa 100 m oberhalb am Wahnbach gelegene Getreidemühle in Verbindung mit einem landwirtschaftlichen Betrieb wurden bald nach Inbetriebnahme der Wahnbachtalsperre vom Verband erworben.

Das Gebäude der Gaststätte bot durch den vorbei fließenden Wahnbach sowie ohne nennenswerte Umbau- und Ergänzungsmaßnahmen die Voraussetzungen zur Entnahme des zu behandelnden Wassers. Strom- und Trinkwasseranschluss sowie ausreichende Fläche und Raumhöhe zur Aufstellung der bis zu 8 m hohen Versuchsfilter waren vorhanden.

Die unmittelbare Lage des Gebäudes am Wahnbach hatte jedoch auch ihre Nachteile. Mehrmals im Jahr setzte Hochwasser das Kellergeschoss unter Wasser. Die Überschwemmung führte jeweils zum Ausfall der im Keller installierten, mit Koks befeuerten Zentralheizung für das Erdgeschoss. Es dauerte oft recht lange, bis der Koks wieder einigermaßen abgetrocknet und verfeuerbar war. Qualm zog durch das ganze Gebäude. In der Zwischenzeit mussten sich die mit dem Betrieb der Versuchsanlagen betrauten Mitarbeiter mit kleinen elektrischen Heizlüftern und warmer Kleidung behelfen.

Ferner trieb das Hochwasser Mäuse und auch Ratten in das höher gelegene Erdgeschoss. Die hier zum Auffangen von im Wahnbach bei Schäden und Unfällen mit wassergefährdenden Stoffen im Einzugsgebiet antreibendem Öl lagernden Strohballen bildeten für die Nagetiere einen bevorzugten Aufenthaltsort. Nicht selten blickten die Mitarbeiter des Verbandes aus den zahlreichen Löchern in Fußboden und Wänden zwei erschrockene Augen an oder man sah beim Betreten des Gebäudes die kleinen Nager gerade noch in den Löchern verschwinden. Mit der Zeit wurde diese Plage allerdings durch ausgelegte Giftköder eingedämmt.

Zeitweilig wohnten im Obergeschoss des Gebäudes auch Mitarbeiter des Wahnbachtalsperrenverbandes. So lebte Herr Werner Morgenschweis, im Chemischen Laboratorium des Verbandes tätig, mit seiner Familie in den Räumen des ersten Obergeschosses bis zum Einzug in die Dienstwohnung nach Inbetriebnahme der Trinkwasseraufbereitungsanlage Sankt Augustin-Meindorf des Grundwasserwerkes Untere Sieg. Als Nachmieter bezog Hans Jakobsen, Mitarbeiter der Rohrnetzabteilung, mit seiner Familie vorübergehend das erste Obergeschoss.

ANBEI EIN GRUSS VON WALDI!

Mit dem Aufenthalt dieser Familien im Gebäude verbinden sich amüsante Erinnerungen:

Eines Tages wurde Herr Morgenschweis „glücklicher" Betreuer eines Dackels, der in der Ferienzeit auf dem Parkplatz vor dem Gebäude wahrscheinlich von seinem Besitzer ausgesetzt worden war. Die Familie Morgenschweis nahm sich seiner an und taufte ihn auf den Namen Waldi. Waldi fühlte sich wohl und nahm bald von der Herkenrather Mühle Besitz. Er erklärte unter anderem auch das Erdgeschoss mit den Versuchsanlagen zu seinem Reich und hielt sich dort bevorzugt beim Mitarbeiter Willi Schmitz auf. Es kam, wie es kommen musste und sehr zum Leidwesen von Willi Schmitz „verminte" Waldi „sein Reich". Willi Schmitz sammelte 3 Prachtstücke dieser „Minen" in einem Pappkarton, versah sie mit dem Begleittext „Anbei ein Gruß von Waldi" und übergab den Karton samt Inhalt dem damaligen Wasserprobennehmer Günter Schmitz, auch „Schmitze Grön" genannt, zum Transport in das Chemische Laboratorium zur Übergabe an Herrn Morgenschweis.

Im Chemischen Laboratorium war gerade Pause und man aß zu Mittag, als „Schmitze Grön" seine „Post" bei Herrn Morgenschweis ablieferte. Dieser unterbrach sein Mittagessen und öffnete das Paket. Nach einem zunächst ungläubigen Staunen grinste er und es entfuhr ihm die dann häufig und gern benutzte Bezeichnung „der Saustriegel". Ob damit nun der Kollege Willi Schmitz aus der Versuchsanlage oder Dackel Waldi gemeint waren, blieb offen. Unter dem Gelächter der anderen Kollegen setzte Morgenschweis dann sein Mittagessen fort.

Das 2. Obergeschoss bewohnte der in der Grunderwerbsabteilung tätige Herr Ritter mit seiner Frau. Nach deren Auszug zog Walfried Burkowski vom Personal der Versuchsanlagen in diese Wohnung.

Jeweils ein Raum im 1. und 2. Obergeschoss standen noch für Versuchszwecke zur Verfügung.

ERSTE VERSUCHSANLAGE

Die zuerst errichtete Versuchsanlage mit einer Durchsatzleistung von 1 m³/h befand sich im Erdgeschoss. Aufbau und Aufgaben der Anlage, Versuchsdurchführung und Ergebnisse sind in umfangreichen Forschungsberichten dokumentiert. Auf sie wird hier nicht eingegangen.

Im Betrieb der Anlage galt es, die im Verlauf eines Jahres im Wahnbach auftretenden, sich in ihren Eigenschaften stark unterscheidenden und häufig wechselnden Rohwasserarten wie zum Beispiel

- Sommerwasser, mit Plankton angereichert, jedoch trübstoffarm, oder mit Plankton angereichert und trübstoffreich, oder planktonarm, jedoch stark mit anorganischen Trübstoffen durch Erosionsprozesse im Einzugsgebiet bei Hochwasser angereichert,

- Winterwasser, ohne Plankton und mit geringem Trübstoffanteil sowie ohne Plankton, jedoch mit hohen Trübstoffkonzentrationen,

in der Versuchsanlage zu behandeln und dazu jeweils möglichst schnell die optimalen Flockungs- und Filtrationsbedingungen zu ermitteln.

Für einen einigermaßen stabilen und damit im Rahmen der Versuche auswertbaren Betrieb war darauf zu achten, dass während einer Versuchsphase eine möglichst durchgehend gleich bleibende Wasserqualität gegeben war. Oftmals musste ein Versuch kurzfristig abgebrochen werden, da binnen einer Stunde infolge Dauer- oder Starkregen vollkommen andere Wassergütebedingungen auftraten. Andererseits konnte es auch passieren, dass bestimmte Hochwasser-Bedingungen, auf deren Eintritt schon seit längerer Zeit zur abschließenden Beurteilung einer Versuchsreihe gewartet wurde, gerade am Wochenende oder gar an hohen Feiertagen, wie Weihnachten, Ostern oder Pfingsten, eintraten. Dann hieß es zum Leidwesen der Mitarbeiter Helmuth Schell oder Willi Schmitz: „Ab an die Front", um die Versuchsanlage rund um die Uhr zu betreiben.

Um einen möglichst den tatsächlichen Bedingungen entsprechenden Versuchsbetrieb zu gewährleisten, wurde das zu behandelnde Rohwasser mit einer

Teilansicht der zweiten Versuchsanlage in der früheren Gaststätte Herkenrather Mühle.

Kolbenpumpe aus dem Vorbecken der Wahnbachtalsperre entnommen und über eine im ursprünglichen Wahnbachbett auf größerer Länge verlegte Schlauchleitung der Versuchsanlage zugeführt. Häufig führten Ausscheidungen von Luftblasen an verschiedenen Stellen zum Auftrieb der Leitung. Sie schwamm also dadurch auf der Wasseroberfläche, die der Pumpe zufließende Wassersäule riss ab und damit wurde die Förderung unterbrochen. Der Diensthabende musste dann mit dem Schlauchboot den Wahnbach hinab bis in das Vorbecken paddeln und die aufgetriebenen Leitungsabschnitte durch Beschweren mit Steinen wieder unter Wasser befördern. Besonders in den Wintermonaten bei eiskaltem Wasser war dies kein Vergnügen!

ZWEITE VERSUCHSANLAGE

Die Versuche in der Anlage mit einer Durchsatzleistung von 1 m³/h wurden überwiegend von den zwei Mitarbeitern Helmuth Schell und Willi Schmitz über einen Zeitraum von etwa vier Jahren durchgeführt. Bevor sich jedoch der Verband, aufbauend auf den positiven Ergebnissen des Versuchsbetriebes, an den Bau einer technischen Großanlage mit einer geplanten Durchsatzleistung von etwa 20.000 m³/h heran wagte, wurde über den Bau und Betrieb einer weiteren aus zwei parallelen Aufbereitungsstraßen bestehenden Versuchsanlage mit einen Durchsatz von je 25 m³/h entschieden. Die beiden Aufbereitungsstraßen unterschieden sich hauptsächlich in Form und Größe der Flockerstufe (Reaktionsbehälter - Einzelheiten enthalten die Forschungsberichte).

Zur Durchführung des umfangreichen Versuchsprogramms mit der neuen Anlage musste der Personalbestand von bisher zwei auf sechs Mitarbeiter erhöht werden. Dazu wurden die Herren Manfred Berger, Walfried Burkowski, Herbert Dahm und Albrecht Zeugner auch im Hinblick auf häufige und umfangreiche Änderungen im Aufbau sowie einen zeitweiligen Betrieb der Anlagen in drei Schichten eingeteilt.

VIERBEINIGER MITARBEITER „SIRK VON DER ARPEN"

Eine ergänzende Personalaufstockung erfolgte in Gestalt eines vierbeinigen „Mitarbeiters" und zwar eines von der Polizei ausgebildeten Schäferhund-Rüden mit Stammbaum und dem wohlklingenden Namen: Sirk von der Arpen. Der Hund wurde nach zwei Einbruchsdiebstählen zur Sicherheit der Versuchspersonen während der Spät- und Nachtschichten „eingestellt".

Ein mit der Psyche eines Vierbeiners einigermaßen Vertrauter weiß, dass ein Hund nur eine Bezugsperson als seinen Herrn und Gebieter anerkennt und allein dieser gehorcht. Üblicherweise ist das die Person, von der er sein Futter erhält. Als seine Bezugsperson erkannte Sirk von der Arpen alsbald den Mitarbeiter Willi Schmitz, der ihm sein Fressen gab und, sofern kein Schichtdienst angesagt war, ihn nach Feierabend zu sich mit nach Hause nahm. Dies galt auch während der jährlich zwei- bzw. dreiwöchigen Betriebsferien.

Der anfangs noch scharfe „Polizeihund" reagierte auf das Kommando „Halt, Polizei" sofort und sprang mit wütendem Gebell für ihn vermeintliche Kriminelle an.

Das vollständige Mitarbeiter-Team der Versuchsanlage bis auf den Betriebsleiter Helmuth Schell von links: Manfred Berger, Sirk von der Arken, Willi Schmitz, Herbert Dahm, Albrecht Zengner.

Die gleiche Reaktion löste jeweils das Betätigen der Hausklingeln aus, wovon sich auch Prof. Dr. Bernhardt überzeugen musste, besonders wenn er unangemeldet die Versuchsanlage besuchte.

Der vierbeinige Mitarbeiter wurde jedoch aufgrund der vielen ihm zuteil werdenden Streicheleinheiten und der Zusatzfütterung während der Kaffee- und Mittagspausen durch bis zu sechs Personen allmählich zu einem anhänglichen und zahmen Schoßhund. Bekleidet mit weißem Kittel, ausgestattet mit Schutzbrille und Schutzhelm präsentierte sich Sirk von der Arpen stolz auf dem Dach des angebauten Wintergartens der Herkenrather Mühle als „Laborant". Sein Interesse galt zunehmend mehr dem Wildbestand in der Umgebung als der Sicherheit seiner sechs Kollegen in der Versuchsanlage. So konnte es passieren, dass Sirk von der Arpen dank seiner ausgezeichneten Sehschärfe am Waldrand äsende Rehe ausmachte und in deren Richtung losraste. Alle Rückrufe verhallten zwecklos.

Dann hieß das Kommando für die Versuchsmannschaft: „Ausrücken und Hund suchen!". Nicht selten wurde die Suche ergebnislos abgebrochen, um dann anschließend festzustellen, dass der Hund längst im Büro der Anlage hinter dem warmen Ofen lag!

Einmal war Sirk von der Arpen seinem Herrn Willi Schmitz während eines Spazierganges am Freitagabend entlaufen und blieb auch an den folgenden Tagen Samstag bis einschließlich Montag trotz verzweifelter Suche unauffindbar. Als letzte Möglichkeit suchte Willi Schmitz den damals bekannten und nicht allzu weit entfernt wohnenden Hellseher Giebel auf. Nach dessen ausführlicher Ortsbeschreibung konnte Sirk sodann tatsächlich von seinem Herrn auf einem Bauernhof in einiger Entfernung vor der Hütte einer „heißen" Schäferhündin aufgespürt werden.

GOURMET-LOKAL VERSUCHSANLAGE

Die Herkenrather Mühle war zwar ehemals ein Ausfluglokal mit dem Ziel, hier nicht nur den Durst sondern auch den Hunger zu stillen. Letztere Möglichkeit musste jedoch vom Bedienungspersonal der Versuchsanlage neu geschaffen werden. Da verdiente sich Walfried Burkowski dank seiner ausgezeichneten Koch- und Bratkenntnisse viel Lob und trug damit außerordentlich zur Bereicherung der Speisekarte seiner Kollegen bei. Unvergessen ist sein Gulasch. Aber auch die Kreationen der anderen Kollegen, bestehend aus Puttes, Erbsensuppe, Kaninchenbraten mit Rotwein, Rheinischem Sauerbraten, gekochten Schweinefüßchen, frischer Bratwurst u.a.m., waren viel beachtete Schmankerl.

Eine Zeit lang erfreuten sich Spiegeleier mit Schinken zum Frühstück größter Beliebtheit. Hierfür stand eine große Pfanne zur Verfügung, in der gleich für mehrere Kollegen Spiegeleier gebraten werden konnten. Nach der Brataktion wurde die Pfanne auf dem unteren Teil eines Regales abgestellt. Hier geschah es einmal, dass unser Sirk von der Arpen sich der noch etwas warmen und köstlich nach Gebratenem duftenden Pfanne bemächtigte und sie gründlich ausleckte. Wenige Minuten später kam der letzte Kollege zum Frühstück, roch noch den Duft der gebratenen Eier mit Speck, bekam ebenfalls Appetit darauf und schlug sich sofort drei Eier in die vom Hund gesäuberte Pfanne. Auch ihm hat das Frühstück natürlich köstlich gemundet und ist ihm selbstverständlich gut bekommen. Über den Grund der Heiterkeitsausbrüche der Kollegen während der Einnahme seines Frühstücks wurde er erst anschließend aufgeklärt. Er nahm es mit Humor. Die Pfanne wurde aber daraufhin an einem anderen Ort und für den Hund unerreichbar deponiert.

LUNGENTESTGERÄT

Das Wirken der Mannschaft in der Versuchsanlage bestand allerdings bei weitem nicht nur aus den lustigen Späßen untereinander und gegenüber Besuchern. Die isolierte Tätigkeit sowie die Erst- und Einmaligkeit der bei den Vorarbeiten für die großtechnische Nährstoff-(Phosphor-)Elimierungsanlage (PEA) zu lösenden Aufgabe verlangte Ideenreichtum und ein hohes Maß an Improvisationsvermögen. Ein Beispiel dafür bildet das nachstehend im Bild gezeigte und in Versform beschriebene „Lungentestgerät", mit dem die Mitarbeiter der Versuchsanlage unvorbereitete und ahnungslose Besucher zu Höchstleistungen beim „Pusten" in das schräg vorstehende Röhrchen animierten, das auf dem Kästchen montierte kleine Windrad „bei 0,78 bar Luftdruck" vergeblich in Bewegung zu setzen, sich dafür aber aus dem dahinter senkrecht aufgesetzten Röhrchen mit einer schwarzen Wolke aus äußerst schwer von Gesicht und Hals zu entfernendem Aktivkohlepulver einzunebeln.

Hellmuth Schell

So mancher ist daher gekommen,
hat´s Kästchen in die Hand genommen.
Man hat´s gedreht und angeschaut,
und fest auf Kraft und Luft gebaut.
Trotz kräftiger Farbe im Gesicht,
allein das Rädchen dreht sich nicht.
Schwarz geärgert, wenig Kraft,
den Lungentest nicht mal geschafft.
Erkenntnis ist beim armen Wicht,
nun ist er schwarz in dem Gesicht.
Die PEA, das Versuchslabor,
sie brachte Neues stehts hervor,
was man gemeinsam dort ersann,
ein Glück das man auch lachen kann.

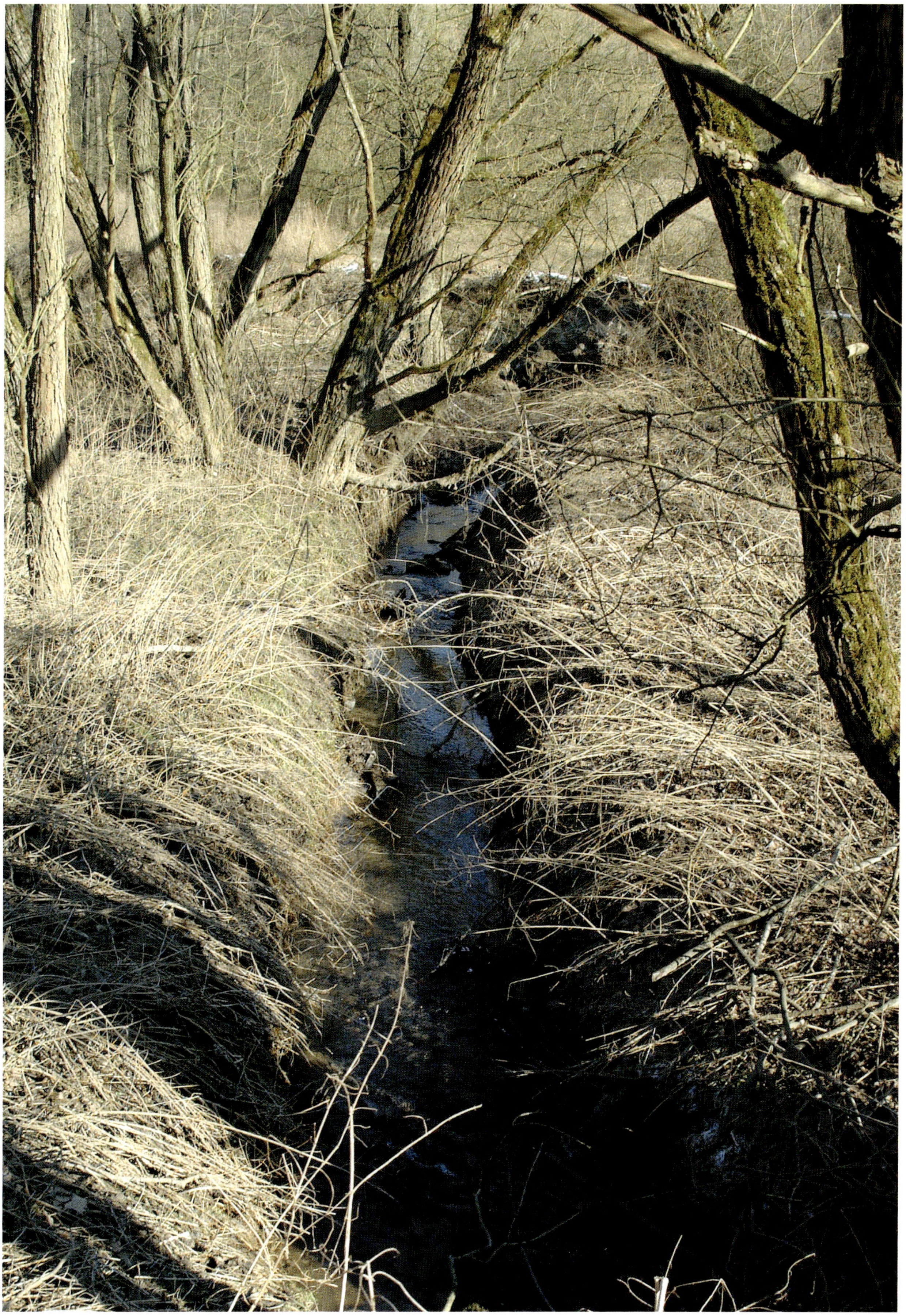

Professor Dr. phil. Dr. h.c.
Heinz Bernhardt

EIN BERUFSLEBEN FÜR DIE GÜTE UND AUFBEREITUNG VON TALSPERRENWASSER

Geboren am 20. April 1929 in Dresden, nach der Reifeprüfung 1947 an der Oberschule in Falkenstein/Vogtland, von 1948 bis 1957 Chemiestudium in Marburg mit Abschluss als Diplom-Chemiker und Promotion begann Dr. Heinz Bernhardt am 1. Juni 1957 seine berufliche Tätigkeit als Betriebsleiter der Trinkwasseraufbereitung beim Wahnbachtalsperrenverband.

Zur Erweiterung seiner wasserchemischen Kenntnisse, zur Einarbeitung in die Technologie der Trinkwasseraufbereitung aus Talsperrenwasser sowie zur Einrichtung und für den Betrieb eines Laboratoriums zur Untersuchung und Überwachung der Wassergüte nutzte Bernhardt Studienaufenthalte bei der Firma Wabag-Wasserreinigungsbau, Kulmbach, in den Trinkwasseraufbereitungsanlagen an der Söse-Talsperre der Harzwasserwerke des Landes Niedersachsen und in Roetgen im Wasserwerk des Landkreises Aachen.

Nach Inbetriebnahme der Wahnbachtalsperre und Aufnahme der Trinkwasserversorgung durch den Wahnbachtalsperrenverband im Jahr 1958 erstreckten sich Bernhardts Arbeitsgebiete auf die Wassergewinnung, Wasseraufbereitung, Wasseruntersuchung und –überwachung sowie die Wasserverteilung.

Die Zeiten der weltweiten Kernwaffenversuche gaben den Anstoß für die Entwicklung aufbereitungstechnischer Maßnahmen zur Eliminierung radioaktiver Substanzen aus dem Talsperrenwasser.

Mit diesen Untersuchungen legte Prof. Dr. Bernhardt den Grundstein für den erfolgreichen Aufbau der Forschungs- und Entwicklungsabteilung beim Wahnbachtalsperrenverband.

Die in den 60er Jahren rasant fortschreitende Eutrophierung der Wahnbachtalsperre aufgrund der Belastung besonders mit Phosphornährstoffen aus dem verhältnismäßig dicht besiedelten und intensiv landwirtschaftlich genutzten Einzugsgebiet bildete einen neuen Schwerpunkt seiner wissenschaftlich-technischen Arbeit. Die Bekämpfung der schädlichen Folgen der Nährstoffbelastung veranlasste ihn zur Entwicklung der Tiefenwasserbelüftung stehender Gewässer nach dem „System Wahnbachtalsperre".

Die wachsende Belastung des Talsperrenwassers mit Algen und Plankton regten ihn zur Identifizierung und Ermittlung algenbürtiger organischer Substanzen in stehenden Gewässern und damit zur Entwicklung und Optimierung von Flockungs- und Filtrationsverfahren zu deren Eliminierung aus Talsperrenwässern an.

Die langjährigen Vorarbeiten, die Planung und Inbetriebnahme der Phosphor-Eliminierungsanlage an der Einmündung des Wahnbaches in die Vorsperre verschafften ihm mit Lösung der Wassergüteprobleme in der Wahnbachtalsperre nationale und internationale Anerkennung.

Diese Anerkennung führte dazu, dass Prof. Dr. Bernhardt in zahlreiche deutsche, europäische und internationale Arbeits- und Beratungsgremien auf den Gebieten der Gewinnung und Aufbereitung von Trinkwasser und zum Schutz der Gewässer vor Verunreinigungen berufen wurde. Er wirkte als Projektleiter bei umfangreichen Forschungsvorhaben und als langjähriges Mitglied in der Trinkwasserkommission des Bundesgesundheitsamtes bei der Neufassung der Trinkwasserverordnung mit. Prof. Bernhardt war als Gutachter der Bundesregierung und der Weltgesundheitsorganisation der UN bei der Bewältigung von Trinkwasserproblemen in verschiedenen Ländern der Erde tätig.

Das interdisziplinäre Zusammenwirken von Ingenieurwissenschaften, Chemie, Biologie, Physik und weiteren Fachdisziplinen entwickelte er seit 1971 als Mitbegründer und wissenschaftlicher Leiter der Arbeitsgemeinschaft Trinkwassertalsperren e.V. (ATT), in der rund 40 Talsperrenbetriebe und -verwaltungen, Wasserversorgungsunternehmen, Wasserverbände und wissenschaftliche Institute in Deutschland, Luxemburg und den Niederlanden ihre Erfahrungen und Erkenntnisse bei Bewirtschaftung, Betrieb und Unterhaltung von etwa 70 Talsperren und Speicherbecken zur Trinkwasserversorgung austauschen.

Prof. Dr. Heinz Bernhardt - der Steuermann.

Obwohl Prof. Dr. Bernhardt nicht als hauptberuflicher Hochschullehrer tätig gewesen ist, hat er schon frühzeitig auch der Ausbildung des wissenschaftlichen Nachwuchses große Aufmerksamkeit gewidmet. Seit 1968 an der Rheinisch-Westfälischen Technischen Hochschule Aachen mit einem Lehrauftrag über Wassergütewirtschaft betraut, wurde er 1973 zum Honorarprofessor dieser Hochschule ernannt. Ab 1987 kam ein weiterer Lehrauftrag über Wasseraufbereitung an der Gerhard-Mercator-Universität Duisburg hinzu. Am 1. Juni 1995 verlieh ihm zum ersten Mal nach der demokratischen Hochschulerneuerung die Fakultät Forst-, Geo- und Hydrowissenschaften der Technischen Universität seiner Heimatstadt Dresden die Ehrendoktorwürde „in Anerkennung hervorragender Leistungen auf dem Gebiet der Wasserforschung und des Gewässerschutzes, der Überführung der Forschungsergebnisse in die Praxis, bei der Entwicklung innovativer Wasserbehandlungsverfahren, der Durchsetzung neuer Gewässerschutzstrategien sowie bei der Hochschulerneuerung in der Fachrichtung Wasserwesen".

Sein berufliches Wirken ist nicht zu trennen von seiner umfassenden ehrenamtlichen Tätigkeit in nationalen und internationalen Institutionen des Wasserfaches, wie seine 30-jährige Obmannschaft im Hauptausschuss Wassergüte und –aufbereitung sowie zahlreichen Fachausschüssen und Arbeitskreisen des Deutschen Vereins des Gas- und Wasserfaches e.V., der International Water Supply Association, der Fachgruppe Wasserchemie in der Gesellschaft Deutscher Chemiker, als wissenschaftlicher Herausgeber des Journal of Water Supply Ressource and Technology AQUA.

MIT EINEM BLICK in diese Röhre, in der eine Wassersäule von sechs Meter Höhe durchleuchtet wird, kann Chefchemiker Dr. Bernhard eventuelle Trübungen sofort feststellen.

Von großer Bedeutung ist auch sein Engagement für die Übertragung wissenschaftlicher Erkenntnisse in die politischen Entscheidungsprozesse. Hier ist vor allem auf die Erarbeitung der viel beachteten, auch als Buch erschienenen Studie „Phosphor - Wege und Verbleib in der Bundesrepublik Deutschland" zu nennen, der wenig später die Untersuchung über die aquatische Umweltverträglichkeit von NTA als Phosphorersatz in Waschmitteln folgte. Diese beiden Studien bildeten die wissenschaftliche Grundlage für die Waschmittelgesetzgebung und die Verordnungen der Bundesregierung, mit denen die Gewässerbelastung durch Phosphate an der Quelle, d.h. bei der Herstellung P-haltiger Produkte, eingeschränkt wurde.

Sein Wirken fand auch durch Verleihung des Bundesverdienstkreuzes 1. Klasse Anerkennung.

Die wissenschaftlich-technischen Ergebnisse seiner vielfältigen Arbeiten sind in mehr als 250 Veröffentlichungen in deutschen und internationalen Zeitschriften, Büchern und Tagungsberichten erschienen.

Im Mai 1994, aus Anlass seines 65. Geburtstages und zu seinem Ausscheiden aus dem Wahnbachtalsperrenverband, wurden die Verdienste von Prof. Dr. Bernhardt auf einer vom Wahnbachtalsperrenverband veranstalteten Technisch-wissenschaftlichen Tagung mit dem Thema „Probleme der Trinkwasserversorgung aus Talsperren" mit über 170 Teilnehmern gewürdigt.

Auch nach seiner Pensionierung blieb Prof. Dr. Bernhardt dem Wahnbachtalsperrenverband durch Beratung, Forschung und Entwicklung weiter eng verbunden. So hat er noch maßgeblich die Entwicklung und Einführung zukunftsweisender Wasseraufbereitungsverfahren vorangetrieben, die in der neuen Trinkwasseraufbereitungsanlage Siegburg-Siegelsknippen eingesetzt sind.

Am 12. Januar 1996 wurde vor Vollendung des 67. Lebensjahres Prof. Dr. Dr. h.c. Heinz Bernhardt plötzlich und unerwartet mitten aus seiner rastlosen und aufopferungsvollen Arbeit gerissen. Das deutsche und internationale Wasserfach hat damit einen begnadeten Wissenschaftler und überragenden Fachmann verloren. Alle, denen Gelegenheit gegeben war, mit ihm zusammenzuarbeiten und von ihm zu lernen, gedenken seiner in Dankbarkeit und Respekt vor einem ungewöhnlichen Lehrer, erfolgreichen Berater, verehrten Kollegen und guten Freund, der in nahezu 40 Jahren den Aufbau und die Entwicklung des Wahnbachtalsperrenverbandes mit geprägt hat.

Wir werden ihm ein ehrendes Andenken bewahren!

Wahnbachtalsperre hat noch immer große Wasserreserven

Sommerregen kann sie nicht füllen — Klare Berechnung: Wasser reicht

VON MARGARETA MÜLLER

Siegburg. "Wenn jemand glaubt, daß so ein paar kleine sommerliche Regengüsse genügen, um die Talsperre anschwellen zu lassen, ist das natürlich übertriebener Optimismus. Aber wir haben nach ganz klaren Berechnungen auch keinen Anlaß zur Besorgnis", erklärt Oberbaudirektor Kiel, Geschäftsführer des Wahnbachtalsperrenverbandes. "Diese Talsperre ist mit ihrem Fassungsvermögen von 43 Millionen cbm so berechnet, daß sie für ihr Versorgungsgebiet die in unseren klimatischen Verhältnissen höchstens zwei Jahre andauernde Trockenperiode überdauern kann. Noch haben wir mehr als 20 Millionen Kubikmeter Wasser in der Talsperre."

Ich erfahre von dem Geschäftsführer des Verbandes, der als einer der bewährtesten Wasserwirtschaftler in unserem Land gilt, daß man zwar in anderen Ländern — beispielsweise in Kalifornien — Trockenperioden kennt, die 18 Jahre andauern. Bei uns jedoch sei noch nie eine Trockenperiode beobachtet worden, die länger als zwei Jahre angedauert habe. Deshalb könne man — selbst wenn dieser Sommer genauso trocken würde wie sein Vorgänger — ohne jede Besorgnis in die Zukunft schauen und dürfe vom nächsten Winter den nötigen Wassernachschub erwarten.

Gegen Zwangsbewirtschaftung

Etwa 30 000 Kubikmeter Trinkwasser und ebenso viel Brauchwasser werden täglich von der Wahnbachtalsperre im Durchschnitt abgegeben, also je eine knappe Million im Monat. Rund 30 000 Kubikmeter fließen bisher durchschnittlich pro Tag zu. Bis zum Abschluß des Wasserwirtschaftsjahres am 31. 10. 1960, also im Verlaufe von fünf Monaten, werden rund 10 Millionen Wasser entnommen. Das würde — den Zufluß von durchschnittlich einer Million monatlich nicht eingerechnet — immer noch eine Wasserreserve von 10 Millionen bis zum Schluß des Wasserwirtschaftsjahres belassen. Es liegt also nach Aussage von Oberbaudirektor Kiel kein Grund für eine Zwangsbewirtschaftung von Wasser vor, die die Menschen nur beunruhigt und oft gerade das Gegenteil, nämlich ein Vergeuden des Wassers, bewirkt.

Tägliche Analysen

Ich habe noch eine Frage auf dem Herzen, und zwar die nach dem Chlor- und Kalkgehalt des Wassers, weil ich gelegentlich von Siegburgern und vor allem von Einwohnern der Bundeshauptstadt höre, das Wasser sei in letzter Zeit ungewöhnlich chlorhaltig. "Das ist völlig ausgeschlossen", sagt Oberbaudirektor Kiel, "denn das Wasser wird laufend überwacht. Täglich werden in dem Laboratorium der Wasseraufbereitungsanlage, durch die alles Trinkwasser geht, genaue chemische und biologische Untersuchungen angestellt. Selbst das Rohwasser der Talsperre und ihrer einzelnen Zuflüsse wird fortlaufend analysiert."

"Unsere Wasseruntersuchungen gehen so weit, daß wir das Wasser sogar auf Radioaktivität prüfen. Aber sehen Sie sich das selbst an und sprechen Sie mit dem Leiter der Aufbereitungsanlage und seinen Chemikern." Das ließ ich mir nicht zweimal sagen. Drei Laboranten, ein Filtermeister mit einer Spezialausbildung für seinen verantwortungsvollen Beruf und sechs Filterwärter stehen dem Leiter der Aufbereitungsanlage, Diplom-Chemiker Dr. Bernhard, zur Verfügung. Ich bin Zeuge einer Wasseranalyse, lese an der Skala des Untersuchungsgerätes den Chlorgehalt ab: 0, 0001 Gramm pro Liter, das ist ein Milligramm pro Liter. Bis 1,5 Milligramm ist der normale Chlorgehalt im Trinkwasser. "Diese Menge ist so gering, daß sie geschmacklich nicht wahrnehmbar ist. An der Uebergabestelle in der Gronau in Bonn wird das Wasser fortlaufend vom Hygiene-Institut Bonn überprüft und hat noch nie einen höheren Chlor- oder Kalkgehalt ergeben", sagt Dr. Bernhard. Er kann sich Geschmacksbeeinträchtigungen des Wassers nur durch Leitungen erklären. "Ich habe Kritiker schon oft aufgefordert, uns Wasserproben zur Untersuchung zu schicken, damit wir feststellen können, woran es liegt. Aber bisher hat mir noch niemand eine Probe geschickt." Dr. Bernhard führt mich vor die große Schalttafel im Erdgeschoß der Aufbereitungsanlage. Tag und Nacht wird hier durch eine vollautomatische Anlage der Chlorgehalt des Wassers überprüft und durch einen Diagraph aufgezeichnet, so daß der Chlorgehalt zu jeder Tages- und Nachtzeit genau festliegt. Mit Befriedigung stelle ich fest, daß "meine" Analyse mit dem Ergebnis übereinstimmt, das hier automatisch aufgezeichnet wird.

Diplom-Chemiker Dr. Bernhard: "Tag und Nacht wird das Wasser fortlaufend untersucht. Die Kontrollanalysen macht das Hygieneinstitut Bonn."

PHOSPHOR-ELIMINIERUNGSANLAGE
AM VORBECKEN DER WAHNBACHTALSPERRE

BELASTUNGEN AUS DEM EINZUGSGEBIET

Das Einzugsgebiet der Wahnbachtalsperre gehört zur Ballungsrandzone des Rheintales und ist verhältnismäßig dicht besiedelt. In mehr als 100 verstreut liegenden Ortschaften, den für das Bergische Land typischen Streusiedlungen, leben rund 13.000 Einwohner. Einen Eindruck von der Zahl der im Einzugsgebiet lebenden Menschen vermittelt der sich an Werktagen früh auf der Bundesstraße 56 und der Stadtumgehung Siegburg aus Richtung Much und Neunkirchen-Seelscheid langsam in Richtung Autobahnen bewegende Strom der zur Arbeit strebenden Autofahrer, der sich sodann nach Arbeitsschluss am späten Nachmittag wieder in die Gegenrichtung bewegt. Bis in die 80er Jahre waren nur die Einwohner der drei Kernortschaften Much, Neunkirchen und Seelscheid an eine Kanalisation und Kläranlage angeschlossen. In den übrigen Ortschaften entwässerten die Wohngebäude über Kleinkläranlagen mit wegen der gering durchlässigen Bodendeckschichten sehr bald versagender Untergrundverrieselung in die Zuflüsse zur Wahnbachtalsperre.

Infolge der im Vergleich zu anderen Talsperren verhältnismäßig niedrigen Lage am Rand des Rheinischen Schiefergebirges sind besonders im unteren und mittleren Einzugsgebiet der Wahnbachtalsperre die Voraussetzungen für eine landwirtschaftliche Nutzung verhältnismäßig günstig. Daher spielte in den 60er und 70er Jahren der Ackerbau, der sich heute noch auf die Umgebung vom Stausee konzentriert, neben der Grünlandnutzung eine wesentliche Rolle. Der die Ackerkrume bildende Löss und Lösslehm sowie die durch Verwitterung der Grauwacken und Tonsteine des devonischen Grundgebirges entstandenen Lehm- und Tonböden sind sehr kalkarm und unterliegen der Auswaschung.

Begünstigt von der starken Hängigkeit des Geländes und der geringen Entfernung der landwirtschaftlichen Nutzflächen zu den häufig sehr steil eingeschnittenen Bächen (Siefen) werden besonders bei Starkniederschlägen die ausgebrachten Dung- und Nährstoffe abgeschwemmt. Diese Situation wird durch die schlauchartige Form des Einzugsgebietes und die hierdurch bedingten kurzen Fließwege zu den Gewässern und zum Stausee besonders gefördert. Folgen der Besiedlung und landwirtschaftlichen Nutzung waren und sind ein erheblicher Eintrag von Nährstoffen, besonders in Form von Phosphor, in die Zuflüsse zur Wahnbachtalsperre.

Unterer Wahnbachstausee mit dem Müncheberg als Gewinnungsstätte für das Dammschüttmaterial.

Seit Inbetriebnahme der Wahnbachtalsperre wurden die physikalischen, chemischen und biologischen Verhältnisse im Stausee sorgfältig verfolgt. Es zeigte sich ein laufender Anstieg besonders der Phosphorzufuhr, verbunden mit einer schnellen Steigerung der Algenentwicklung im Stausee. Dieser sich bei natürlichen Seen über lange Zeiten entwickelnde Vorgang der so genannten Eutrophierung war seinerzeit in Stauseen von Talsperren nicht bekannt. Die beim erstmaligen Auftreten von Rotfärbungen des Wassers der Wahnbachtalsperre durch Algen im Jahr 1964 begonnenen Untersuchungen über diese Erscheinungen wurden von Jahr zu Jahr verstärkt.

Als im Frühsommer 1969 massenhaft die bisher in einem solchen Ausmaß nicht beobachtete Blaualge Oscillatoria rubescens auftrat und zu einer intensiven Rot- und Braunfärbung der Oberfläche des ganzen Stausees über mehrere Monate führte, konnte der Wahnbachtalsperrenverband in einem „Entwurf für die Durchführung von Maßnahmen zur Erhaltung der Beschaffenheit des im Wahnbachstausee gespeicherten Wassers" seine Erkenntnisse über Ursachen der Eutrophierung und die Herkunft der Nährstoffe im gespeicherten Wasser darlegen. In einem Rahmenplan wurden alle zur Reinhaltung des Staugewässers notwendigen Maßnahmen, nach Zielsetzung, Reihenfolge und Wirkung aufeinander abgestimmt, zusammengefasst, um die künftige Bereitstellung von einwandfreiem Trinkwasser aus der Wahnbachtalsperre nachhaltig sicherzustellen. Das beim Verband entwickelte und seit 1964 eingesetzte Verfahren zur Belüftung des Tiefenwassers im Stausee (hypolimnische Belüftung nach dem System „Wahnbachtalsperre") konnte nur die Folgen der Eutrophierung mildern, aber nicht deren Ursachen auf Dauer bekämpfen. Neben unumgänglichen Sanierungsmaßnahmen im Einzugsgebiet durch Sammlung und Reinigung der Abwässer aus den Siedlungen sowie Einschränkung des Eintrages von Nährstoffen aus der landwirtschaftlichen Flächennutzung und Viehhaltung war eine nachhaltige Verbesserung der Wasserbeschaffenheit im Stausee und damit die Erhaltung eines wichtigen Trinkwasservorkommens nur durch Errichtung einer zentralen Anlage zur Eliminierung der mit den Zuflüssen in den Stausee transportierten Phosphornähr-, Trüb- und Wirkstoffe zu erwarten. Die wissenschaftlich-technischen Voraussetzungen dazu waren geschaffen. Der überwiegende Anteil der für die Eutrophierung des Staugewässers ausschlaggebenden Phosphornährstoffe stammt aus nicht lokalisierbaren „diffusen Quellen" von den landwirtschaftlich genutzten Flächen und würde auch bei einer vollständigen Kanalisierung aller Siedlungen im Einzugsgebiet nur zu einem geringeren Anteil auf so genannte „punktförmige Quellen", wie Einleitung von mehr oder weniger intensiv gereinigten Abwässern aus Kläranlagen und Regenwasserüberläufen aus Kanalisationen im Einzugsgebiet, entfallen.

Blick über das Wahnbachtal mit Vorsperre und Phoshor-Eliminierungsanlage nach Neunkirchen.

Vorsperre mit Einlaufbauwerk, Rohwasserförderpumpen, Betriebsgebäude und Filterhalle der Phosphor-Eliminierungsanlage.

STANDORT UND BAU DER ANLAGE

Von ihrer Aufgabe her war der Standort der Phosphor-Eliminierungsanlage in einem Seitental unterhalb vom Einlauf des Hauptzuflusses, dem Wahnbach, in die Vorsperre der Wahnbachtalsperre festgelegt. An dieser Stelle gelangen etwa 85 % aller Zuflüsse und mehr als 90 % der Nähr- und Trübstoffe in den Stausee.

Die im Zusammenhang mit der Verwirklichung des Projektes durch Erhöhung des Abschlussbauwerkes in seinen Inhalt von ursprünglich 0,45 Mio. m³ um zwei Drittel auf 0,75 Mio. m³ vergrößerte Vorsperre dient der kurzfristigen Zwischenspeicherung von Hochwasserzuläufen bei Überschreitung der Kapazität der Voraufbereitungsanlage.

Gemäß dem von der Verbandsversammlung gefassten Beschluss begannen nach Genehmigung des aufgrund der vom Verband entwickelten Aufbereitungskonzeption erarbeiteten Entwurfes 1974 die Bauarbeiten.

Die wegen ihrer hervorragenden Bedeutung für die Trinkwasserversorgung und den Gewässerschutz mit Zuschüssen des Landes Nordrhein-Westfalen in Höhe von 50 % der Baukosten geförderte Anlage wurde Ende 1977 in Betrieb genommen.

ZIELE DER VORAUFBEREITUNG

Die vorgegebenen und erreichten Ziele der Voraufbereitung sind,
- den Gehalt an gelösten und ungelösten Phosphorverbindungen im Hauptzufluss auf Werte von maximal 10 Mikrogramm je Liter zu begrenzen,
- die mineralischen Trübstoffe und ungelösten organischen Verbindungen bis auf eine sehr geringe Resttrübe zu entfernen,
- Algen und Plankton überwiegend zu entfernen,
- den Gehalt an gelösten organischen Substanzen stark herabzusetzen,
- Bakterien und Parasiten weitgehend zu entnehmen und
- das als Flockungsmittel zugesetzte Eisen bis auf geringe Restgehalte wieder zu entfernen.

Durch die weitgehende Vorbehandlung der Zuflüsse wird den Algen die Lebensgrundlage entzogen und die im Stausee produzierte Biomasse drastisch eingeschränkt. Es bilden sich nur noch wenige problematische, bei der Trinkwasseraufbereitung leichter zu entnehmende großzelligere Arten. Der Wahnbachstausee wurde aus einem nährstoffreichen (eutrophen) in einen nährstoffarmen (oligotroph-mesotrophen) Gewässerzustand zurückgeführt. Damit wurde bereits nach kurzer Zeit das gesteckte Ziel der Verbesserung der Wassergüte in der Wahnbachtalsperre erreicht. Das vorbehandelte Wasser entspricht mit Ausnahme der bakteriologischen Anforderungen bereits vor der abschließenden Aufbereitung weitgehend den Qualitätsmerkmalen für Trinkwasser, obwohl die Anlage primär auf die Entnahme von Nähr- und Trübstoffen ausgelegt und optimiert ist.

Wasserfläche der Vorsperre mit Eisschollen und Überlaufturm in die Hauptsperre.

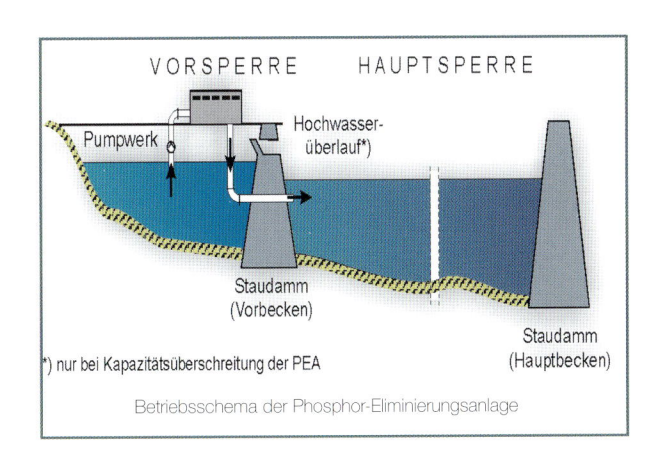

Betriebsschema der Phosphor-Eliminierungsanlage

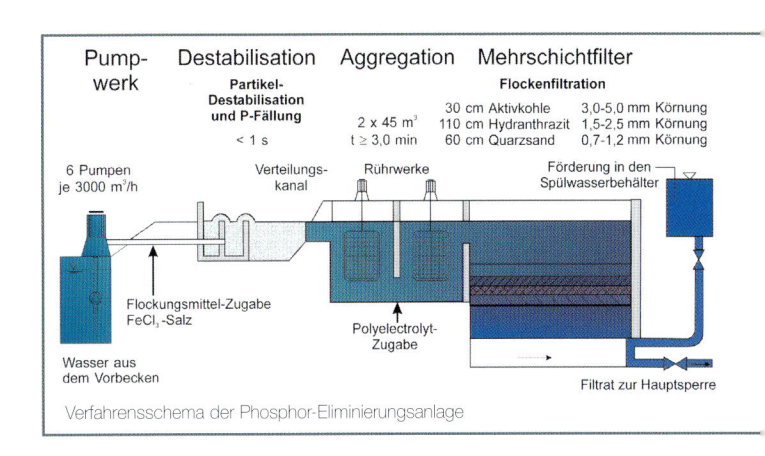

Verfahrensschema der Phosphor-Eliminierungsanlage

Die bei lang andauerndem und zuflussreichem Hochwasser im Wahnbach von der Phosphor-Eliminierungsanlage infolge Überschreitung ihrer Aufbereitungskapazität nicht erfassten Zuflussspitzen werden ebenfalls durch Zugabe von Flockungsmitteln in den Überlauf aus der gefüllten Vorsperre in die Hauptsperre behandelt (siehe Schema - unteres Bild).

Rührwerke in den Reaktionsbecken (Agregationsstufe).

DAS BEHANDLUNGSVERFAHREN

Das im nunmehr langjährigen Betrieb ständig weiter entwickelte, inzwischen automatisch und kontinuierlich ablaufende Behandlungsverfahren trägt den je nach Jahreszeit und Witterung auftretenden starken Schwankungen und kurzfristigen Änderungen in Bezug auf Menge und Eigenschaften des zufließenden Bachwassers Rechnung. Die Voraufbereitung erfolgt gemäß der schematischen Darstellung in folgenden Verfahrensschritten:

1. DESTABILISATION

Das zu behandelnde Wasser wird der Vorsperre entnommen und in einem Einlaufbauwerk am Ufer je nach Zufluss von bis zu sechs Pumpen mit einem Förderstrom von je 3.000 m³/h in ein Mischbecken mit anschließendem offenen Verteilungskanal auf die Höhe der Voraufbereitungsanlage gehoben. Unter Ausnutzung der bei der Förderung in den Pumpen erzeugten Turbulenz wird das zum Ausfällen der gelösten sowie zur Flockung der kolloidal und suspendiert vorliegenden ungelösten Phosphorverbindungen, Trübstoffe und Algen als Flockungsmittel dienende Eisensalz eingemischt. Der für den Ablauf der so genannten Destabilisationsprozesse entscheidende Flockungs-pH-Wert wird durch Zugabe von Lauge oder Säure in das Wasser exakt eingestellt.

oben: Rohwasserförderpumpen.
mitte: Überlauf einer der 6 Pumpenförderleitungen in den Verteilerkanal.
unten: Filterhalle.

2. AGGREGATION

Die nach dem ersten Verfahrensschritt mit der Einmischung des Flockungsmittels entstandenen Mikroflocken sind noch nicht abfiltrierbar, sondern müssen in einem zweiten Schritt durch gezielten Eintrag von Energie miteinander in Kontakt gebracht werden (Aggregation). Dieser Vorgang des Zusammenwachsens der Mikroflocken findet im Reaktionsbecken durch Rührwerke statt, die den in der Filterhalle untergebrachten Filterbecken vorgeschaltet sind.

3. FILTRATION

Die nunmehr fertig ausgebildeten Flocken gelangen im Wasserstrom auf die insgesamt zehn offenen, mit einer 2 m hohen Wassersäule überstauten Doppel-Schnellfilter. Das vorbehandelte Wasser verteilt sich aus einer in der Mitte der Betonbecken verlaufenden Verteilerrinne nach beiden Seiten und passiert die drei übereinander lagernden Filtermaterialien mit von oben nach unten abnehmender Korngröße. Die Flocken verschiedener Größe werden in den Zwischenräumen der Filterkörner zurückgehalten. Durch das unterschiedliche spezifische Gewicht der Filtermaterialien (Aktivkohle, Hydroanthrazit und Quarzsand - siehe Verfahrensschema) wird sichergestellt, dass durch die Rückspülung der beladenen Filter mit Luft bzw. Wasser bei hohen Geschwindigkeiten die darin angereicherten Flocken ausgetragen und keine unerwünschte Vermischung der verschiedenen Filtermaterialien stattfindet.

Jeder Filter hat eine Fläche von 120 m^2 (Gesamtfilterfläche: 10 x 120 m^2 = 1.200 m^2) und kann mit einer Filtriergeschwindigkeit von bis zu maximal 15 m^3/h, demnach also mit einer Wassermenge von bis zu 1.800 m^3/Stunde (alle 10 Filter gleichzeitig mit 18.000 m^3/h), beaufschlagt werden.

Je nach Durchsatz der Anlage und Rohwasserqualität werden Laufzeiten der Filter von minimal 6 und maximal 60 bis 80 Stunden erreicht. Dabei wird das Ende der Beschickung eines Filters entweder durch Mitreißen von Flocken in das filtrierende Wasser oder durch Verstopfung der Poren des Filterbettes erreicht.

Das unter dem Filter abfließende Filtrat, in dem der Restgehalt an Flockungsmittel sowie die Resttrübung kontinuierlich gemessen werden, wird über einen durch die Vorsperre verlaufenden geschlossenen Betonkanal in die Hauptsperre eingeleitet.

FILTER-SPÜLUNG UND SPÜLWASSER-BEHANDLUNG

Zum Spülen eines Filters sind jeweils ca. 1.000 m³ filtriertes Wasser erforderlich, das nach einer vorangegangenen Auflockerung des durch den Filtrationsprozess verdichteten Filterbettes mittels Luft innerhalb von 2 bis 3 Minuten unter einer Geschwindigkeit von 70-75 m/h durch den Filter geleitet wird.

Dem mit den Flocken angereicherten Spülwasser werden zunächst in Absetzbecken die Feststoffe entzogen und diese anschließend von Dekantier-Zentrifugen bis auf einen Trockensubstanzgehalt von etwa 35 % entwässert. Die jährlich anfallende Reststoffmenge schwankt je nach den witterungsbedingten Zuflüssen im Wahnbach (ca. 20 bis 40 Mio. m³/Jahr) zwischen etwa 2.500 und maximal 5.000 t/Jahr. Die Reststoffe gelangen aus den in einer Halle untergebrachten Zentrifugen in bereitstehende Container, in denen sie zur Weiterverwendung als Bodenhilfsstoff in eine Recyclinganlage transportiert werden.

Die zunächst in der Phosphor-Eliminierungsanlage eingesetzten Dekantier-Zentrifugen, übrigens die ersten in der Wasseraufbereitung in Deutschland, wurden inzwischen durch leistungsfähigere Aggregate ersetzt, bei denen wegen des gegenüber ihren Vorläufern größeren erreichbaren Entwässerungsgrades auf die bisherige Zugabe von Klärschlammasche zur Einstellung des für den Abtransport erforderlichen Trockensubstanzgehaltes verzichtet werden kann.

MULTI-BARRIEREN-SYSTEM

Die Phosphor-Eliminierungsanlage an der Wahnbachtalsperre ist ein wichtiges Kettenglied in dem zum Schutz und zur Sicherheit der Trinkwasserversorgung aufgebauten Multi-Barrieren-System. Es reicht von Kontrollen und Maßnahmen im Einzugsgebiet und den Zuläufen gegen mögliche Verunreinigungen, der Voraufbereitung, dem Abbau von Stoffen im Stausee, der Trinkwasseraufbereitung mit Desinfektion bis zur Überwachung des Trinkwasserverteilungsnetzes zum Verbraucher und garantiert, dass jederzeit alle Anforderungen an das Trinkwasser als das wichtigste Lebensmittel erfüllt sind

Die seit Inbetriebnahme der Phosphor-Eliminierungsanlage erreichte sehr weitgehende Verminderung der Einträge an Phosphorverbindungen P_{tot} zeigt das Diagramm.

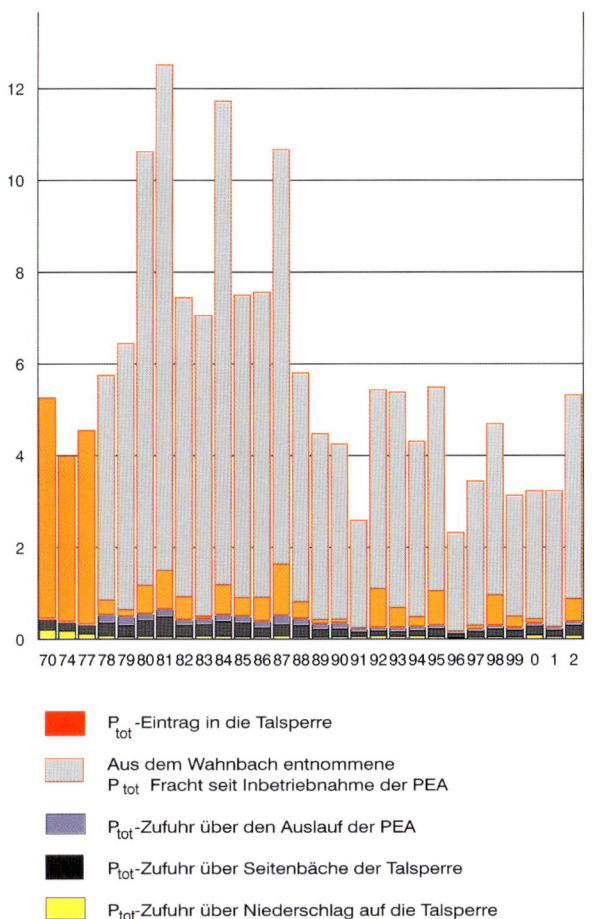

- P_{tot}-Eintrag in die Talsperre
- Aus dem Wahnbach entnommene P_{tot} Fracht seit Inbetriebnahme der PEA
- P_{tot}-Zufuhr über den Auslauf der PEA
- P_{tot}-Zufuhr über Seitenbäche der Talsperre
- P_{tot}-Zufuhr über Niederschlag auf die Talsperre

Offene Absetzbecken zum Abtrennen der Feststoffe aus dem Spülwasser.

TOP TRINKWASSERQUALITÄT – OHNE FORSCHUNG UNMÖGLICH

Die Forschung hat bereits zu Beginn der Tätigkeit des WTV als Wasserproduzent am 18. April 1958, dem Tag des ersten aus der Wahnbachtalsperre gewonnenen Trinkwassers, seinen hohen Stellenwert gehabt. Die Phrix-Werke, seinerzeit Mitbegründer und Verbandsmitglied des WTV, setzten als Kunstfaserproduzent mit Spitzentechnik in Chemie- und Verfahrenstechnik auf einen Chemiker als Betriebsleiter. Dr. Heinz Bernhardt, bereits 1957 in der Bauphase eingestellt, musste sich auf das für ihn neue Gebiet einarbeiten und hatte schnell erkannt, dass das Wissen im Wasserfach noch bei weitem nicht erforscht war.

Die neue Talsperre und das Wasserwerk auf dem Siegelsknippen boten dazu ein ausgezeichnetes Betätigungsfeld. Das Werk war eine technologisch sehr moderne und für mögliche Probleme bei der Aufbereitung aufgrund ungünstiger Wasserbeschaffenheit sehr gut ausgerüstete Trinkwasseraufbereitungsanlage. Aber die sich durch Abwasserbelastung rasch verschlechternde Qualität des Talsperrenwassers konnte, besonders im Spätsommer, nur mit vermehrtem Aufwand an Reinigungschemikalien und mit erheblicher Einbuße an produzierter Wassermenge beherrscht werden.

Die Erkenntnis und später der Beweis, dass es - auf Dauer gesehen - kostengünstiger und sicherer ist, die Qualität des Rohwassers durch Schutzmaßnahmen zu verbessern, als bei der Aufbereitung aufwändige Chemie mit umweltbelastenden Rückständen einzusetzen, ist inzwischen ein weltweit anerkanntes Konzept, zu dem die Forschung und technologische Umsetzung der Forschungsergebnisse beim WTV Möglichkeiten aufgezeigt und Maßstäbe gesetzt haben.

Zehn Jahre nachdem Professor Bernhardt mit Dr. Clasen einen „Wasser-Biologen" in sein Team geholt hatte, erhielt ich 1976 als „Wasser-Chemiker" die Chance beim WTV im Forschungsbereich einzusteigen.

Unsere Aufgabe im ersten vom Forschungsministerium geförderten Wasserforschungsprojekt: „Oligotrophierung stehender Gewässer durch Nährstoffeliminierung am Beispiel der Wahnbachtalsperre" war es, die Veränderungen an Sediment- und Wasserinhaltsstoffen sowie der Wasserflora und -fauna zu untersuchen. Daneben galt es auch, die Technologie der Phosphor-Eliminierungsanlage - Kurzname „PEA" -, in der ab Oktober 1977 bis zu 5 m^3/s Wahnbachwasser (das sind 16 Millionen gefüllte Badewannen am Tag) gereinigt wurde und immer noch wird, in ihren Grundlagen zu untersuchen. Hinzu kamen Untersuchungen über die Auswirkungen, die sich mit der verbesserten Wasserqualität in der Talsperre bei der Trinkwasserbeschaffenheit zeigten.

Das „UV-Team"

Der Erfolg war ausgezeichnet: Nicht nur die Phospate wurden entfernt und damit das Algenwachstum auf das Niveau eines Bergsees gebracht. Auch das Sediment setzte bereits nach zwei Jahren keine Algennährstoffe mehr frei. Und, was noch nicht bekannt war, die Humusstoffe, die das zur Desinfektion des Trinkwassers zugesetzte Chlor verbrauchen und dabei unerwünschte und sogar schädliche Chlorverbindungen produzieren, wurden in der PEA dem Wasser entzogen. Damit konnte ab 1979 anstelle von Chlor das keine Chlorverbindungen produzierende Chlordioxid zur Desinfektion eingesetzt werden und hat dann seit 1984 Chlor als Desinfektionsmittel vollständig ersetzt. Seit dieser Zeit war es auch nicht mehr notwendig das Trinkwasser im Verteilungsnetz nachzuchloren. Das Trinkwasser konnte nun ohne Aufkeimung über hunderte von Kilometern und Transportzeiten von über einer Woche ohne Desinfektionsmittel zu den Verbrauchern geliefert werden.

Nachteile von Chlordioxid sind, dass es mit besonderen Sicherheitsvorkehrungen im Wasserwerk hergestellt werden muss und dass es vollständig zu Chlorit zerfällt, das aufgrund seiner nachteiligen Eigenschaften mit einem Grenzwert von 0,2 Milligramm pro Liter belegt ist. Damit stand Mitte der 80er Jahre die Aufgabe an, nach einer weiteren Alternative bei der notwendigen Desinfektion zu suchen. Professor G. O. Schenck, der vormalige Direktor des Max-Plank-Instituts für Strahlenchemie in Mülheim an der Ruhr, brachte Professor Bernhardt auf die Desinfektion mit ultraviolettem Licht. Dieses Verfahren wurde zwar schon 1910 zur Wasserdesinfektion verwendet, konnte sich aber wegen mangelhafter Bestimmung und Überwachbarkeit der Desinfektionswirksamkeit nicht durchsetzen. Zwei dreijährige Forschungsprojekte, ebenfalls vom Forschungsministerium gefördert, schafften die Grundlagen zum Verständnis der grundlegenden Probleme der UV-Technologie und ihrer Lösung. Da der WTV natürlich diese Technik auch einsetzen wollte, beteiligte er sich an der Einführung einer Prüf- und

Flockungstests im Labor

Qualitätsnorm für UV-Geräte, dem DVGW-Arbeitsblatt W 294, und schaffte im Wasserwerk Meindorf den ersten und bislang weltweit größten Prüfstand, in dem die Wirksamkeit und Funktion von UV-Desinfektionsgeräten mit Durchflüssen bis zu 3.000 m³/h getestet werden können. Die Anfangs vorgeschossenen Investitionskosten sind nach jetzt fünf Jahren längst wieder „eingespielt" und das Prüflabor ist jetzt Arbeitsstätte für vier Personen. Hersteller aus aller Welt lassen hier besonders ihre Großgeräte prüfen.

Der WTV hat 2003 als erstes Talsperrenwasserwerk seine DVGW-geprüften und zertifizierten UV-Desinfektionsgeräte im neuen Wasserwerk Siegelsknippen in Betrieb genommen. Sie werden in Zukunft die Desinfektion des Trinkwassers ohne Chemikalien sicherstellen.

Das neue Wasserwerk enthält praktisch die Summe der Forschungs- und Technikerfahrung des WTV. Die Forschungen zur Fragestellung „Welche Prozesse laufen eigentlich bei der Reinigung von Wasser durch Flockung und Filtration ab und wie kann man sie beeinflussen?", begannen bereits bei der Planung der PEA Anfang der 70er Jahre in der Herkenrather Mühle. Sie wurden von 1981 bis 1986 mit dem vom Forschungsministerium geförderten Projekt „Flockungsstörung durch algenbürtige Substanzen" intensiviert.

Algenkulturen

In großen Algenkulturbecken, den so genannten Rennbahnen, sollten verschiedene Süßwasseralgen, wie sie in Talsperren häufig vorkommen, gezüchtet, ihre Ausscheidungen isoliert, charakterisiert und hinsichtlich der Auswirkung auf Flockungsprozesse untersucht werden.

Nun sind Algen sehr unterschiedlich an Naturbedingungen angepasst. Wesentlich sind Wasserbewegung, Lichtstärke und Hell-Dunkel-Rhythmus, Nährstoffkonzentration und -zusammensetzung. Dazu scheiden sie Stoffe in unterschiedlicher Art und Menge aus, je nachdem, ob sie sich wohl fühlen und in der Wachstumsphase stehen, oder es ihnen schlecht geht und sie bald absterben.

Dieses Projekt war eines der spannendsten. Es gab zum einen Einblicke, was von Algen alles produziert werden kann, welche Effekte ausgelöst werden und wie sie sich bei der Wasseraufbereitung beherrschen lassen. Zum anderen wurde erkannt, was mikroskopisch bei der Flockung passiert und welche Stoffe die Flockenbildung und -eigenschaften in welcher Weise beeinflussen. Später, Anfang der 90er Jahre, wurde auch die Flockung und Filtrierbarkeit von Algen (Phytoplankton) und mikroskopischen Wassertierchen (Zooplankton) erforscht und die Anwendung von Ultraschall zur Inaktivierung der beweglichen Wasserorganismen (Plankton) untersucht. Die beweglichen Plankter „strampeln" sich aus den Flocken im Sandfilter wieder frei und können so, wie Trojanische Pferde, Bakterien in das Trinkwasser transportieren. Ultraschall erzeugt kleine platzende Wasserbläschen, die diese unangenehmen Kandidaten schonend abtöten, ohne dass es zum Einsatz von Giftstoffen kommen muss.

Alle diese Versuche dienten der Entwicklung von Technologie und Konzept für das neue Wasserwerk. In einer Versuchsanlage für Durchsätze bis zu 600 m³/h wurden von 1992 bis 1994 alle Verfahrensschritte für die neue Anlage im Maßstab 1:1 getestet und optimiert.

Der frühe Tod von Professor Bernhardt am 12.1.1996 und die Bindung der früher in der Forschung tätigen Mitarbeiter in Bau und Inbetriebnahme des neuen Wasserwerks, in den Aufbau der neuen Laboratorien sowie in umfangreiche Renovierungs- und Sanierungsarbeiten haben die Forschungsaktivitäten in der „Umsetzungsphase" zwangsläufig eingeschränkt.

UV-Desinfektionsgerät im Prüfstand.

Auch ist das Einwerben von Forschungsmitteln bei leeren Staatskassen heutzutage fast unmöglich geworden. Ein neuer Weg für Forschungsaktivitäten, auch zum Schaffen von Arbeitsplätzen für qualifizierte „Wassertechniker und -forscher" der kommenden Generation, soll mit der Wahnbach Wasser GmbH gegangen werden. Mit den Einnahmen aus Prüf- und Beratungstätigkeit sollen neue praxisorientierte Forschungsprojekte finanziert und das Know-how, sowohl innerhalb als auch außerhalb des WTV, gewinnbringend „an den Mensch" gebracht werden.

AUS DER PIONIERZEIT
VON
FORSCHUNG UND GEWÄSSERSCHUTZ
BEIM
WAHNBACHTALSPERRENVERBAND

Bei den Planungen zum Bau der Wahnbachtalsperre standen Gesichtspunkte der Wassermengenwirtschaft eindeutig im Vordergrund. Das heißt aber keinesfalls, dass Überlegungen zur Wassergüte überhaupt keine Rolle gespielt hätten. Zwar ergab sich die Notwendigkeit des Talsperrenbaus aus der Tatsache, dass es im Raum Bonn/Siegburg an Wasser mangelte, aber dieser Mangel war nicht nur durch ein zu geringes Dargebot bedingt sondern auch in der Tatsache begründet, dass manche Gewässer, wie z.B. Rhein und Sieg, aufgrund der durch das starke Wirtschaftswachstum der 50er Jahre bedingten Verschmutzung als Quelle für die Trinkwassergewinnung nicht mehr in Frage kamen. Unter diesen Umständen war es nahe liegend, auf ein Gewässer im ländlichen Raum, den Wahnbach, auszuweichen. Zur Absicherung, dass das Wasser in der geplanten Wahnbachtalsperre die gewünschte Qualität haben werde, wurde von einem namhaften Institut ein Gutachten erstellt, welches dem Wahnbach eine gute Wasserbeschaffenheit bescheinigte. Dieses Gutachten beruhte hauptsächlich auf der Beurteilung des Wahnbaches nach dem Saprobiensystem sowie auf hygienischen Untersuchungen.

Bis in die Mitte der 70er Jahre kam die „Burgunderblut-Alge" in solchen Mengen vor, dass die Wasseroberfläche der Wahnbachtalsperre rot gefärbt war.

Die fadenförmige Blaualge Planktothrix rubescens („Burgunderblutalge") verursachte zeitweise eine Rotfärbung des Wahnbach-Stausees.

Die stärkste Massenentwicklung der „Planktothrix rabescens", Burgunderblut-Alge, färbte die gesamte Oberfläche der Talsperre rot.

Das von Kolkwitz und Marson entwickelte Saprobiensystem geht davon aus, dass man den Grad der durch Abwassereinleitungen bedingten Verschmutzung aus dem Vorkommen bestimmter Indikatororganismen ableiten kann. Nähere Erklärungen hierzu werden an dieser Stelle bewusst vermieden, einmal, weil dies zu weit führen wurde, zum anderen, weil das ursprüngliche Konzept später weiterentwickelt und differenziert, aber auch kontrovers diskutiert und immer wieder in Frage gestellt wurde. Wie dem auch sei, aus den im Wahnbach gefundenen Organismen war zu schließen, dass dieser, wenn überhaupt, dann nur geringfügig verschmutzt war. Die hygienischen Untersuchungen wiesen in die gleiche Richtung: Die Belastung mit Escherichia coli, einem Bakterium, dass als Indikatoren für eine fäkale Verunreinigung dient, war unbedeutend.

Die Beurteilung des damaligen Zustandes des Wahnbaches war durchaus zutreffend, es wurde aber nicht damit gerechnet, dass die Beschaffenheit seines Wassers, wenn es in einem großen See mit einer Verweildauer von einem Jahr gestaut würde, sich erheblich verändern könnte. Derartige Veränderungen traten aber bald auf und machten sich bei der Trinkwasseraufbereitung störend bemerkbar. Eine Herausforderung an das Aufbereitungsverfahren stellten vor allem die erhöhten Mangankonzentrationen dar, die im Spätsommer und Herbst im Rohwasser (das für die Aufbereitung bestimmte Wasser) aus der Wahnbachtalsperre auftraten. Obwohl das Mangan in den Konzentrationen, wie sie in stehenden Gewässern vorkommen, für die menschliche Gesundheit ohne Bedeutung ist, kann es für Wassergewinnungsanlagen zu einem großen Problem werden. Solange das Mangan in Form von Partikeln vorliegt, ist es mit Flockung und Filtration leicht aus dem Wasser zu entfernen. Gelangt es aber in gelöster Form in die Aufbereitungsanlage, so wird es in den Filtern kaum zurückgehalten. Im aufbereiteten Wasser wird es dann rasch ausgefällt und lagert sich auf Wandungen von Wasserbehältern und Rohrleitungen in Form von Braunstein, einem schwarzbraunen Stoff ab, der übrigens auch zum Färben von Keramik und Glas dient.

Wie konnte man diesem Störstoff nun Herr werden? Es lag zunächst nahe, das Rohwasser aus einem anderen Niveau zu entnehmen, in der Hoffnung, dass dort die Konzentration geringer sein könnte. Die Erbauer der Talsperre hatten nämlich, zum Glück, muss man heute sagen, obwohl sie mit äußerster Sparsamkeit zu Werke gegangen waren, die Möglichkeit geschaffen, das Wasser aus fünf verschiedenen Niveaus zu entnehmen.

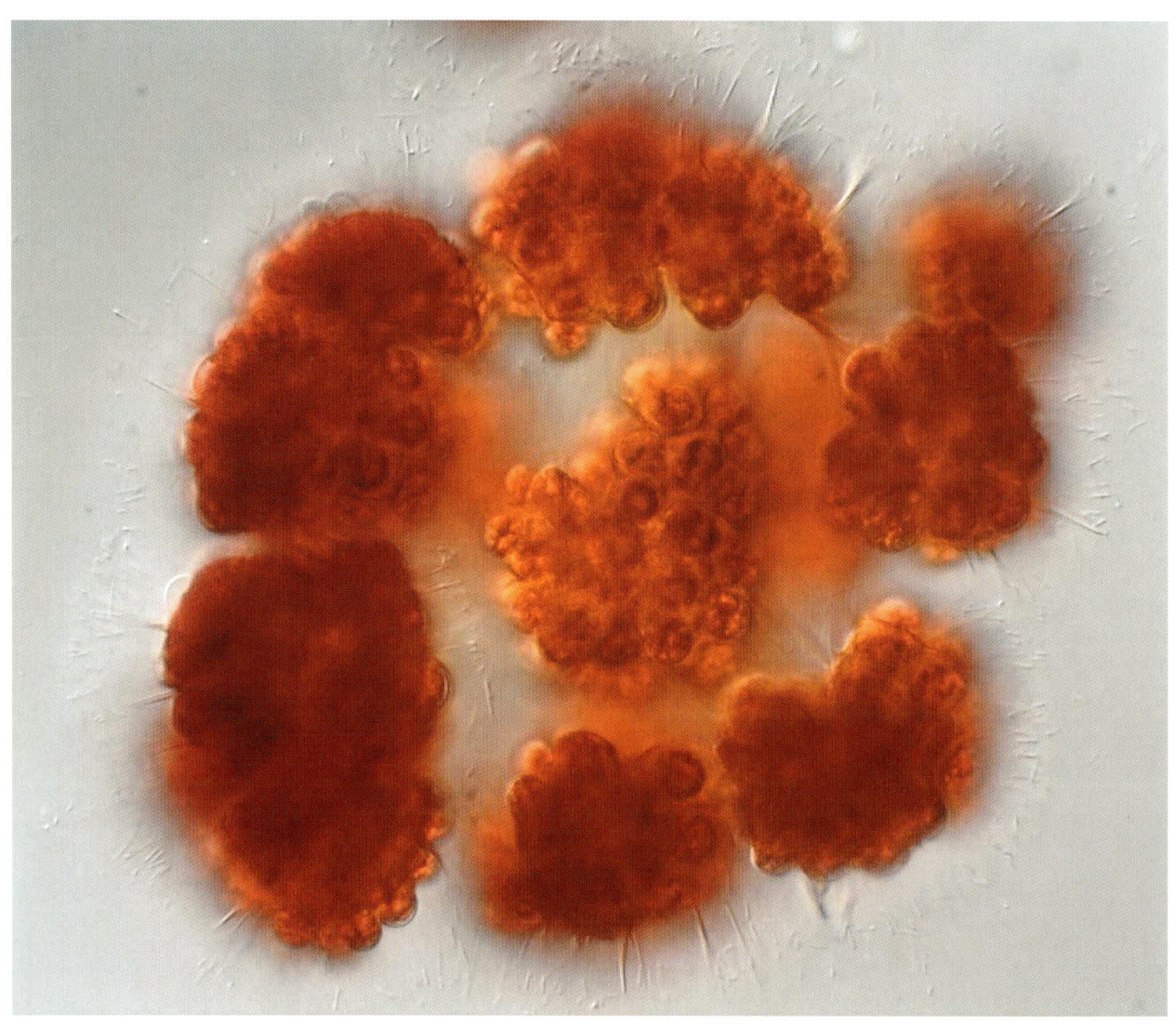

Die Alge Botryococcus zeigt eine rote Pigmentierung, war aber für die Rotfärbung der Talsperre nicht verantwortlich. Sie tritt nur sporadisch in der Wahnbachtalsperre auf.

Tatsächlich war die Mangankonzentration im untersten Entnahmeniveau (zwei Meter über der tiefsten Stelle der Talsperre) wesentlich höher als im nächst höheren Niveau (zwölf Meter über der tiefsten Stelle). Im folgenden, noch weiter oben gelegenen Niveau (26 m über der tiefsten Stelle) war Mangan nur noch in Spuren vorhanden, aber von dieser Entnahme-Möglichkeit konnte nicht Gebrauch gemacht werden, denn das dort entnommene Wasser war aus anderen Gründen problematisch: Der Gehalt an Planktonorganismen und u. U. auch die Temperatur waren zu hoch.

Der damalige Leiter von Labor und Betrieb, Dr. H. Bernhardt, ein frisch von der Universität gekommener, junger Chemiker, ging der Sache auf den Grund. Er entnahm an verschiedenen, über die Längsachse der Talsperre verteilten Stellen in verschiedenen Tiefen Wasserproben. Verblüfft stellte er fest, dass das Wasser in Bezug auf Temperatur sowie chemische und biologische Beschaffenheit geschichtet war und das auch noch je nach Jahreszeit in unterschiedlichem Ausmaß. Er war stolz auf diese Entdeckung, musste dann aber feststellen, dass derartige Erscheinungen den Gewässerkundlern längst wohl bekannt waren. Zu dieser Erkenntnis verhalf ihm Dr. Grim, der damals im Auftrag der Landesregierung limnologische Untersuchungen an nordrhein-westfälischen Talsperren durchführte. Grim war es wohl auch, der ihm erste Kontakte zu seinen Fachkollegen vermittelte und ihn mit der einschlägigen Literatur versorgte. In der Folgezeit arbeitete sich Bernhardt mit ungeheurem Fleiß in das ihm zunächst fremde Fachgebiet ein. Man kann durchaus behaupten, dass er neben seiner täglichen Arbeit autodidaktisch einen zweiten Studiengang absolvierte, so dass die Limnologen ihn wenige Jahre später voll und ganz als Kollegen akzeptierten.

Ein weiteres Problem für die Trinkwasseraufbereitung stellte in der Folgezeit das in der Talsperre lebende Plankton dar. Hierbei handelt es sich um pflanzliche

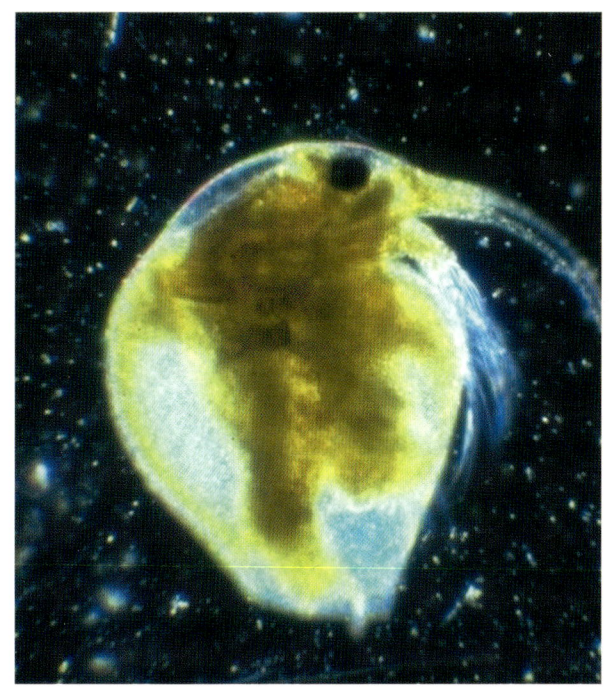

Kleinkrebse der Gattung Bosmina sind häufig im Talsperrenplankton vertreten.

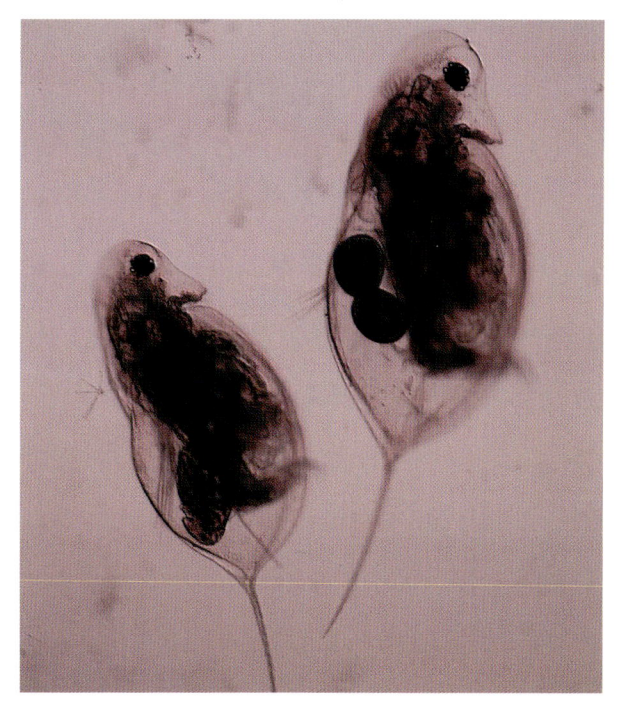

Die Kleinkrebse der Gattung Daphnia (landläufig auch als „Wasserflöhe" bekannt) filtrieren vor allem kleinere Algen aus dem Wasser.

und tierische Organismen, die im Wasser schweben. Es ist eine der wichtigsten Aufgaben der Trinkwasseraufbereitung, dieselben aus dem Wasser zu entfernen. Aus verschiedenen Gründen ist das nicht immer einfach. Die größte Herausforderung an die Trinkwasseraufbereitung an der Wahnbachtslsperre stellte damals die Entfernung von Planktothrix rubescens dar. Es handelt sich hierbei um fadenförmige Gebilde von braunroter bis purpurroter Farbe mit einem Durchmesser von 6 - 8 µm. Ihre Vermehrung geschieht dadurch, dass die Fäden bis zu einer maximalen Größe heranwachsen und dann in kürzere Bruchstücke zerfallen. Aus diesem Grunde ist die Fadenlänge sehr variabel. Je kürzer die Fäden sind, desto schwieriger lassen sie sich in Flocken und Filtern festlegen.

Fäden, welche ins Trinkwasser gelangen, bleiben über längere Zeit stabil und schwebefähig und können im ganzen Rohrnetz verschleppt werden. Dies passierte auch in den Rohrnetzen des Wahnbachtalsperrenverbandes und der Stadtwerke Bonn. Letzteren vermeldete eines Tages eine Kundin, sie habe im Trinkwasser „Haare" festgestellt, wobei es sich, wie später herauskam, um nichts anderes als um Bruchstücke von Planktothrix-Fäden handelte. Die Stadtwerke gaben die Beobachtung ihrer Kundin an den Wahnbachtalsperrenverband weiter, wo man inzwischen bereits von sich aus auf das durch Planktothrix verursachte Aufbereitungsproblem gestoßen war und fieberhaft daran arbeitete, Abhilfe zu schaffen. Überraschend war allerdings, dass es der Kundin gelungen war, die mikroskopisch kleinen Organismen wahrzunehmen.

Die Nachfrage ergab, das sie die „Haare" in einem von oben beleuchteten und mit einem Fensterchen versehenen Durchlauferhitzer ausgemacht hatte. Unter derartigen Beleuchtungsbedingungen werden, was der Wissenschaft schon lange bekannt ist, auch solche Partikel noch sichtbar, die kleiner sind als das Auflösungsvermögen des menschlichen Auges. Der Wahnbachtalsperrenverband machte sich dieses Prinzip zu Nutze und installierte am Auslauf eines jeden Filters ein so genanntes Schauglas. Anfangs wurden diese Gläser, die trotz moderner Messmethoden auch heute noch in Betrieb sind, nach dem Vornamen der besagten Kundin betriebsintern als Rosemarie-Lampen bezeichnet.

Die Zellen, aus denen diese Fäden zusammengesetzt sind, enthalten zahlreiche Gasvakuolen, durch welche der beschriebene optische Effekt noch erheblich verstärkt wird. Planktothrix dienen die Gasvakuolen dazu, seine Schwebefähigkeit zu verbessern und darüber hinaus das spezifische Gewicht so einzustellen, dass dieses Lebewesen in derjenigen Wassertiefe schwebt, die für seine Lebensansprüche optimal ist. Diese Tiefe liegt im Sommer weit oberhalb der beiden untersten Entnahmeniveaus, so dass man hinsichtlich der Rohwasserentnahme nach unten ausweichen kann, dann aber (s. o.) das Mangan-Problem in Kauf nehmen muss. Im Winter jedoch, wenn die Temperatur in allen Tiefen gleich und das Wasser der Talsperre völlig durchmischt ist, kann man mit der Entnahme nicht ausweichen, da Planktothrix dann gleichmäßig über alle Tiefen verteilt ist, und man muss sich hinsichtlich der Aufbereitung etwas einfallen lassen, um P. rubescens vollständig aus dem Wasser zu entfernen. In der Aufbereitungsanlage des Wahnbachtalsperrenverbandes führte schließlich der Einsatz eines Flockungshilfsmittels zum Erfolg.

Solange P. rubescens weit unterhalb der Wasseroberfläche schwebte oder über die gesamte Oberfläche gleichmäßig verteilt war, wussten nur wenige Eingeweihte vom Vorkommen dieses Lebewesens in der Wahnbachtalsperre. Den Besuchern dieses Gewässers sichtbar wurde es aber zu Beginn und Ende der Schichtungsperiode, also im Frühjahr und im Spätherbst. Dann kann es zu starken Anhäufungen an der Wasseroberfläche kommen, die in manchen Jahren nur lokal und kurzfristig auftreten, in anderen Jahren jedoch den ganzen See über lange Zeit rot färben. Diese Erscheinung erklärt übrigens, warum P. rubescens nicht nur einen wissenschaftlichen, sondern auch einen volkstümlichen Namen trägt, was bei Mikroorganismen eher selten der Fall ist. Dieser Name lautet Burgunderblutalge. Der Schweizer Algenforscher Huber-Pestalozzi schreibt hierzu folgendes: „Die durch diese Alge hervorgerufene Rotfärbung wird in der Gegend des Murtenersees als „Burgunderblut" bezeichnet, weil das Volk glaubte, daß sich auf diese Weise das Blut der in der Schlacht bei Murten (Burgunderkrieg, 1476) im See ums Leben gekommenen Burgunder zeige."

Die hohen Mangankonzentrationen und das massenhafte Vorkommen von P. rubescens machten die hochgesteckten Erwartungen, die mit der Wasserqualität in der Wahnbachtalsperre verbunden waren, zunichte. Es ist überliefert worden, dass der damalige Geschäftsführer, Herr Baudirektor Kiel, in höchstem Maße verärgert war, als er mit diesen Tatsachen konfrontiert wurde. Sein Ärger wurde, so pflegte Herr Prof. Dr. Dr. hc. Bernhardt zu erzählen, noch gewaltig durch den publikumswirksamen Namen „Burgunderblutalge" sowie durch die Begeisterung gesteigert, die der pensionierte Biologe der Landesregierung, Herr Dr. Weimann, diesem eigenartigen Lebewesen entgegenbrachte, als er P. rubescens im Mikroskop betrachtete. Weimann, der bis zur Einstellung eines Biologen im Jahre 1966 Planktonzählungen für den WTV durchführte, war insbesondere durch die schwingenden Bewegungen beeindruckt, zu denen dieser heute zu den Cyanobakterien gerechnete Organismus befähigt ist.

Das massenhafte Vorkommen von P. rubescens und anderen Planktonorganismen und die erhöhten Mangankonzentrationen stehen in einem engen Zusammenhang miteinander. Wenn die Planktonorganismen absterben, so sedimentieren sie und werden an der Sedimentoberfläche am Grunde des Gewässers abgelagert. Hier wird das abgestorbene Plankton durch Bakterien abgebaut, welche Stoffe ausscheiden, die das im Sediment vorhandene Mangan auflösen. Gleichzeitig entsteht ein immer stärkerer Sauerstoffmangel, der das Vorhandensein von gelöstem Mangan begünstigt. Außerdem werden unter diesen Bedingungen aus dem Sediment Pflanzennährstoffe (insbesondere Phosphor) freigesetzt, die das Wachstum von Planktonalgen begünstigen.

Massenentwicklung der Oscillatoria rubescens in der Wahnbachtalsperre.

Um diesen Teufelskreis zu durchbrechen, gab es zunächst nur ein Mittel: die künstliche Zufuhr von Sauerstoff. Dies wurde erreicht durch eine Belüftungsanlage. Ein am Ufer der Talsperre stehender Kompressor pumpte Luft in eine Schlauchleitung, die an der tiefsten Stelle der Talsperre dicht über Grund endete. Die aufsteigenden Luftblasen rissen das sedimentnahe Wasser nach oben, wo es sich horizontal verteilte und aus der Luft weiteren Sauerstoff aufnahm. Schließlich wurde der gesamte See durchmischt. Infolge der Durchmischung des oberflächennahen, warmen Wassers mit dem kalten Tiefenwasser war die Wassertemperatur nun mit 15°C erheblich höher als die winterliche Wassertemperatur von 4°C. Diese Temperatur hatte auch das der Talsperre entnommene Wasser mit der Konsequenz, dass die Phrix-Werke das Wasser aus der Talsperre nun im Sommer nicht

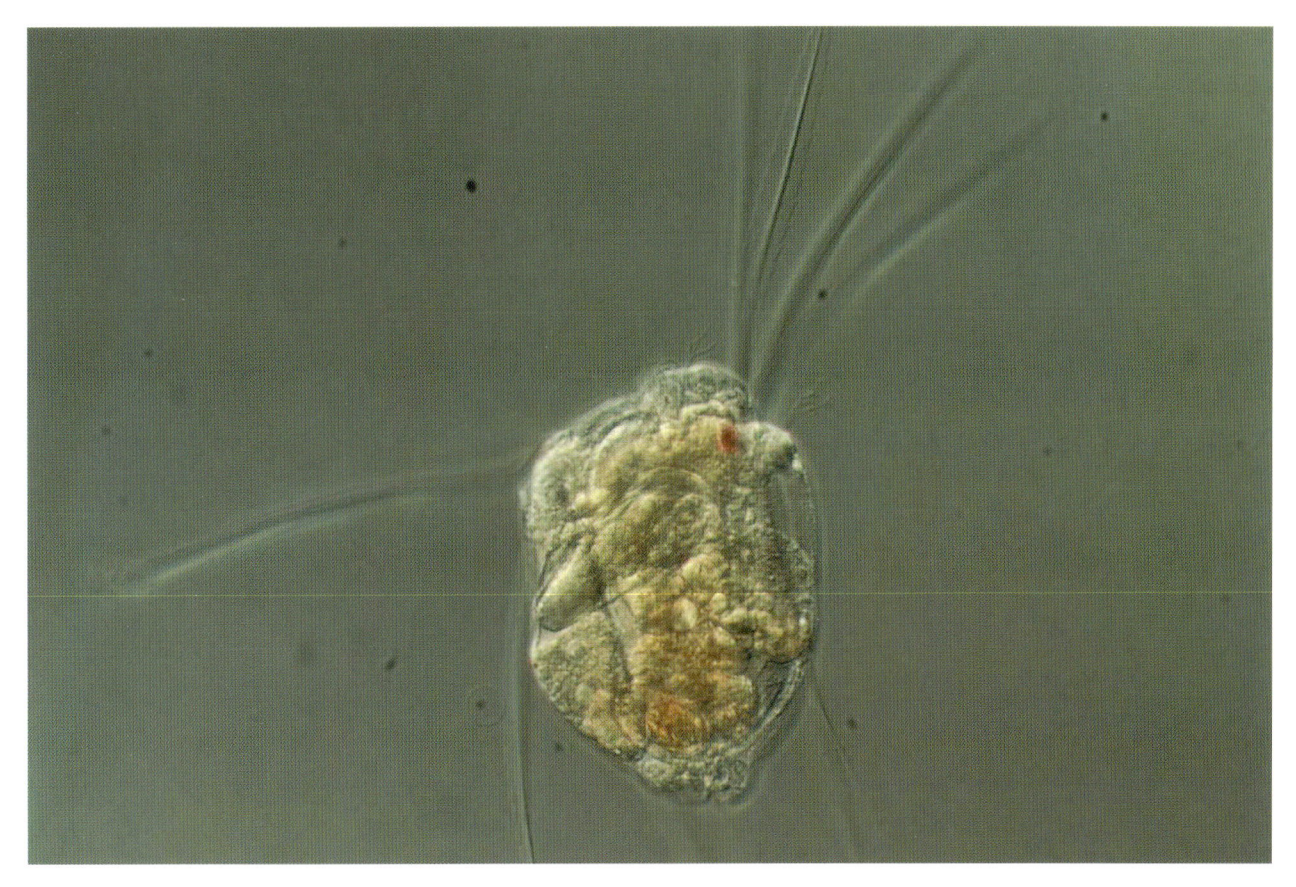

Die Rotatorien („Rädertierchen") sind kleine (etwa 0,05-0,5 mm) Zooplanktonorganismen.

mehr zu Kühlzwecken verwenden konnten. Um dieses Problem zu lösen, entwickelte Dr. Bernhardt eine Belüftungsanlage, welche die natürliche sommerliche Temperaturschichtung der Talsperre nicht zerstört. Mit Sauerstoff angereichert und in Zirkulation versetzt, wird auf diese Weise nicht der gesamte See, sondern nur das kühle Tiefenwasser, welches mit einem Fachausdruck Hypolimnion genannt wird, belüftet. Das neue Belüftungsverfahren erhielt daher die Bezeichnung „Hypolimnische Belüftung". Die Wahnbachtalsperre war das erste Gewässer weltweit, an dem ein derartiges Verfahren entwickelt und erfolgreich eingesetzt wurde.

Das Problem des Sauerstoffmangels und der Mangan-Anreicherung war nunmehr gelöst, aber das Planktonwachstum in der Wahnbachtalsperre nahm nicht merklich ab, obwohl durch die Belüftung der Nachschub von Nährstoffen aus dem Sediment unterbrochen wurde. Dieser Misserfolg war darin begründet, dass die Zufuhr von Nährstoffen über die Zuflüsse eine viel größere Bedeutung hatte als die Rücklösung derselben aus dem Sediment. Wollte man das Planktonwachstum wirksam verhindern, so war es notwendig, den Import von Nährstoffen aus dem Einzugsgebiet der Talsperre zu unterbrechen. Bernhardt nahm auch diese Herausforderung an.

Zunächst wurde ein großes Untersuchungsprogramm gestartet, um die genaue Herkunft des Nährstoffes Phosphor zu ermitteln: Stammte er überwiegend aus Kläranlagenabläufen („Punktförmige Quellen") oder stammte er überwiegend aus landwirtschaftlichen Flächen, Dungstapelplätzen, nicht an das Kanalnetz angeschlossenen Kleinsiedlungen und dergleichen („Diffuse Quellen")? Naturgemäß sind punktförmige Quellen leichter zu beherrschen als diffuse Quellen, denn an diesen Stellen, z.B. Kläranlagenabläufen, liegt der Phosphor in hoher Konzentration in relativ geringen Wassermengen vor. Leider ergab das Untersuchungsprogramm, dass ca. 60 bis 70 % des in die Wahnbachtalsperre gelangenden Phosphors aus nicht beherrschbaren diffusen Quellen stammte, was zur Konsequenz hatte, dass man den Phosphor aus dem Wahnbach entfernen musste. Hierzu galt es, ein effektives, kostengünstiges Verfahren zu entwickeln.

Über die zu diesem Zweck geschaffene Versuchsanlage „Herkenrather Mühle" wird an anderer Stelle berichtet. In diesem Beitrag soll im Folgendem kurz abgehandelt werden, welche Anstrengungen unternommen wurden, um nachzuweisen, dass das in der Versuchsanlage produzierte phosphorarme Wasser tatsächlich den Erwartungen entsprach und kein Wachstum von Planktonalgen aufkommen ließ.

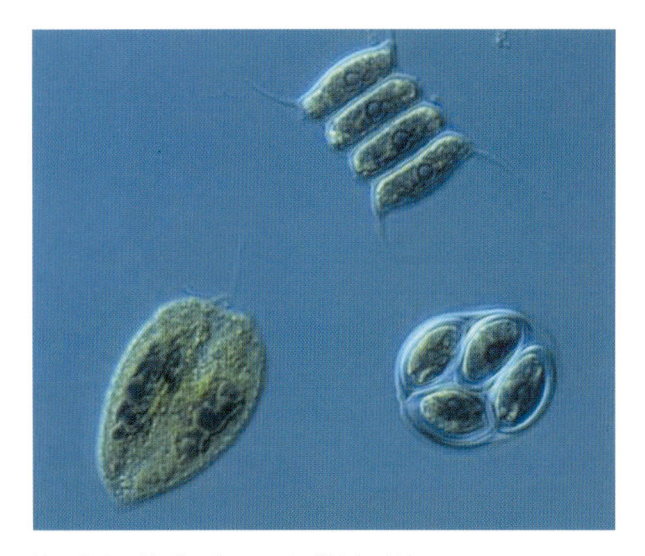

Verschiedene Planktonalgen aus der Wahnbachtalsperre.

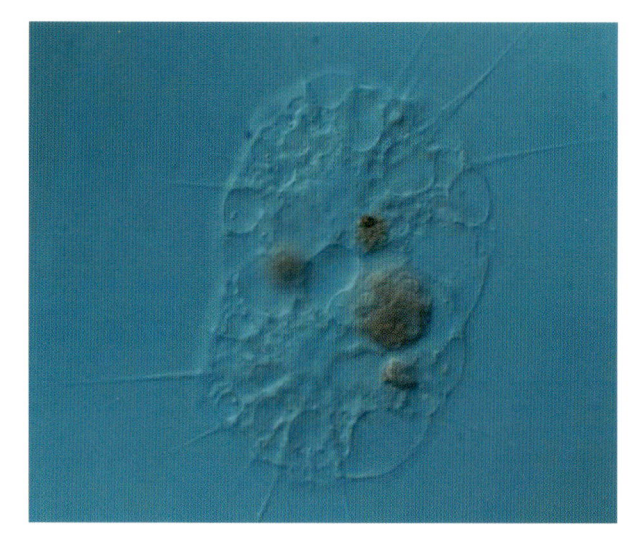

Die einzelligen Heliozoen oder Sonnentierchen schweben im Wasser und ernähren sich von Bakterien und kleinen Algen.

Zunächst wurden hierzu beleuchtete Aquarien (Inhalt: ca. 30 l) verwendet, die vergleichsweise mit unbehandelten Wahnbachwasser und Wasser aus der Versuchsanlage „Herkenrather Mühle" beschickt und mit Wasser aus der Talsperre versetzt wurden, um zu garantieren, dass zu Versuchsbeginn genügende Mengen des in der Talsperre vorkommenden Planktons vorhanden waren. Die Erfahrung zeigte dann aber, dass es nur ausnahmsweise gelang, das Talsperrenplankton in den Versuchsaquarien anzusiedeln. In den meisten Fällen wuchsen hier ganz andere Arten und diese waren zum großen Teil keine frei schwebenden sondern auf den Scheiben wachsende Arten. Ein 30 l-Aquarium ist eben ein sehr unvollkommenes Modell für eine Talsperre mit einem Inhalt von 40 Milliarden Litern.

Große Hoffnungen hinsichtlich der Versuchsergebnisse wurden daher in Teiche gesetzt, die eigens als Modellgewässer angelegt worden waren. Einer dieser

Isoplethendarstellung der Temperatur der Wahnbachtalsperre.

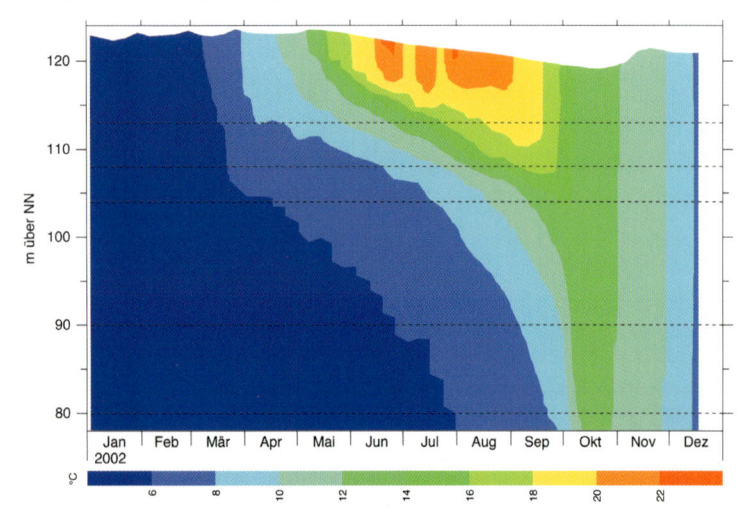

Teiche wurde mit Wasser aus dem Wahnbach, der andere mit Wasser aus der Versuchanlage beschickt. Dabei wurde der Zufluss jeweils so eingestellt, dass die Wasser-Aufenthaltszeit im Teich die gleiche war wie in der Talsperre, nämlich ein Jahr. Zunächst schien es, als sollten in den Versuchsteichen die erwarteten Ergebnisse erzielt werden, aber dann kam der große Reinfall: Derjenige Teich, welcher mit Wasser aus der Versuchsanlage beschickt wurde, war grasgrün während das Wasser des Teiches, welchem Wasser aus dem Wahnbach zugeführt wurde, glasklar war. Was war geschehen?

Im Teich mit dem Wasser aus der Versuchanlage traten, wie erwartet, tatsächlich keine Planktonalgen auf, statt dessen war der aus Bitumen bestehende Boden mit einer dünnen Algenschicht bedeckt. Diese Algen mussten Hungerkünstler sein. Vielleicht genügte Ihnen der von Äckern und Straßen herangewehte Staub als Nährstoffquelle. Da das Wasser in diesem Teich sehr klar war, schien die Sonne mit voller Intensität auf den Boden des Teiches, was die Algen zu einer heftigen Sauerstoffproduktion veranlasste. An deren schleimiger Oberfläche blieben Sauerstoffbläschen hängen, welche die Algen schließlich an die Oberfläche trugen. Dort bildeten sie eine nur wenige mm dicke Schicht, die den Blick in das darunter befindliche klare Wasser verdrängte. Die Algen gehörten fast ausschließlich einer Art der Gattung Cosmarium an. Diese Art war bis dahin nur von wenigen Stellen der Erde bekannt und galt als ausgesprochen selten. Im Versuchsteich vermehrte sie sich massenhaft, weil kein anderer Organismus unter den gegebenen extremen Lebensbedingungen mit ihr konkurrieren konnte. Das ganze war zwar ein wunderschönes Beispiel für ein Ökologielehrbuch, aber nicht das, was die Konstrukteure der Teiche sich erwartet hatten.

Nun zu dem mit unbehandeltem Wahnbachwasser beschickten Teich: Aufgrund der langen Verweildauer des Wassers setzten sich alle im trüben Wahnbachwasser vorhandenen Feststoffe ab. Es kam zwar zu einem Wachstum von Planktonalgen, aber diese wurden sofort von Wasserflöhen aufgefressen. Bei günstiger Beleuchtung konnte man riesige Schwärme dieser Kleinkrebse erkennen. Das am Boden abgesetzte Material wurde, sofern es sich um organische Substanzen handelte, ebenfalls gefressen und zwar von Zuckmückenlarven. So sah der Teich, obwohl er mit trübem Wasser beschickt wurde, sehr sauber aus. Abhilfe schaffen konnte nur ein Besatz mit Fischen, welche die Wasserflöhe und Zuckmückenlarven dezimieren und so den Algen eine Überlebenschance sichern würden. Zwar tauchte eines Tages in besagtem Teich ein wohl als Jungfisch eingeschleppter Güster (ein naher Verwandter des Brassen) auf, aber dieser „Einzelkämpfer" konnte gegen Wasserflöhe und Zuckmückenlarven nicht viel ausrichten. Es wurde daher beschlossen, den Teich mit Kleinfischen zu besetzen. Die Wahl fiel schließlich auf Moderlieschen, die nach Auskunft eines Kollegen in einem Braunkohlesee der Ville häufig vorkommen sollten. Der Name Moderlieschen belustigte den damaligen Geschäftsführer. Die Erklärung, dieser Name sei aus dem niederdeutschen Moderloseken abzuleiten, leuchtete ihm nicht ganz ein und scherzhaft sagte er: „Sie werden sich schon die richtigen Lieschen besorgen".

Ohne große Mühe gelang es, eine größere Anzahl dieser Fische in dem besagten See zu fangen. Ca. 200 Exemplare überstanden Fang und Transport und wurden im Versuchsteich freigelassen.

Die guten Lebensbedingungen dort führten zu einer massenhaften Vermehrung der Fische. Im Sommer des folgenden Jahres waren es sicherlich schon tausende und die Zu- und Ablaufrohre waren dick mit Eiern der Fische belegt. Erwartungsgemäß kam es schließlich zu einer starken Eintrübung des Wassers, aber diese Trübung wurde von ganz anderen Algenarten verursacht, als sie in der Wahnbachtalsperre vorkommen. Die Erfahrungen mit den Versuchsteichen haben in eindrucksvoller Weise gezeigt, dass es praktisch unmöglich ist, das Modell einer Talsperre in biologischer Hinsicht zu bauen. Dieses Ziel wurde aufgegeben und in der Folgezeit wurde die Auswirkung der Phosphor-Eliminierung anhand von Algenkulturen getestet, eine Versuchstechnik, die sehr schöne Ergebnisse erbrachte. Aber noch etwas konnte man aus den Teich-Versuchen lernen: die große Rolle, welche Zooplankton (insbesondere Wasserflöhe) und Fische für die Wasserbeschaffenheit spielen. Diese Erkenntnis, die damals gerade auch an anderen Stellen gewonnen worden war, hatte später großen Einfluss auf die fischereiliche Bewirtschaftung der Wahnbachtalsperre, aber das ist eine andere Geschichte.

Blick auf die Vorsperre mit der PEA (rechts), den Vorsperrendamm und die Stauwurzel der Wahnbachtalsperre.

DATENVERARBEITUNG

DIE ENTWICKLUNG DER ELEKTRONISCHEN DATENVERARBEITUNG BEIM WTV MIT DEN AUGEN EINES NATURWISSENSCHAFTLERS BETRACHTET

Im Jahr 1966, als ich meinen Dienst beim WTV antrat, war die Lochkarte das gebräuchliche Speichermedium für Daten, welche für die Verarbeitung mit dem Computer bestimmt waren. Auf einer Lochkarte (Größe: 187,3 x 82,5 mm) hatten 80 Buchstaben bzw. Ziffern Platz bzw., fachlich ausgedrückt, betrug deren Speicherkapazität 80 Byte. Ein heute weit verbreitetes Speichermedium, die CD, hat demgegenüber auf einer um ca. 30% kleineren Fläche eine maximale Speicherkapazität von 715.122.694 Byte, was etwa dem 8,9 millionenfachen entspricht.

In einem Labor anfallende Daten kann man heute in vielen Fällen direkt vom Messgerät auf den Computer übertragen, aber es ist auch jetzt noch, z.B. in der Bakteriologie, vielfach üblich und zweckmäßig, Daten zunächst von Hand mit dem Stift auf Papier zu schreiben. Dabei ist es für die spätere Erfassung im Computer prinzipiell gleichgültig, in welcher Anordnung die Daten auf dem Papier stehen. Vor dreißig Jahren hingegen war es unbedingt erforderlich, die Daten so aufzuschreiben, dass die Übertragung auf Lochkarten möglichst einfach vonstatten ging. Hierfür benutzte man so genannte Ablochformulare. Der Entwurf derselben war nicht immer eine leichte Sache, insbesondere nicht für biologische Daten, da diese sich häufig durch eine sehr große Schwankungsbreite auszeichnen. Der von mir erdachte Ausweg bestand darin, lediglich die Folge der ersten Ziffern zusammen mit der Größenangabe der Zahl festzuhalten. Erst etliche Jahre danach sollte mir klar werden, dass es der Computer bei der Speicherung von Zahlen mit Nachkommastellen im Prinzip genauso macht, allerdings mit erheblich größerer Präzision.

Die Ablochformulare wurden an ein Kleinunternehmen geliefert, dessen Mitarbeiter die Daten in die Tastatur einer Maschine tippten, welche die Lochkarten erzeugte. Verarbeitet wurden diese Daten auf einem Großrechner der Kreisverwaltung, welcher dem WTV allerdings nur außerhalb der Dienstzeit, also wesentlich nachts, zur Verfügung stand. Dann aber war Fremden der Zugang in die Kreisverwaltung verwehrt.

Mitarbeiter des WTV, die im dortigen Rechenzentrum zu tun hatten, mussten sich bereits vor Dienstschluss einfinden. Später hinzu kommende Kollegen wurden üblicherweise durch Fenster eingelassen, was gelegentlich den Argwohn der Polizei erregte. Käufliche Programme gab es damals fast nur für Verwaltungsaufgaben, während man für Probleme, wie ich sie zu lösen hatte, selber Programme schreiben musste, wie z.B. zur Berechnung der Mittelwerte von Analysendaten aus der Talsperre unter der Berücksichtigung der Tatsache, dass das einem Analysenwert zugeordnete Wasservolumen mit der Tiefe abnimmt. Der Ingenieur Blass war damals der einzige Mitarbeiter des WTV, welcher die Kunst des Programmierens beherrschte, aber obwohl er bereitwillig half, war es für die Labore auf Dauer einfacher, auf dem Gebiet der Datenverarbeitung auf eigenen Füßen zu stehen.

Immerhin gab es im chemischen Labor bereits einen mechanischen Tischrechner. Die Daten wurden per Hand eingetippt und die Rechenergebnisse auf einem Papierstreifen ausgegeben. Der damalige Leiter des chemischen Labors, Herr Wilhelms, arbeitete an diesem Gerät mit absoluter Zuverlässigkeit und bewundernswerter Ausdauer. Wenn Multiplikationen durchgeführt wurden, dann ratterte das „grüne Ungeheuer" mit einer erheblichen Lautstärke. An schönen Sommertagen, wenn die Türen des im ersten Stock der TAS gelegenen Labors geöffnet waren, um die Hitze erträglich zu machen, hörte man den Lärm schon beim Betreten des Gebäudes. Später wurde dieses Gerät durch einen elektronischen Rechner der Fa. Canon ersetzt was die Arbeit entscheidend beschleunigte und erleichterte.

Für die Verarbeitung größerer Datenmengen war dieses Gerät aber auch nicht geeignet. Wahre Autarkie in Bezug auf die Datenverarbeitung erreichten die Labore des WTV erst mit der Anschaffung des elektronischen Tischrechners Wang 600. Für dieses Gerät mussten aber nicht nur die Programme selber geschrieben werden sondern es gab dafür noch nicht einmal ein Betriebssystem.

Letzteres verschaffte uns Herr Dr. Groth von den Harzwasserwerken, der sich innerhalb der ATT für die Verwendung dieses Gerätes stark gemacht hatte. Vor meinem geistigen Auge sehe ich ihn noch heute ein auf einem Papierstreifen ausgedrucktes Programm mit einer Miene betrachten, die einem Weinkenner gut zu Gesicht gestanden hätte.

Der Wang 600 hatte in seiner höchsten Ausbaustufe 246 Speicherplätze, welche sowohl für das Programm als auch für die Daten gebraucht wurden. In einer Speicherzelle konnte man entweder drei Programmschritte oder eine Zahl speichern. Verblüffung und Entsetzen löste einmal der Start eines Programms aus, das alle Speicher löschen sollte: Es löschte sich selbst gleich mit aus. Zur externen Speicherung der Daten dienten Kassetten. Anstelle der teuren Originale verwendeten wir ganz normale Musikkassetten. Allerdings musste vor Gebrauch jeweils der unbeschichtete Vorspann des Bandes abgeschnitten werden, was eine Menge Bastelei mit sich brachte. An den Wang 600 war sogar ein „Plotter" angeschlossen. Es handelte sich um eine elektrische IBM-Schreibmaschine mit Kugelkopf. Die zur Verfügung stehenden Programm-Befehle erlaubten lediglich die Auswahl eines Zeichens sowie eine Bewegung in 1/100-Zoll-Schritten relativ zur vorhergehenden Position. Linien ziehen konnte man mit diesem Gerät nicht. Es war lediglich möglich, die Werte durch z.B. den Buchstaben x zu markieren. Diese Markierungen mussten dann von Hand mit Farbstiften verbunden werden. Eine Jahresauswertung, die man heute in wenigen Sekunden durchführt, dauerte damals bis zu einer Stunde - wenn alles gut ging, d.h. wenn die Bänder, von denen die Daten gelesen wurden, sich nicht verhaspelten.

Im Jahr 1979 war die Zeit der Lochkarten und Tischrechner endgültig vorbei und der WTV schaffte einen eigenen Computer mittlerer Größe an, den HP 3000. Ein Systemwechsel geht in der Datenverarbeitung nie ohne Probleme vonstatten, aber die Übertragung der Daten vom Wang 600 auf den HP 3000 gelang wider Erwarten recht gut. Was aber die Programme angeht, so sei an dieser Stelle an einen Merksatz von Herrn Dr. Groth aus dem Jahr 1980 erinnert: „Erst nach der Lieferung des heiß ersehnten neuen Systems wird zur Gewissheit: Sämtliche in den letzten Jahren geschriebene Programme kann man fortwerfen."

Zwar war der HP mit mehreren Terminals ausgestattet, aber ansonsten war die Peripherie anfangs spartanisch. Eine Bandstation sowie einen Drucker und einen Plotter gab es nur in der Geschäftsstelle. Zwar stellte ein Userclub neben manchen überflüssigen Kram auch einige nützliche Programme zur Verfügung, aber man kam trotzdem nicht ums Programmieren herum. Erstmals machte ich damals Bekanntschaft mit einer höheren Programmiersprache, nämlich FORTRAN, während die Kollegen für Ihre Aufgaben, wie einst auf dem Großrechner der Kreisverwaltung, COBOL einsetzten. Später stieg ich dann um auf PASCAL, eine Sprache, welche wir in einer fortentwickelten Form auch heute noch auf dem PC benutzen.

Der Wechsel auf dieses neue System, der einige Jahre später erfolgte, ging einigermaßen reibungslos vonstatten, zumal die ersten PCs noch einige Zeit mit dem HP 3000 im Verbund betrieben wurden. Dieses Mal konnten nicht nur die Daten übernommen werden sondern, nach entsprechender Anpassung, auch einige Programme. Obwohl nunmehr zahlreiche kommerzielle Programme zur Verfügung stehen, ist die Erstellung eigener Programme auch heute auf manchen Gebieten von Bedeutung, insbesondere auf dem Gebiet der grafischen Darstellung zeitabhängiger Daten. Als Ausgabegerät für diese Programme dient längst nicht mehr der Plotter sondern der Drucker.

Im Zusammenhang mit der Erstellung von dreidimensionalen Darstellungen stieß ich bald nach Einführung des PC auf das von der Fa. Adobe entwickelte EPS-Format, welches ich noch heute als Ausgabeformat von Grafiken verwende. Im Nachhinein betrachtet hat sich diese Entscheidung für richtig erwiesen, denn die Druckerei, welche für den WTV den Jahresbericht druckt, schreibt dieses Format nunmehr zwingend vor. Vor zwei Jahren wurde das in Eigenarbeit im Laufe der Jahre geschaffene Grafiksystem um das neue für Intranet-Anwendungen geschaffene SVG-Format erweitert, das vielfache neue Möglichkeiten bietet. Ob sich dieses als allgemeiner Standard durchsetzen kann, wird die Zukunft zeigen.

Qualitätssicherung

QUALITÄTSSICHERUNG FÄNGT MIT DEN MENSCHEN AN.
EIN BEISPIEL AUS DEM LABOR:
HANNEMARIE GLOSCH

Jede Menge Technik kommt zum Einsatz, um Wasser zu reinigen, aufzubereiten, trinkbar zu machen. Doch für die eigentliche Qualitätssicherung, für die Garantie, „dieses Wasser ist ein gutes Wasser", stehen immer noch Menschen wie Hannemarie Glosch.

Obwohl die gebürtige Gleiwitzerin nach dem Krieg längst eine Ausbildung zur Kauffrau absolviert hatte, wollte sie - nachdem sie einmal mit diesem Berufsbild in Berührung gekommen war- Laborantin werden. „Ich hatte Blut geleckt", sagt sie in der Rückschau. Und das so sehr, dass sie zu Beginn der 50er Jahre jeden Morgen in der halben Nacht einen Fußmarsch von vier Kilometern auf sich nahm, um 5.15 Uhr den Bummelzug nach Braunschweig bestieg und an manchen Tagen, wenn Laborpraktikum am Nachmittag auf dem Lehrplan stand, nicht vor dem späten Abend nach Hause zurückkehrte. Und die Familie stand hinter ihr, legte klaglos 70 Mark im Monat für das Schulgeld und weitere 50 Mark für das Bahnticket zurück. Glosch: „Das war damals unheimlich viel Geld." 1953 bestand Hannemarie Glosch nach kompakten drei Semestern voll harter Theorie und rückenbelastender Praxis das Examen zur „Chemotechnischen Assistentin" an der Chemotechniker-Schule Braunschweig.

Sie ging auch danach weite Wege, um ihren Beruf auszuüben, herrschte doch in der Nachkriegszeit zunächst einmal Knappheit auf dem Arbeitsmarkt. Sie arbeitete in der fränkischen Zuckerindustrie ebenso wie für Textilhersteller in Nordhorn. 1961 begann die jetzt Berufserfahrene in der Forschungsabteilung der Siegburger „Phrix-Werke AG", übrigens früher das einzige gewerbliche Mitglied des Wahnbachtalsperrenverbandes. Und als diese 1971 ihre Pforten schloss, kam sie zur Wahnbachtalsperre, „dem Verband", wie sie auch lange nach der Pensionierung noch liebevoll sagt. Dort zog sie, als eine von zwei Assistentinnen des Biologen Dr. Jürgen Clasen, in ein winziges Labor. „Die Abteilung bestand aus dem Chef und uns", schmunzelt sie heute. „Mikroskopiert haben wir in den ersten Monaten noch auf dem Schreibtisch von Dr. Clasen", erinnert sich Hannemarie Glosch. „Und die Nass-Arbeiten erledigten wir in der Spülküche des Sitzungssaals". Algenkulturen - eines ihrer Steckenpferde - pflegte die Assistentin im Keller. Nach rund einem halben Jahr wandelte sich das Provisorium, zog das „Biologische Labor" in den Neubau auf Siegelsknippen ein.

Viel Routine bestimmte die Arbeit: Tägliches Probenziehen aus dem Rohwasser, Abfiltrieren, Extrahieren, Auszählen der Algen unter dem Mikroskop, mit zusammengekniffenen Augen. Doch langweilig wurde es der Laborantin nie. „Wir mussten damals die Nährlösungen für die Kulturen noch selber kochen", erklärt sie, „das konnte sehr interessant sein." Und dann stellten sich immer wieder neue Aufgaben, wie jene Blaualgen-Schwemme im Jahr 1976, als sich das Talsperrenwasser - so paradox das klingen mag - rot färbte nach der ungeheuren Vermehrung der roten Blaualge. „Ach ja, die Oszillatoria", sagt Glosch, als begrüße sie eine ungeliebte Bekannte, „das war ein ziemlicher Aufwand."

Die technische Zeitenwende hat sich für Hannemarie Glosch am meisten im Umgang mit den Zahlen offenbart: Arbeitete sie zu Beginn der 70er Jahre noch mit langen Tabellen, damit die Umrechnung nicht so viel Zeit in Anspruch nahm, erfasste sie die Daten kurz vor ihrer Pensionierung im Jahr 1984 schon mit dem Computer. „Ich kann mich aber noch gut erinnern, wie sich unser Chef in den 70ern den ersten Taschenrechner privat anschaffte", erzählt die Pensionärin. „Den durfte ich mir borgen." Von der Qualität „ihres" Wassers ist Hannemarie Glosch noch immer fest überzeugt: „Ich trinke häufig Kranenberger".

EINE ZEITREISE DURCH DIE WASSERSCHUTZGEBIETE

Kennen Sie die Situation? Auf einem schönen Spaziergang durch eine wunderbare Landschaft kommen Sie plötzlich an einem blauen Schild vorbei. In einem weißen Quadrat sind drei Wellen dargestellt und darunter steht geschrieben: „Wasserschutzgebiet". Mehrmals haben Sie sich schon gefragt: Was bedeutet das eigentlich? Muss ich mich jetzt anders verhalten? Was ist ein Wasserschutzgebiet?

Wasserschutzgebiete werden festgesetzt, um Grund- und Oberflächenwässer, die zur öffentlichen Trinkwasserversorgung genutzt werden, vor nachteiligen Einwirkungen zu schützen. Innerhalb des Wasserschutzgebietes können daher Handlungen und Nutzungen eingeschränkt oder verboten sowie Eigentümer und Nutzungsberechtigte von Grundstücken zur Duldung bestimmter Maßnahmen verpflichtet werden. Diese Bestimmungen werden, wie ein Maßanzug, speziell auf die Verhältnisse im Wassergewinnungsgebiet abgestimmt und in einer Rechtsverordnung festgeschrieben. Dabei werden zum Beispiel die Errichtung von Siedlungs- und Gewerbegebieten, der Bau von Straßen und Wegen, der Umgang mit wassergefährdenden Stoffen, die Landwirtschaft und auch die Freizeitnutzung geregelt. Wasserschutzgebiete werden in der Regel in drei Zonen mit unterschiedlichen Schutzanforderungen gegliedert. Je näher Sie zur Wassergewinnungsanlage kommen, desto größer werden die Nutzungseinschränkungen.

Was Sie auf Ihrem Spaziergang beachten müssen, erfahren Sie im Einzugsgebiet der Wahnbachtalsperre durch zahlreiche Hinweistafeln.

Wasserschutzgebiete spielen im Schutzkonzept für die öffentliche Trinkwasserversorgung eine bedeutende Rolle, da Verunreinigungen von Grund- und Oberflächenwasser nur durch hohen technischen Aufwand wieder zu beseitigen sind. Die Sicherheit für ein hygienisch, chemisch und geschmacklich einwandfreies Trinkwasser wird damit deutlich erhöht. Wasserschutzgebiete werden also zum Wohl der Bevölkerung ausgewiesen, um eine hochwertige Trinkwasserversorgung dauerhaft zu gewährleisten. Dennoch stoßen sie bei den Bürgern in den betroffenen Gebieten häufig zunächst auf wenig Gegenliebe.

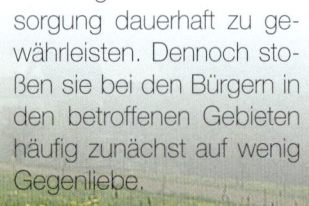

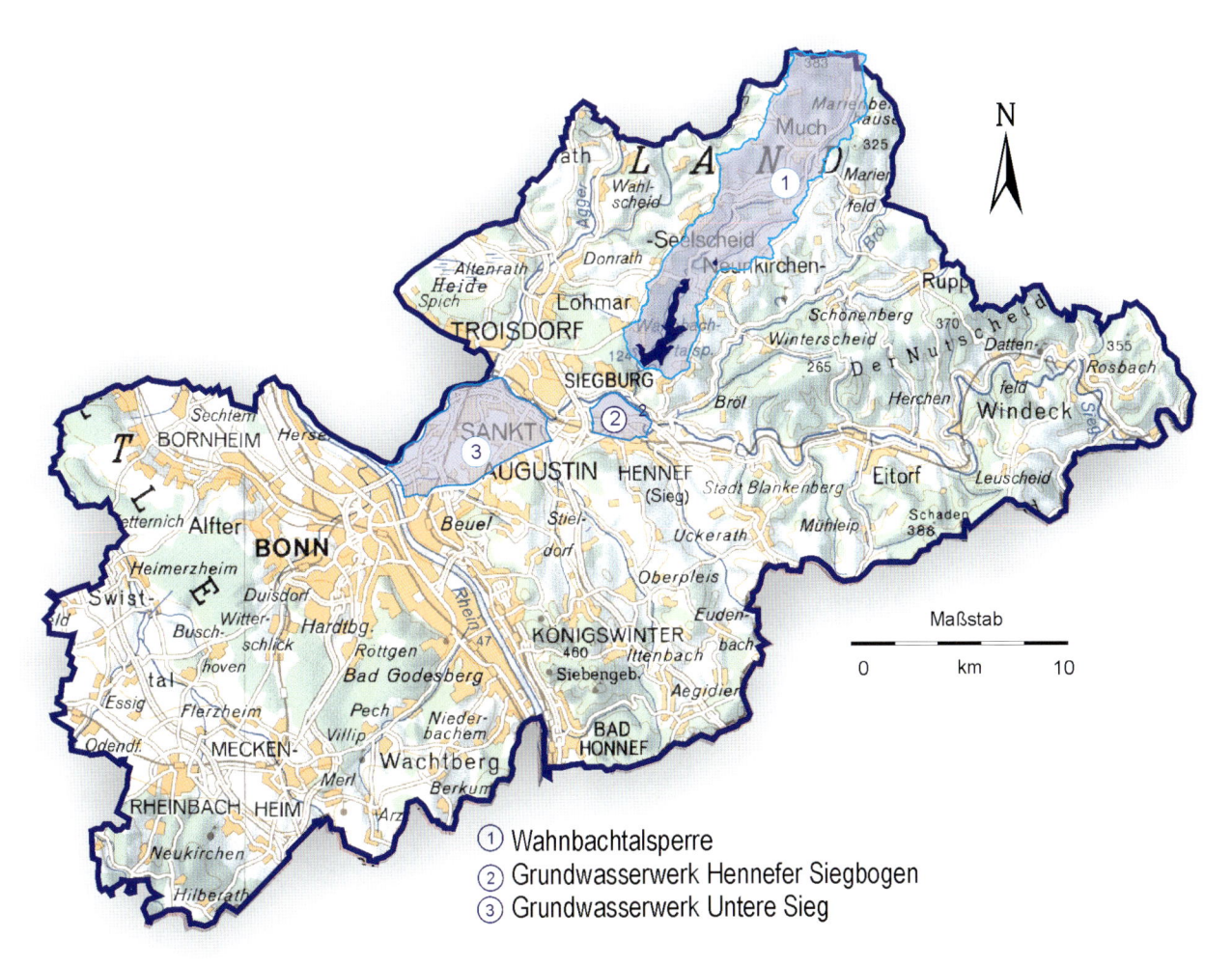

① Wahnbachtalsperre
② Grundwasserwerk Hennefer Siegbogen
③ Grundwasserwerk Untere Sieg

Wegen der erforderlichen Nutzungseinschränkungen werden wirtschaftliche Verluste und Einbußen bei der Wohn- und Lebensqualität befürchtet. Bürgerversammlungen werden einberufen, um sich gegen das „drohende Unheil" in Gestalt des Trinkwasserschutzes zu wehren.

Das im Wasserhaushaltsgesetz des Bundes und den Landeswassergesetzen vorgeschriebene Anhörungsverfahren bietet den betroffenen Bürgern die Möglichkeit, sich umfassend über die geplanten Schutzbestimmungen sowie deren Bedeutung zu informieren und Einsprüche geltend zu machen.

Der Wahnbachtalsperrenverband hat für seine drei Wassergewinnungsgebiete inzwischen fünf Verfahren zur Ausweisung von Wasserschutzgebieten durchlebt und dabei manche negative aber auch viele positive Facetten bei der Erfüllung seiner Aufgabe der Trinkwasserversorgung kennen gelernt. Die oft trockene Verwaltungsarbeit zum Erlass von Wasserschutzgebietsverordnungen wurde dadurch mit Leben gefüllt. Ihr praktische Umsetzung ist eine sensible, oft sehr schwierige, aber auch jederzeit spannende Aufgabe. Dies wird durch die im Folgenden zusammengefasste Entwicklung in den drei Wasserschutzgebieten der Wahnbachtalsperre, des Grundwasserwerkes Untere Sieg und des Grundwasserwerkes im Hennefer Siegbogen deutlich.

WASSERSCHUTZGEBIET WAHNBACHTALSPERRE

Der Regierungspräsident Köln erteilte als Aufsichtsbehörde 1958 dem Bundesgesundheitsamt in Berlin den Auftrag, ein Gutachten über die zur Erhaltung der Wassergüte im Stausee zu treffenden Maßnahmen und zur Abgrenzung von Wasserschutzzonen zu erarbeiten. Auf der Grundlage dieses Gutachtens wurde vom Regierungspräsidenten am 6. April 1965 zunächst eine vorläufige Anordnung über die Handlungen im geplanten Wasserschutzgebiet erlassen. Diese Anordnung besaß eine maximale Gültigkeit von zwei Jahren. Innerhalb dieser Zeitspanne sollte die endgültige Wasserschutzgebietsverordnung erarbeitet und in Kraft gesetzt werden. Doch es kam anders. Wegen der Vielzahl der zu klärenden strittigen Fragen konnte schon das „Behördenverfahren" nicht rechtzeitig abgeschlossen werden. Erst im August 1967, also vier Monate nach Ablauf der vorläufigen Anordnung, konnte das „förmliche Verfahren" mit der Bürgerbeteiligung beginnen. Die geplanten Wasserschutzzonen waren emotionaler Sprengstoff für die Region und führten schnell zur Bildung von Interessengemeinschaften, die ihren Ängsten und Einwendungen auf Protestversammlungen Nachdruck verliehen. Der Sinn und die Notwendigkeit der geplanten Schutzmaßnahmen wurden angezweifelt.

Trotz allem Unmut und Ärger hatten die Bürger aber auch ihren Humor nicht verloren.

Nach zahlreichen Aufklärungsveranstaltungen und Einzelgesprächen mit betroffenen Bürgern über Inhalt und Auswirkung der Verordnung, Abwicklung von Entschädigungsansprüchen sowie einzelnen Änderungen zur Minderung persönlicher Härten ist die Verordnung schließlich am 25. März 1969 für die Dauer von 20 Jahren in Kraft getreten. Das Rad der Geschichte hatte sich seit Inbetriebnahme der Talsperre allerdings schon um zehn Jahre weitergedreht.

Gegen Verordnung für Schutzzone
Nächste Woche eine Protestversammlung in Much

Schutzmaßnahmen

Ein Auszug aus der vorgesehenen Schutzzonenverordnung zeigt, wie einschneidend die Schutzmaßnahmen für den einzelnen Bürger und die Gemeinden sind. Wir zitieren nur einige kurze Auszüge: In der Schutzzone II, zu der weite Teile der Gemeinde Much gehören, sind nicht gestattet:

a) alle Baumaßnahmen, auch für Anlagen, die keiner Baugenehmigung bedürfen, außerhalb geschlossener Ortschaften (Außengebiet), sowie Baumaßnahmen innerhalb geschlossener Ortschaften (Außengebiet), sowie Baumaßnahmen innerhalb geschlossener Ortschaften, wenn keine Möglichkeit zum Anschluß an eine Kanalisation mit Sammelkläranlage besteht...

c) Untergrundberieselung und die Anlage von Sandfiltergräben, Sickergruben, Sickerbrunnen...

e) die Lagerung von wassergefährdenden Flüssigkeiten, wie Rohöl, Heizöl, Treibstoffe, Lösungsmittel, mit Ausnahme der Lagerung von Heizöl in Kellertanks mit einem Fassungsvermögen bis zu je 3000 l und der Lagerung von Dieselöl in oberirdischen Tanks mit einem Fassungsvermögen bis zu 3000 l...

f) die animalische Düngung, sofern die Dungstoffe nach der Anfuhr nicht sofort verteilt werden oder die Gefahr ihrer oberirdischen Abschwemmung (z. B. bei gefrorenem Boden) in ein oberirdisches Gewässer besteht...

g) die unsachgemäße Verwendung von Schädlingsbekämpfungsmitteln und von Kunstdünger sowie die Verwendung dieser Stoffe, wenn eine oberirdische Abschwemmung in ein oberirdisches Gewässer zu besorgen ist...

h) das Anlegen und Unterhalten von Viehtränken in oder unmittelbar an einem oberirdischen Gewässer sowie das Treiben von Vieh durch ein oberirdisches Gewässer...

i) die landwirtschaftliche Bewässerung mit verunreinigtem Wasser...

k) die Anlegung von Badeanstalten in einem oberbergischen Gewässer, Gärfuttermieten, von Friedhöfen, Fischweihern und -teichen...

m) das Anlegen und Unterhalten von Campingplätzen und Lagerplätzen sowie das Baden in oberirdischen Gewässern...

Die oft bezweifelte Notwendigkeit der Schutzauflagen wurde schon bald sichtbar. Die mit den Zuflüssen in den Stausee gelangten Nährstoffe, insbesondere Phosphor, führten zu einem ständigen Anwachsen der Planktonproduktion und schließlich zu massenhaften Algenentwicklungen, dem fortschreitenden Vorgang der Eutrophierung.

Die Nährstoffeinträge wurden vor allem durch die landwirtschaftliche Nutzung und die unzureichende Abwasserbeseitigung in den Siedlungsgebieten verursacht. Trotz der nun geltenden Schutzauflagen war eine Verminderung der Einträge kurzfristig nicht zu erreichen. Da die Eutrophierung des Stausees die Trinkwassergewinnung jedoch sehr stark beeinträchtigte, musste möglichst schnell eine technische Lösung gefunden werden. Es vergingen aber weitere acht Jahre, bis am Einlauf des Wahnbaches in den Stausee eine Phosphor-Eliminierungsanlage errichtet wurde. Das Eutrophierungsproblem hat aber auch zu einer stärkeren Akzeptanz für das Wasserschutzgebiet geführt. Zeitungsschlagzeilen gehörten danach der Vergangenheit an. Zahlreiche Maßnahmen für den Gewässerschutz wurden umgesetzt und bald nahte der 24. März 1989, das Ablaufdatum der Verordnung.

Bauern beim Düngen der Felder mit einem Bein im Gefängnis

Auch in der Gemeinde Lauthausen Widerstand gegen die Talsperrenschutzzonen

Die Vorarbeiten für eine Neufestsetzung begannen im Juli 1987. Die Abgrenzung der Wasserschutzzonen wurde dabei dem verbesserten Kenntnisstand über die schädlichen Einflüsse auf die Gewässer und die erforderlichen Schutzmaßnahmen angepasst. Die Ausdehnung der engeren Wasserschutzzone II wurde erheblich erweitert (früher 12,6 km², jetzt 42,2 km²) und die Wasserschutzzone I entlang der Stauseeufer, in der keine weitere Nutzung zugelassen ist, wurde um 0,8 km² ausgedehnt.

Dies führte verständlicherweise erneut zu Protesten und Einwendungen. 25 Jahre Leben mit dem Wasserschutzgebiet hatten jedoch auch zu einem deutlichen Stimmungswandel in der Bevölkerung geführt. Immer häufiger wurde sogar Unverständnis über unter Auflagen zugelassene Handlungen geäußert.

Einwendungen gegen die neuen Regelungen wurden überwiegend in sachlicher Atmosphäre vorgebracht und diskutiert. Organisierte Protestveranstaltungen blieben aus. Das Wasserschutzgebiet war im Grundsatz akzeptiert. Am 31. Mai 1989 wurde zunächst als Übergangslösung wieder eine vorläufige Anordnung für Handlungen im Wasserschutzgebiet erlassen. In den folgenden vier Jahren wurden die neuen Regelungen auf die Umsetzung in die Praxis angepasst und die zukünftigen Auswirkungen geklärt. Am 14. Juni 1993 ist die neue Wasserschutzgebietsverordnung für 40 Jahre in Kraft getreten.

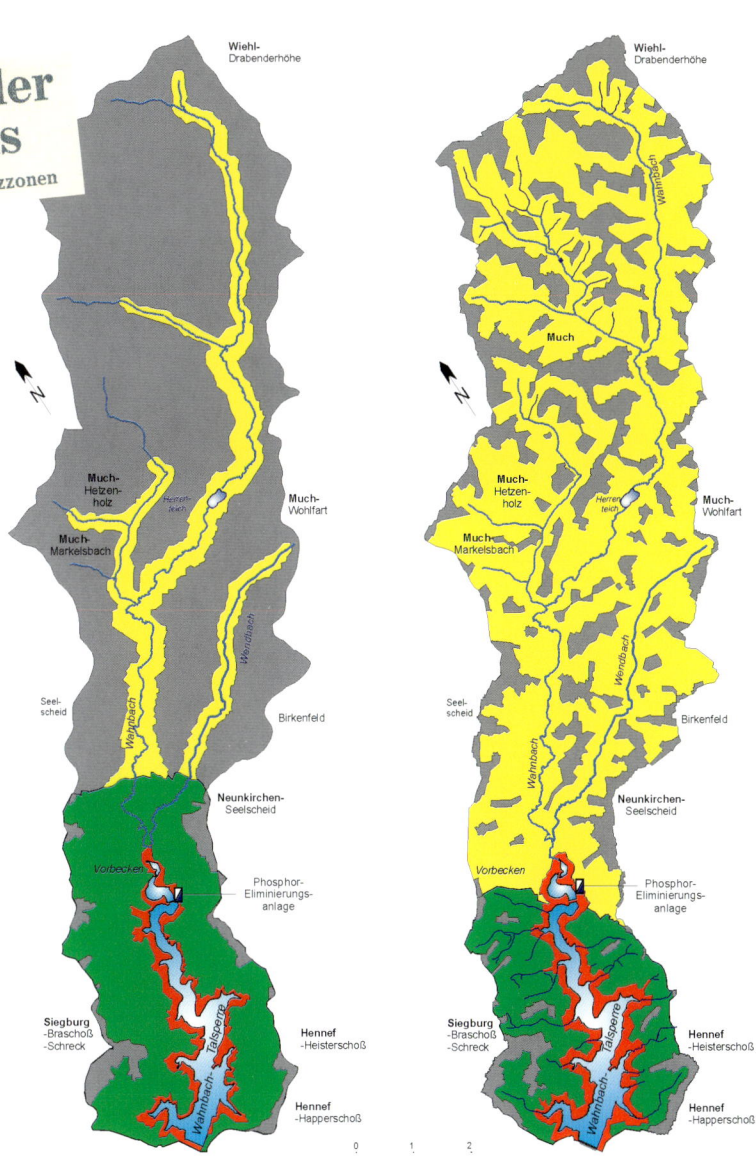

Auch heute ergeben sich oft widersprüchliche Interessen zwischen den Anforderungen des Trinkwasserschutzes, dem Siedlungsdruck und auch der landwirtschaftlichen Flächennutzung. Wohnen im landschaftlich reizvollen Wasserschutzgebiet wurde immer beliebter und die Siedlungsbereiche haben sich daher stark ausgedehnt (ca. 25 % der Gesamtfläche). Sie sind inzwischen zwar weitgehend an die öffentliche Abwasserbehandlung angeschlossen, doch sie werfen auch ihre „Schatten" auf die Gewässer.

Das Wasserschutzgebiet hat sich insgesamt zu einem Idyll entwickelt, das den Menschen Ruhe und Muße zur Erholung vom Alltagsstress bietet. Die Maßnahmen des Trinkwasserschutzes ermöglichen häufig zugleich naturschutzwürdige Entwicklungen.

WASSERSCHUTZGEBIET GRUNDWASSERGEWINNUNG UNTERE SIEG

Im Juli 1962 wurde bereits 6 Jahre vor Inbetriebnahme der Grundwassergewinnung vom Regierungspräsidenten Köln eine vorläufige Anordnung für die Handlungen im geplanten Wasserschutzgebiet erlassen. Zu diesem Zeitpunkt waren die hydrogeologischen Voruntersuchungen zur Planung der Gewinnungsanlagen und zur Ausweisung des Wasserschutzgebietes noch in vollem Gange. Diese frühzeitige Unterschutzstellung war erforderlich, um andere Planungen wie den Bau einer Rohölpipeline und den Bau der Bundesautobahn von Bonn zum Flughafen Köln-Bonn mit dem Trinkwasserschutz in Einklang zu bringen.

Energische Proteste von Behörden und Gemeindeverwaltungen waren die Folge.

Einwendungen von Privatpersonen wurden nur im geringen Umfang geäußert, da die Wasserschutzzone II mit den höchsten Schutzanforderungen nur eine unbebaute landwirtschaftlich genutzte Fläche von 2,3 km² umfasst. Nach nur drei Jahren wurde am 1. Mai 1965 die Wasserschutzgebietsverordnung für die Dauer von 20 Jahren in Kraft gesetzt.

1967 wurden zwei und 1974 ein weiterer Horizontalfilterbrunnen für die Grundwasserförderung in Betrieb genommen. Mit dem Bau der Bundesautobahn A 59/565, die das Wasserschutzgebiet auf 6 km Länge durchzieht, wurde neben der vorhandenen Trasse für die Bundesbahn, der Straßenbahn Bonn-Siegburg und der B 56 ein vierter wichtiger Verkehrsweg errichtet. Nach 20-jährigem Bestand des Wasserschutzgebietes wurde am 1. Juni 1985 eine zweite Verordnung für eine Dauer von 40 Jahren in Kraft gesetzt.

Die Ausdehnung der Wasserschutzzonen blieb dabei unverändert und die Regelungen wurden ohne gravierende Veränderungen dem aktuellen Kenntnisstand angepasst. Eine Protestwelle blieb daher aus und das Wasserschutzgebiet hatte sich „still und leise" seinen Platz im Naturraum erkämpft. Dieser Naturraum wurde dann allerdings in den nächsten 15 Jahren durch die zunehmende Besiedlung stark in Anspruch genommen. Die einzelnen Siedlungsbereiche haben sich zum Teil erheblich ausgedehnt. Die Sanierung einiger Altlasten aus Gewerbegebieten wurde erforderlich.

Die Anforderungen des Grundwasserschutzes haben aber auch dazu beigetragen, dass einige landwirtschaftlich wertvolle Bereiche erhalten werden konnten. Diese finden sich insbesondere im Rhein- und Siegvorland sowie im Umfeld des Flughafens Hangelar. Hier ist Erholung und Entspannung auf landschaftlich reizvollen Wegen möglich und sogar Platz für Naturschutz. So hat sich zum Beispiel in einem Altarm der Sieg, der Gyssel, und im Mündungsgebiet der Sieg in den Rhein ein Rückzugsareal für gefährdete Tiere und Pflanzenarten gebildet.

WASSERSCHUTZGEBIET HENNEFER SIEGBOGEN

Die Erkundungen zur Erschließung des Grundwasservorkommens im Hennefer Siegbogen wurden in den Jahren 1972 bis 1973 durchgeführt. Im August 1972 hat der Wahnbachtalsperrenverband die Ausweisung eines Wasserschutzgebietes beantragt, das am 31.12.1974 für 40 Jahre in Kraft gesetzt wurde. Damit wurde in verhältnismäßig kurzer Zeit eine zukünftige Trinkwassergewinnung geschützt, obwohl noch 20 Jahre vergehen sollten, bis mit dem Bau der Förderbrunnen begonnen wurde. Die Festsetzung als Wasserschutzgebiet übernahm damit frühzeitig die wichtige Aufgabe zur Sicherung des prognostizierten Trinkwasserbedarfes. Große Teile des Stadtgebietes von Hennef liegen innerhalb des Wasserschutzgebietes und es war daher zwingend erforderlich, das Umfeld der geplanten Wassergewinnungsanlagen durch Ausweisung der Wasserschutzzone II von Siedlungs- und Gewerbegebieten sowie Verkehrswegen freizuhalten.

Der Wahnbachtalsperrenverband hat im Rahmen einer Flurbereinigung die ehemals landwirtschaftlich genutzten Flächen um die Förderbrunnen erworben und naturnah umgestaltet. Durch Anpflanzung eines Gehölzstreifens entlang der Trasse für die Rohwassertransport- und die 3. Hauptversorgungsleitung Richtung Bonn wurde ein Biotopverbund zur Siegaue hergestellt. Damit bildet das Grundwassergewinnungsgelände nun auch ein Schutzareal für Fauna und Flora.

Die Wasserschutzgebietsverordnung ist noch über ein Jahrzehnt bis 2014 gültig. Ein Entwurf zur Aktualisierung wurde aber schon 1998 vom Regierungspräsident Köln vorgelegt. Dieser Entwurf enthält sinnvolle Änderungen zum Verlauf der Wasserschutzzonen aber auch drastische Verschärfungen der Regelungsinhalte. Dagegen hat sich schnell eine breite Front des Widerstandes gebildet.

Die Art des Protestes markiert eine neue Richtung in der Entwicklungsgeschichte der Wasserschutzgebiete des Wahnbachtalsperrenverbandes. In diesem Fall wird inhaltliche Kritik gemeinsam von der Wasserwirtschaft und Betroffenen getragen. Für den Wahnbachtalsperrenverband besitzt der Trinkwasserschutz natürlich oberste Priorität. Die erforderlichen Regelungen müssen aber sinnvoll dem Schutzziel angepasst werden und in ihren Auswirkungen dem Nutzen angemessen sein. Wir plädieren daher für Schutzstrategien, die eine ausreichende Sicherheit für die Trinkwasserversorgung gewährleisten, gleichzeitig aber wirtschaftliche Existenzen sichern und die Kosten für das Trinkwasser niedrig halten.

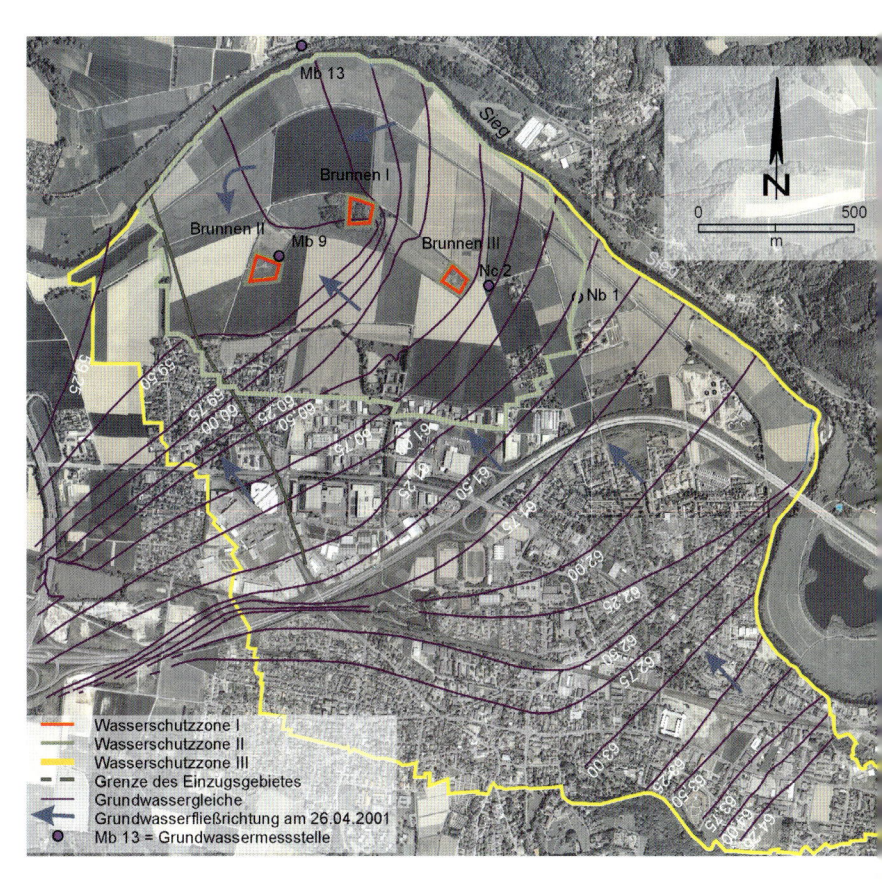

Wenn Sie nun Ihren Spaziergang durch das Wasserschutzgebiet fortsetzen, werden Sie sprudelnde Quellen, leise plätschernde Bäche, die Ansicht vom nächsten Hügel auf ein neues Wohn- und Gewerbegebiet, Kühe auf saftigen Wiesen, denen der Zugang zum Gewässer versperrt ist, die mit Bauschutt und Grünabfällen verkippte Quellmulde oder auch die eingefriedeten Brunnenareale mit anderen Augen sehen. Trinkwasserschutz geht uns alle an. Trinkwasser ist unser wichtigstes Lebensmittel, das für unsere Zukunft geschützt werden muss. Der unterirdische Strom des Grundwassers und die sanften Wogen unserer Bäche stehen für den Quell des Lebens. Wasserschutzgebiete sind daher eine besonders sinnvolle Erfindung.

PAUL KIERAS

„Und handeln sollst Du so, als hinge von Dir und Deinem Tun allein das Schicksal ab der deutschen Dinge und die Verantwortung wär' Dein!" Unter dieses Leitwort des Philosophen Johann Gottlieb Fichte stellte Paul Kieras bei seiner Amtsübernahme 1959 seine Arbeit als Oberkreisdirektor. Vom 1. April 1959 bis zum 30. September 1983 stand der studierte Rechts- und Staatswissenschaftler Paul Kieras, der zuvor fünf Jahre lang stellvertretender Oberkreisdirektor beim Landkreis Schleiden in der Eifel gewesen war, an der Spitze der Kreisverwaltung am Kaiser-Wilhelm-Platz in Siegburg. Nach seiner ersten Ernennung für 12 Jahre wurde er 1971 für eine zweite Amtsperiode wiedergewählt. 24 Jahre und sechs Monate stand er dem Kreis vor.

Oberkreisdirektor Paul Kieras, Wolfram Such,
Regierungspräsident Franz Josef Antwerpes
und leitender Oberregierungsbaudirektor Engelhardt.

Ebenfalls im Jahr 1971, genau am 18. November, wählte die Verbandsversammlung des Wahnbachtalsperrenverbandes Paul Kieras zum Nachfolger des Verbandsvorstehers Dr. Franz Kaiser.

In der Kreisverwaltung erlebte Kieras unruhige Jahre, veränderte sich die Region doch durch die kommunale Neuordnung drastisch. Paul Kieras arbeitete hart gegen die ursprünglich geplante Zerschlagung des alten Siegkreises und für einen starken Rhein-Sieg-Kreis. Und auch für den Wahnbachtalsperrenverband hatte Paul Kieras wichtige Entscheidungen getroffen: Als erstes stand die Realisierung der Phosphor-Eliminierungsanlage, eines 37,5-Millionen-Projekts, während seiner Amtszeit an. Im Jahr 1974 begannen die Bauarbeiten für diese Anlage, deren Tauglichkeit zuvor lediglich in Versuchsanlagen, im wesentlich kleineren Maßstab, bewiesen worden war. Doch als „gebürtiger Schlesier mit dem Pflichtbewusstsein eines staatstreuen Preußens", so sahen ihn die

Journalisten nach seinem Tod im Rückblick, hatte er dem notwendigen Projekt nach eingehender Erörterung mit den Verbandsmitgliedern ohne Zögern zugestimmt. Und das kam nicht von ungefähr, hatte Kieras bei seiner Amtseinführung schließlich nicht nur einen Preußen, nämlich seinen Vater, der preußischer Postbeamter war, sondern auch Otto von Bismarck und Friedrich den Großen als Vorbilder angeführt. Er verfechte eine „Demokratie, die mit starker Hand regiert und nicht alles zerredet", äußerte er einmal in einem Interview.

Eher freie Hand, allerdings in bestimmten Grenzen, habe er den beiden Geschäftsführern des Wahnbachtalsperrenverbandes während seines Wirkens als Vorsteher des Verbandes gelassen, erinnert sich heute Wolfram Such, der als Nachfolger von Franz-Gerd Hötter die Geschäfte des Verbandes von 1989 bis 2001, über das Wirken von Paul Kieras hinaus, führte. Trotzdem habe er sich stets für die Belange der Trinkwasserversorger interessiert und häufiger um Führungen in Versuchsanlagen gebeten. „Problemlösungen, wie etwa die Phosphor-Eliminierung, haben ihn äußerst fasziniert", erinnert sich Such. „Kieras stellte immer sehr gezielte Fragen", so Such, der Kieras' „Blick für das Wesentliche" sehr bewunderte. „Wenn er von einer Sache überzeugt war, hat er das den Vertretern des Verbandes mit Überzeugungskraft und sehr plausibel verdeutlicht."

Im September 1983 gab der damals 65-Jährige - Paul Kieras wurde am 19. September 1918 in Bralin/Mittelschlesien geboren - das Zepter des OKD weiter. Dem Wahbachtalsperrenverband indes stand er noch mehr als ein Jahrzehnt vor, bis zum 31. März 1994.

Während dieser Zeit seines weiteren Wirkens als Vorsteher wurden von der Verbandsversammlung weitreichende Beschlüsse über die Errichtung neuer umfangreicher Anlagen gefasst so für den Bau der dritten Hauptversorgungsleitung von der Trinkwasseraufbereitungsanlage Siegelsknippen über die Trinkwasseraufbereitungsanlage Sankt Augustin-Meindorf durch Bonn-Beuel nach Bonn-Süd mit der dritten Rheinkreuzung. Auch die Entscheidungen für die Planung und den Bau der Gewinnungs-, Vorbehandlungs- und Förderanlagen für das Grundwasser aus dem Hennefer Siegbogen sowie die Planung und die Vorbereitungen für die Errichtung der neuen Trinkwasseraufbereitung Siegelsknippen mit den zugehörigen Betriebs- Förder-, Speicher- und Verteilungsanlagen fielen in seine Amtszeit.

BAUPROGRAMM DER 90er

Mit der Gründung des Wahnbachtalsperrenverbandes und dem Bau der Wahnbachtalsperre, der Trinkwasseraufbereitungsanlage Siegburg-Siegelsknippen und dem Rohrleitungsnetz in Richtung Siegburg, Sankt Augustin und Bonn war zunächst eine Lieferung von Trinkwasser in Höhe von 14,5 Mio. m³ pro Jahr an die Stadt Bonn, den Siegkreis, den Landkreis Bonn und die Stadt Siegburg sowie eine Brauchwasserlieferung von 13,6 Mio m³ pro Jahr an die Phrix-Werke in Siegburg über eine gesondert verlegte Brauchwasserleitung vorgesehen.

Die Trinkwasseraufbereitungsanlage auf dem Siegelsknippen wurde deshalb zunächst nur für eine mittlere Stundenleistung von 1.700 m³/Stunde mit einem maximalen Durchsatz von 3.000 m³/Stunde bemessen. Die rasche Vergrößerung des Versorgungsnetzes durch den Anschluss des östlichen Rhein-Sieg-Kreises und der linksrheinischen Städte und Gemeinden in den 60er Jahren, die starke Bevölkerungszunahme im gesamten Bereich Bonn-Rhein-Sieg durch den Ausbau der Bundeshauptstadt Bonn, Wohnstädte in Meckenheim und Sankt Augustin sowie die rasante Zunahme des spezifischen Trinkwasserbedarfs erforderten schnell, wie im Vorhinein geschildert, zusätzliche Wasserversorgungsanlagen.

Alte Trinkwasseraufbereitungsanlage Siegelsknippen.

Nach dem Bau des Wasserwerkes Sankt Augustin-Meindorf mit einer zusätzlichen Trinkwasserbereitstellung von 20 Mio. m³/Jahr schaffte der Niedergang der Zellwolle-Produktion bei den Phrix-Werken in Siegburg mit letztendlicher Einstellung der Produktion Entlastung. Das Brauchwasserkontingent aus der Wahnbachtalsperre konnte damit für die Trinkwasserversorgung genutzt und somit eine Jahresmenge von 28,1 Mio. m³/Jahr aus der Wahnbachtalsperre bereitgestellt werden. Da auf die Trinkwasseraufbereitungsanlage auf dem Siegelsknippen auch nur kurzzeitig nicht verzichtet werden konnte, wurde die Trinkwasseraufbereitungsanlage mit allen technischen Einrichtungen, wie Dosieranlagen, Pumpwerken, aber auch Werkstätten, Lager-, Büro- und Sozialräumen bei laufendem Betrieb dem ständig steigenden Bedarf angepasst. Durch die besondere Lage nahe der Wahnbachtalsperre und nahe dem Sitz der Geschäftsstelle in Siegburg wurden auch die ständig wachsende Rohrnetzabteilung, Elektroabteilung und die verschiedenen Laboratorien in Siegelsknippen angesiedelt. In der ständigen Wachstumsphase und aufgrund der regelmäßigen Bautätigkeit an den Wasserversorgungsanlagen geschah dies verständlicherweise nur im absolut notwendigen, teilweise nur sehr provisorischen Rahmen.

Ende der 80er Jahre bestand deshalb das Problem, dass aufgrund des weiter gestiegenen Trinkwasserbedarfs und der Übernahme der Wasserversorgung in Bonn-Bad Godesberg - sowie aufgrund des Chemieunfalls bei Sandoz in der Schweiz mit starken Auswirkungen auf die Wasserversorgung aus dem Rhein wollten die Godesberger Bürger auch Wahn-bachtalsperrenwasser haben - die vorhandenen Gewinnungs- und Aufbereitungskapazitäten von 48,1 Mio. m³/Jahr bei einer Trinkwasserabgabe von 47,3 Mio. m³/Jahr nahezu erschöpft waren. Außerdem entsprach die Trinkwasseraufbereitungsanlage auf dem Siegelsknippen verfahrenstechnisch, vom technischen Zustand und dem möglichen Durchsatz nicht mehr den gestiegenen Ansprüchen der Wasserversorgungstechnik.

Es wurden deshalb im Jahr 1990 erste Planungen aus den 80er Jahren aufgegriffen, durch die Erschließung eines Grundwasservorkommens im Hennefer Siegbogen zusätzliche Trinkwassermengen bereitstellen zu können und die Aufbereitung des Wahnbachtalsperrenwassers durch eine neue Trinkwasseraufbereitungsanlage zukunftsfähig zu machen.

Aufgrund neuer Anforderungen der Trinkwasserverordnung in Bezug auf Pflanzenbehandlungs- und Schädlingsbekämpfungsmittel sowie Problemen mit Chlorkohlenwasserstoffen aus Altlasten, vor allem im Bereich Hennef, war eine Modifizierung der Verfahrenstechnik erforderlich. Auch führten neue Verfahrenstechniken, organisatorische Überlegungen und Forderungen des Natur- und Landschaftschutzes zu einer gänzlich neuen Bauplanung, die in vier Bauabschnitte aufgeteilt wurde:

Luftbild vom Brunnengebäude Hennefer Siegbogen.

Erster Bauabschnitt: Bau von zwei Horizontalfilterbrunnen im Hennefer Siegbogen mit Förderung des Rohwassers aus den Brunnen über eine Rohrleitung DN 800/DN 600 direkt in die Voraufbereitungsanlage Siegburg-Seligenthal. Parallel dazu, teilweise in gleichen Trassen, Bau einer 3. Hauptversorgungsleitung.

Zweiter Bauabschnitt: Bau von Voraufbereitungs- und Förderanlagen am Fuß der Wahnbachtalsperre mit einer Entsäuerung des Grundwassers aus dem Hennefer Siegbogen, Anlagen zur Dosierung von Natronlauge, Kaliumpermanganat und Pulveraktivkohle sowie Bau von Förderanlagen für Grund- und Talsperrenwasser und Betriebsgebäuden.

Dritter Bauabschnitt: Bau eines zusätzlichen Wasserbehälters mit einem Inhalt von 2 x 10.000 m³ mit Pumpwerk sowie Sozial-, Werkstatt- und Lagergebäuden in Siegburg-Siegelsknippen.

Vierter Bauabschnitt: Bau einer neuen Trinkwasseraufbereitungsanlage für das Wasser aus der Wahnbachtalsperre in Siegburg-Siegelsknippen.

Neben diesen vier Hauptbauabschnitten ergaben sich im Laufe der Planung weitere Baumaßnahmen, die im Folgenden in chronologischer Reihenfolge zusammengestellt sind.

unten links: Baugrubensicherung mit Felsankern und Bohrpfahlgründung.
unten rechts: Gründung Wasserbehälter nach Versorgungskanal.
unten: Luftbild - Keller - Januar 1998

- Verlegung 3. Hauptversorgungsleitung
  (Trinkwasseraufbereitungsanlage Siegelsknippen - Bonn:
  12 km Rohrleitung DN 800, 1990 - 1997

- Hennefer Siegbogen:
  Bau von 2 Horizontalfilterbrunnen, 1993 - 1994

- Voraufbereitungs- und Förderanlagen Siegburg-Seligenthal:
  Elimination von Kohlensäure über sechs Wellbahnriesler, 1992 - 1996
  Dosieranlagen einschließlich Lagerung für Natronlauge,
  Kaliumpermanganat sowie Aktivkohle

- Trinkwasserbehälter Siegelsknippen 2 x 10.000 m^3
  mit vier Pumpwerken sowie Lager, Werkstatt und Sozialgebäude,
  1995 - 1998

- Trinkwasserleitung Trinkwasseraufbereitung Siegelsknippen - Nackhausen:
  15 km Rohrleitung DN 600, 1998 - 2000

- Bau der neuen Trinkwasseraufbereitungsanlage für
  3.500 - 5.000 m^3/h Talsperrenwasser, 1996 - 2002

- Ertüchtigung alte Trinkwasseraufbereitung Siegelsknippen
  1.500 - 3.000 m^3/h Grundwasser, 1999 - 2004

- Neubau Laborgebäude, 2000

- Verlegung der Geschäftsstelle nach Siegburg-Siegelsknippen,
  2001 - 2002

- Einführung des Prozessleitsystems im gesamten Versorgungsgebiet,
  1996 - 2002

Das Planungskonzept berücksichtigte vorhandene Anlagen, Rohrleitungen und Betriebsstandorte und ermöglichte die Durchführung der Baumaßnahmen bei gesichertem, laufendem Betrieb der vorhandenen Versorgungsanlagen und einer Sicherstellung der Trinkwasserversorgung im gesamten Versorgungsbereich.

Durch den Bau der Anlagen in Siegburg-Seligenthal und Siegburg-Siegelsknippen konnte der Betrieb der neuen Anlagen ohne zusätzliches Personal erfolgen, da die vorhandenen Arbeitsgruppen in Siegburg-Seligenthal die Brunnenanlage Hennef und die Voraufbereitungsanlagen mit betreuen konnten und auch die neuen Gebäude und Anlagen in Siegburg-Siegelsknippen von den Arbeitsgruppen Rohrnetz und Aufbereitungsanlagen mit übernommen werden konnten.

GRUNDWASSERFÖRDERUNG IM SIEGBOGEN BEI HENNEF

Seit 1974 war der Wahnbachtalsperrenverband Inhaber einer wasserrechtlichen Bewilligung für die Gewinnung von bis zu 13,3 Mio. m³/Jahr Grundwasser aus dem Siegbogen bei Hennef, für dessen Fassungsgebiet auch ein Wasserschutzgebiet ausgewiesen war. Die Lage des Gewinnungsgebietes in einem Landschaftschutzgebiet in der Siegaue mit einem landwirtschaftlich genutzten Einzugsgebiet, in dem aber auch die Stadt Hennef mit alten und neuen Gewerbegebieten sowie einigen Chlorkohlenwasserstoff-Altlasten liegt, erforderte weitergehende Überlegungen zur Art der Grundwassergewinnung, zur Ausgestaltung des Fassungsgeländes und zur Aufbereitung des geförderten Grundwassers.

Die Grundwasserfassung im Siegbogen bei Hennef wurde bis zum Jahresende 1994 durch den Bau von zwei Horizontalfilterbrunnen erschlossen. Die Brunnenart des so genannten Horizontalfilterbrunnens stellte für den gegebenen Standort die beste Lösung dar. Durch die horizontale Ausbildung der Filterstränge in einer Tiefe von 10 m kann eine sehr gute Fassung des Grundwassers erfolgen, das in dem aus groben Kiesen und Sanden gebildeten, nicht besonders mächtigen Grundwasserleiter, dem so genannten Hennefer Siegbogen, durchfließt und unterhalb der Brunnenanlagen wieder in die Sieg abfließen würde.

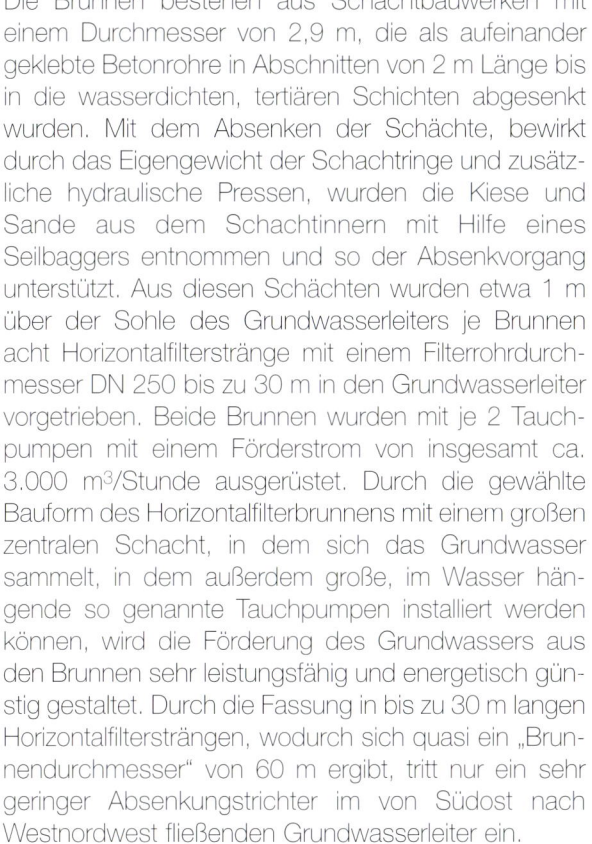

Die Brunnen bestehen aus Schachtbauwerken mit einem Durchmesser von 2,9 m, die als aufeinander geklebte Betonrohre in Abschnitten von 2 m Länge bis in die wasserdichten, tertiären Schichten abgesenkt wurden. Mit dem Absenken der Schächte, bewirkt durch das Eigengewicht der Schachtringe und zusätzliche hydraulische Pressen, wurden die Kiese und Sande aus dem Schachtinnern mit Hilfe eines Seilbaggers entnommen und so der Absenkvorgang unterstützt. Aus diesen Schächten wurden etwa 1 m über der Sohle des Grundwasserleiters je Brunnen acht Horizontalfilterstränge mit einem Filterrohrdurchmesser DN 250 bis zu 30 m in den Grundwasserleiter vorgetrieben. Beide Brunnen wurden mit je 2 Tauchpumpen mit einem Förderstrom von insgesamt ca. 3.000 m³/Stunde ausgerüstet. Durch die gewählte Bauform des Horizontalfilterbrunnens mit einem großen zentralen Schacht, in dem sich das Grundwasser sammelt, in dem außerdem große, im Wasser hängende so genannte Tauchpumpen installiert werden können, wird die Förderung des Grundwassers aus den Brunnen sehr leistungsfähig und energetisch günstig gestaltet. Durch die Fassung in bis zu 30 m langen Horizontalfiltersträngen, wodurch sich quasi ein „Brunnendurchmesser" von 60 m ergibt, tritt nur ein sehr geringer Absenkungstrichter im von Südost nach Westnordwest fließenden Grundwasserleiter ein.

Aus Gründen des Landschaftsschutzes und aus betriebstechnischen Gründen wurden die oberirdischen Betriebsanlagen in dem hufeisenförmigen Grundwasserfassungsgelände auf die Brunnenbauwerke und die absolut notwendigen Energieversorgungs- sowie Schalt- und Steuerungsanlagen beschränkt. Auf dem Luftbild sind in dem östlichen und westlichen Geländebereich die Brunnenstandorte und in der Mitte das garagengroße zentrale Energieeinspeisungs- und Steuerungsbauwerk zu erkennen. Die Umzäunung und Sicherung der 17,4 ha großen, im Eigentum des Verbandes stehenden Wasserschutzzone I erfolgt aus Gründen des Natur- und Landschaftsschutzes mit einem Wildzaun, der im Laufe der vergangenen zehn Jahre durch eine angepflanzte Hecke aus Rotdorn, Weißdorn, Schlehen und anderen heimischen Heckenpflanzen eingegrünt wurde und den Wildschutzzaun in etwa 10 bis 15 Jahren ersetzen soll. Durch die Kombination von Wildschutzzaun und Hecke ist dem Niederwild die Möglichkeit zum Wildwechsel gegeben und die Hecke bietet mannigfaltigen Lebensraum für viele Vögel und andere Kleintiere.

Schutzgebiet Hennefer Siegbogen mit Blick ins Siebengebirge.

Rohwasserleitungen mit einem Durchmesser von 600 bzw. 800 mm zum Transport des geförderten Grundwassers - wegen des Gehaltes an aggressiver Kohlensäure mit einem Mörtel aus Tonerdeschmelzzement ausgeschleudert - wurden unter Einbeziehung einer vorhandenen Brauchwasserleitung zum Betriebspunkt am Fuß des Dammbauwerkes der Wahnbachtalsperre verlegt sowie im Gegenzug eine dritte Hauptversorgungsleitung mit einem Durchmesser von 800 mm zwischen der Trinkwasseraufbereitungsanlage Siegburg-Siegelsknippen und Sankt Augustin-Großenbusch zur Verbesserung der Trinkwasserversorgung in Siegburg, Hennef, Sankt Augustin und Bonn verlegt. Das Luftbild mit einem Auszug aus dem Versorgungsnetz des Wahnbachtalsperrenverbandes zeigt gepunktet die neuen Rohwasserleitungen von der Brunnenanlage im Hennefer Siegbogen zur Voraufbereitungsanlage Siegburg-Seligenthal sowie die neu verlegte 3. Hauptversorgungsleitung von der Trinkwasseraufbereitungsanlage Siegburg-Siegelsknippen über das Fassungsgelände im Hennefer Siegbogen zur Kreuzungsstation Sankt Augustin-Großenbusch.

Wesentliche bauliche Hindernisse für die mit einem Durchmesser von 800 mm doch schon sehr stattlichen Rohre waren die Sieg unterhalb von Kaldauen, die teilweise sehr engen oder stark befahrenen Straßen sowie die Bundesautobahnen und die Bahnlinien. Die Rohrleitung besteht aus spiralnahtgeschweißten Stahlrohren mit einer Zementmörtelauskleidung von etwa 10 mm Stärke auf der Innenseite und einer isolierenden und schützenden Polyethylenbeschichtung auf der Außenseite. Außerdem wird an die Leitung nach der Verlegung ein kathodischer Korrosionsschutz angelegt.

Die Versorgungsleitung verläuft von Siegburg-Siegelsknippen kommend durch den Kaldauer Wald, in dem durch die Mitverlegung eines Mittelspannungskabels des RWE nunmehr auf eine Freileitung mit einer entsprechenden Waldschneise verzichtet werden kann. Anschließend verläuft die Rohrleitung durch Münchshecke (Bild), kreuzt die Wahnbachtalstraße und anschließend die Sieg. Die Sieg wurde mit einem so genannten Doppeldüker überwunden, in dem neben zwei Stahlrohren DN 800 insgesamt 15 Kabelschutzrohre DN 100 zu einem Düker zusammengebaut sind. Nach der Ausbaggerung der Dükerrinne in der Sieg wurde der am Ufer vormontierte Düker mit Winden quer zur Sieg durch diese Rinne gezogen, die anschließend wieder verfüllt und durch eine Steinpackung gesichert wurde. Foto und Längsschnitte zeigen die typischen Dükerhälse, zunächst an Land und dann in der Sieg, mit denen die Böschungen des Flussbettes überwunden werden.

Nach Kreuzung des Brunnenfassungsgeländes verläuft die Rohrleitung entlang des Wolfsbaches durch das Hennefer Gewerbegebiet, kreuzt die Bundesbahnstrecke Siegburg-Hennef, die A 565, die A 3 sowie die neue ICE-Strecke Köln-Frankfurt in der Niederpleiser Tunnelausfahrt und den Pleisbach. Nach einer Querung des Golfplatzes Gut Großenbusch, wo unsere Hauptversorgungsleitung heute ein gutes Fundament für die Greens der Golfer darstellt, bindet die Rohrleitung in die Kreuzungsstation Sankt Augustin-Großenbusch und damit in das bereits bestehende Rohrleitungsnetz des Verbandes ein.

Siegdücker - Rohwasser und Trinkwasserleitung.

NEUE ANLAGEN AM FUSS DER WAHNBACHTALSPERRE

Als 2. Bauabschnitt wurde der Bau von Voraufbereitungs-, Speicher- und Förderanlagen am Fuß der Wahnbachtalsperre mit Grundsteinlegung am 30.11.1992 ausgeführt. Ein Sturm im Dezember 1989 hatte bereits bei der Freimachung des Baufeldes geholfen.

Metall- und betonangreifende, aggressive Kohlensäure mit einer Konzentration von bis zu 50 mg/l im Grundwasser, das mögliche Auftreten von Chlorkohlenwasserstoffen, Pflanzenbehandlungs- und Schädlingsbekämpfungsmittel im Grundwasser aus dem Hennefer Siegbogen sowie von Pflanzenbehandlungs- und Schädlingsbekämpfungsmitteln und Planktonorganismen im Talsperrenwasser machten eine Nutzung des vorhandenen Betriebspunktes am Fuß des Absperrbauwerks der Wahnbachtalsperre für folgende Voraufbereitungs- und Betriebsanlagen sinnvoll:

unten: Baugrubensicherung im Bereich Windkessel- und Dosiergebäude.

rechts: Grundsteinlegung

- Bau eines Gebäudes mit sechs Wellbahnrieslern zum Austreiben der aggressiven Kohlensäure und zur teilweisen Eliminierung eventuell auftretender Chlorkoh-lenwasserstoffe,

- Bau eines Rohwasserzwischenbehälters mit einem Inhalt von ungefähr 3.000 m³ und eines Rohwasserpumpwerks mit einer Pumpenleistung von 500 bis 3.000 m³/Stunde für die Förderung des im Hennefer Siegbogen gewonnenen Grundwassers nach Siegburg-Siegelsknippen,

- Bau einer Chemikaliendosierstation zur möglichen Dosierung von pulverförmiger Aktivkohle, Kaliumpermanganat und Natronlauge,

- Bau von Sozial-, Werkstatt- und Garagengebäuden,

- Bau einer zentralen Mittelspannungseinspeisung mit Trafos, Schalt- und Verteilungsanlagen und

- Anpassung des bestehenden Talsperrenwasser-Pumpwerks an den zukünftigen Bedarf mit redundant ausgeführten Rohrleitungssystemen und einem Windkesselgebäude.

unten: Rohbau Seligenthal - Windkessel und Dosiergbäude, Energietrackt, Aktivkohle.

Mit den in den Horizontalfilterbrunnen installierten Tauchpumpen wird das Grundwasser direkt bis in das Betriebsgelände am Fuß der Wahnbachtalsperre gefördert. Jeder der beiden Brunnen ist mit einer Pumpenleistung von 750 und 1.000 m³/Stunde ausgerüstet. Durch die Förderung des Grundwassers aus den Brunnen in ein Zwischenpumpwerk bzw. einen Rohwasserbehälter im Betriebsgelände unterhalb der Wahnbachtalsperre kann der Energieeinsatz für die Grundwasserförderung optimiert, eine Entkopplung von Grundwasserförderung und -aufbereitung und dadurch die Berücksichtigung von Grundwasserdargebot und Trinkwasserbedarf im Tagesmittel ermöglicht werden. Außerdem können damit die im Luftbild dargestellten Betriebsanlagen in Siegburg-Seligenthal durch die örtliche Konzentrierung optimal betreut werden, während das Fassungsgelände im Hennefer Siegbogen mit den zwei Horizontalfilterbrunnen ohne ständige Besetzung über ein zentrales Prozessleitsystem gefahren werden kann.

Durch die Anordnung der Wellbahnriesler, die den Kohlensäuregehalt bis auf einen Restgehalt von etwa 5 mg/l eliminieren, am Fuß der Wahnbachtalsperre kann in den folgenden Bauwerken und Rohrleitungen auf besondere Schutzmaßnahmen gegen die aggressive Kohlensäure verzichtet werden. Beim Auftreten von Pflanzenbehandlungs- und Schädlingsbekämpfungsmitteln im Talsperren- oder Grundwasser sowie Chlorkohlenwasserstoffen im Grundwasser besteht die Möglichkeit, durch die Dosierung von pulverförmiger Aktivkohle in beiden Wässern diese Stoffe zu binden. Durch die Zugabe von Kaliumpermanganat kann im Talsperrenwasser auftretendes Mangan oxidiert und Zooplankton inaktiviert werden.

Wellbahnrieslerhalle im Rohbau mit montierten Rieslern.

Die Chemikaliendosieranlage ist somit an diesem Standort optimal nutzbar, weil die Anlagen für beide Wässer - Talsperrenwasser und Hennefer Grundwasser - einsetzbar sind und die vorhandenen Rohwasserleitungen DN 1.000 und DN 700 vom Fuß des Absperrbauwerkes zur Trinkwasseraufbereitungsanlage Siegburg-Siegelsknippen, mit vorhandenen Rohrvolumina von 1.200 m^3 bzw 600 m^3, als Reaktionsraum für Aktivkohle und Kaliumpermanganat genutzt werden können. Aufwändige Bauten mit Reaktionsbecken sind deshalb weder am Standort Seligenthal noch am Standort Siegelsknippen erforderlich. Nach der Reaktion der auftretenden Schadstoffe mit den quasi als Katalysator zugegebenen Zusatzstoffen in der Rohrleitung können die an die Zusatzstoffe gebundenen Schadstoffe in der Trinkwasseraufbereitungsanlage abfiltriert werden.

Zum sicheren Betrieb von Wasserversorgungsanlagen ist eine gesicherte Energieversorgung unbedingte Voraussetzung. Mit den Neubauvorhaben wurden deshalb zwei voneinander unabhängige Mittelspannungseinspeisungen von 11.000 Volt und einer Leistung von 2 x 4,5 Megawatt (MW) am Standort Seligenthal realisiert. Über eigene Mittelspannungskabel wird die Energie von Seligenthal zu den Standorten Siegburg-Siegelsknippen, Phosphor-Eliminierungsanlage Neunkirchen-Seelscheid, Hochbehälter Hennef-Happerschoß und Brunnenanlage Hennefer Siegbogen weitergegeben sowie am Standort Siegburg-Seligenthal direkt zum Antrieb von insgesamt acht leistungsfähigen Pumpen mit Mittelspannung genutzt sowie auf 400 Volt transformiert und für die übrige Energieversorgung genutzt. Durch die redundante Ausführung der Energieversorgungsanlagen mit Transformatoren, Schaltanlagen und Kabel mit automatischer Umschaltung ist eine hohe Versorgungssicherheit zu erreichen.

Im Rahmen des Baugenehmigungsverfahrens und der dabei erfolgten Abstimmung mit den Landschaftsbehörden wurde die ursprünglich vorgesehene Lage der Gebäude noch einmal modifiziert sowie umfangreiche Auflagen für die Baumaßnahme im Wahnbachtal festgesetzt. Die Gebäude für Wellbahnriesler sowie Sozial-, Werkstatt- und Garagengebäude wurden in die westliche Talflanke verlegt sowie für alle Gebäude Dachbegrünungen und standortgerechte Begrünungen festgesetzt.

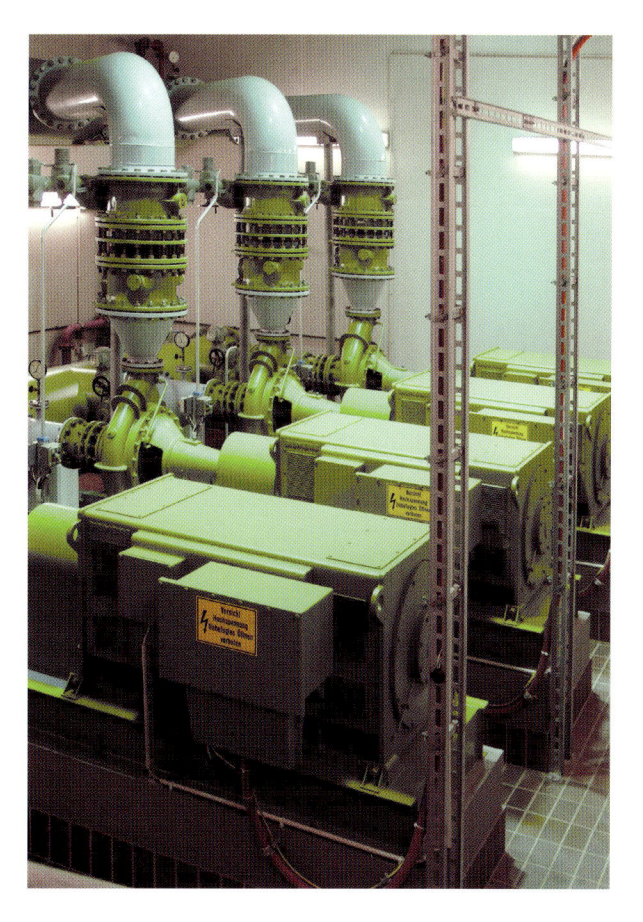

Die dafür erforderlichen Hang- und Baugrubensicherungen, deren Notwendigkeit sich zum Teil erst bei der Herstellung der Baugruben zeigte, waren mit einem hohen bautechnischen und finanziellen Aufwand verbunden. Auch am Wahnbach selbst sowie auf den Magerwiesenflächen auf der rechten Bachseite wurden umfangreiche landschaftspflegerische Maßnahmen vorgegeben.

Nach nunmehr fast zehn Jahren sind die Anlagen sehr schön eingegrünt und die Bachaue zwischen dem Dammbauwerk und dem Ortsteil Seligenthal zeigt im Sommer wunderschöne bunte Blumenwiesen, eingerahmt von standortgerechten Bäumen und Sträuchern. Die Sicht vom Dammbauwerk auf das Betriebsgelände lässt einige Gebäudegruppen unter der intensiven Dachbegrünung nur erahnen.

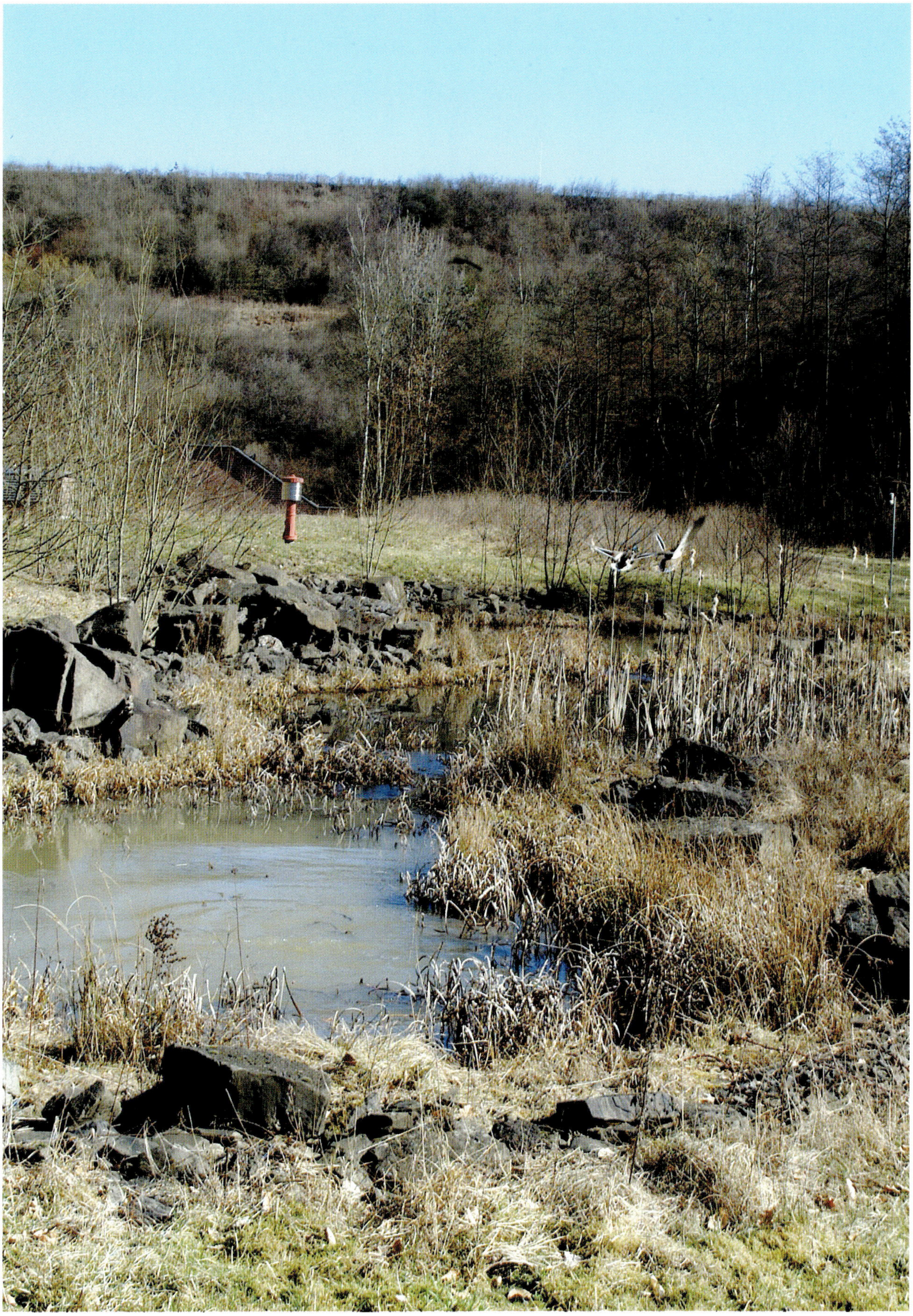

NEUER WASSERBEHÄLTER AUF DEM SIEGELSKNIPPEN

Mit dem Bau der Wahnbachtalsperre und der Planung der Wasserversorgung für Bonn und das Umland wurde mit Siegburg-Siegelsknippen für die Trinkwasseraufbereitungsanlage ein sehr guter Standort gefunden. Er liegt mit einer Höhe von 170 m über dem Meeresspiegel etwa 100 m oberhalb des Wahnbachtals mit einer Entfernung von 1,3 km vom Dammbauwerk der Wahnbachtalsperre und den dortigen Voraufbereitungsanlagen und Pumpwerken. Andererseits liegt Siegelsknippen so hoch, dass der Versorgungsbereich Bonn, die rechte Rheinseite mit Hennef, Siegburg, Sankt Augustin, Lohmar und Königswinter sowie die linke Rheinseite mit Wachtberg, Rheinbach, Meckenheim, Alfter und Bornheim in der Regel im freien Gefälle versorgt werden können. Der Standort Siegelsknippen ist damit energetisch günstig, da das Rohwasser aus der Wahnbachtalsperre und auch das Grundwasser aus dem Hennefer Siegbogen kontinuierlich über 24 Stunden in die Trinkwasseraufbereitungsanlage gefördert werden können. Dies kann mit leistungsfähigen Pumpen ohne kurzfristige Förderschwankungen und damit ohne Energiespitzen erfolgen.

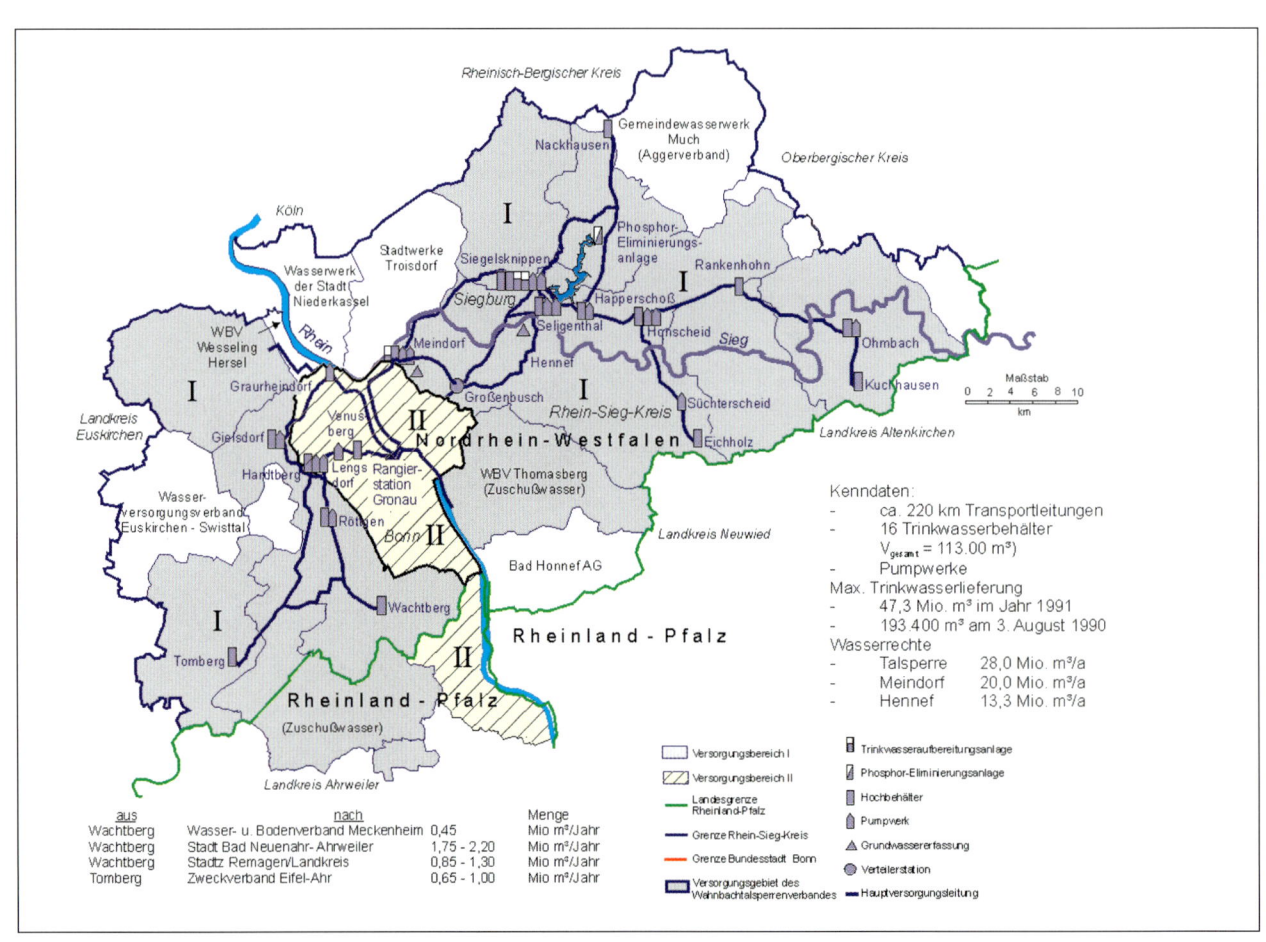

Kenndaten:
- ca. 220 km Transportleitungen
- 16 Trinkwasserbehälter
  $V_{gesamt} = 113.00\ m^3$)
- Pumpwerke

Max. Trinkwasserlieferung
- 47,3 Mio. m³ im Jahr 1991
- 193.400 m³ am 3. August 1990

Wasserrechte
- Talsperre   28,0 Mio. m³/a
- Meindorf   20,0 Mio. m³/a
- Hennef   13,3 Mio. m³/a

aus	nach	Menge
Wachtberg	Wasser- u. Bodenverband Meckenheim	0,45 Mio m³/Jahr
Wachtberg	Stadt Bad Neuenahr-Ahrweiler	1,75 - 2,20 Mio m³/Jahr
Wachtberg	Stadt Remagen/Landkreis	0,85 - 1,30 Mio m³/Jahr
Tomberg	Zweckverband Eifel-Ahr	0,65 - 1,00 Mio m³/Jahr

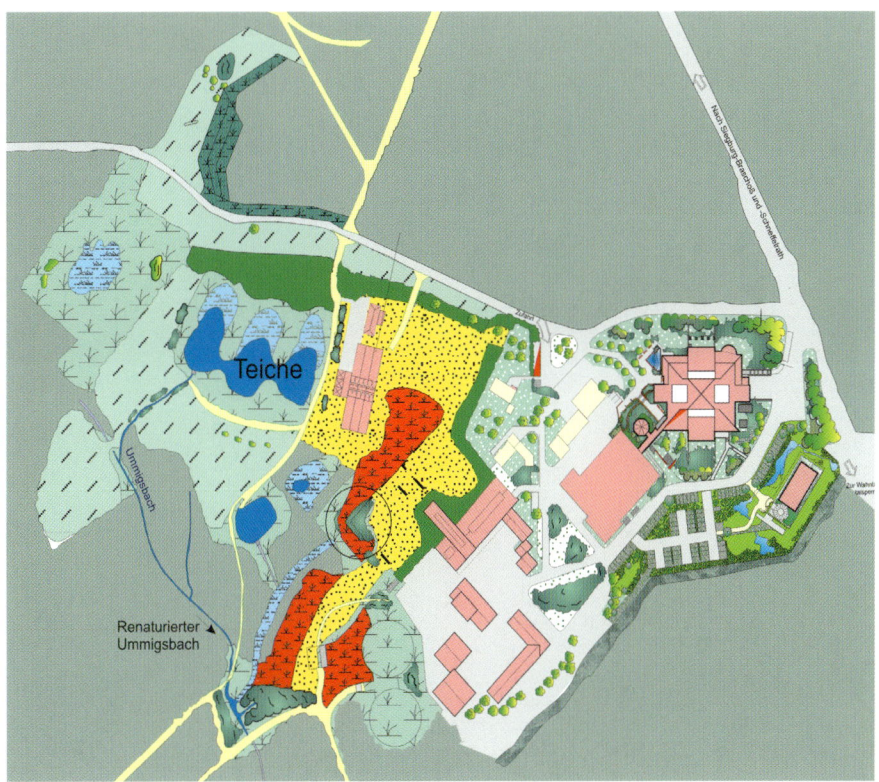

Landschaftspflegerische Massnahmen

Auch die Trinkwasseraufbereitungsanlagen können verfahrenstechnisch effektiv und sicher mit konstanten Mengen betrieben werden. Schwankungen ergeben sich höchstens saisonal an heißen Sommertagen mit Spitzenbedarf. Durch die konstante Fahrweise der Trinkwasseraufbereitungsanlagen und Pumpwerke ist eine hohe Versorgungssicherheit zu erreichen, da die Förder- und Aufbereitungsprozesse stabil und eigensicher eingestellt werden können. Auch sind die entsprechenden Anlagen kostengünstig trotz redundanter Ausführung zu erstellen, da auf regelbare Pumpen mit entsprechenden Steueranlagen und flexible Aufbereitungsschritte verzichtet werden kann.

Die Flexibilität der Wasserversorgung entsprechend dem Trinkwasserbedarf der Bevölkerung im Versorgungsgebiet wird durch Trinkwasservorratsbehälter am Standort Siegelsknippen, im Versorgungsgebiet und an den Endpunkten der Versorgungsleitungen, also vor allem im östlichen Rhein-Sieg-Kreis und auf der linken Rheinseite auf dem Wachtberg und Tomberg, für Bonn in Gielsdorf, Hardtberg und Röttgen erreicht.

Nach Festlegung des Bauprogramms mit Brunnen in Hennef, Voraufbereitungsanlage in Siegburg-Seligenthal und einer wesentlichen Erweiterung des Standortes Siegelsknippen wurde zunächst das alte Baukonzept für den Standort Siegburg-Siegelsknippen, das eine großzügige Verteilung der zu errichtenden Gebäude in Siegelsknippen vorsah, mit der Baugenehmigungbehörde und der Landschaftsbehörde diskutiert. Erste Bestandsaufnahmen zeigten, dass vor allem der nördliche Bereich des vorgesehenen Erweiterungsgebietes wertvolle Landschaftsbestandteile enthielt, die bei einer baulichen Inanspruchnahme umfangreiche Ausgleichs- und Ersatzmaßnahmen erfordern würden. Zur Minimierung des Eingriffs wurden deshalb die vorgesehenen Gebäude - vor allem der große Wasserbehälter und die Trinkwasseraufbereitungsanlage - in kompakter Form auf rund 4 ha im südöstlichen Erweiterungsgelände angeordnet. Der südwestliche Bereich wurde für Ersatz- und Ausgleichsmaßnahmen vorgesehen, während der nördliche Bereich nicht beansprucht wurde. Dadurch nimmt das Betriebsgelände nur einen kleinen Bereich des Gesamtstandortes Siegelsknippen ein, das vorhandene Straßen- und Wegenetz konnte weitgehend erhalten werden und das unmittelbare Betriebsgelände ist durch eine Zaunanlage gut einzugrenzen.

Die erforderlichen Ersatz- und Ausgleichsmaßnahmen konnten mit der Ablagerung und Zwischenlagerung der Aushubmassen von insgesamt etwa 50.000 m^3 kombiniert im südwestlichen Bereich ausgeführt werden.

In der Vergangenheit für die Behandlung der bei der Filtration des Wassers anfallenden Filterrückspülwässer genutzte Absetzbecken und Trockenbeete (Nr. 1 u. 2) wurden dabei durch eine kompakte mechanische Absetzanlage (Nr. 3) ersetzt und konnten deshalb zu einer Teichanlage umgebaut und mit den verfüllten Trockenbeeten zu einem extensiv genutzten Magerwiesenstandort mit stiller Erholung für die Bürger umgenutzt werden.

Die Trinkwasserbehälter am Standort Siegburg-Siegelsknippen (Nr. 4, 5 u. 6) stellen - wie auch die anderen Behälter im Verteilungsnetz - quasi einen Puffer zwischen der möglichst mit konstantem Durchsatz arbeitenden Trinkwasseraufbereitungsanlage (Nr. 7 u. 8) und dem Trinkwasserverteilungsnetz dar. In Zeiten geringer Abnahme, vor allem in der Nacht, werden die Behälter gefüllt, in den Spitzenstunden, wenn der Bedarf über der aufbereiteten Menge liegt, stellt der Behälter einen Ausgleich dar. Durch die günstige Höhenlage in Siegburg-Siegelsknippen bietet sich an, Trinkwasserbehälter mit ausreichenden Kapazitäten an diesem Standort vorzuhalten. Aus der Gründungszeit des Verbandes gibt es zwei Rundbehälter (Nr. 6) mit 8.000 m³ Inhalt sowie einen Zwischenspeicher in der alten Trinkwasseraufbereitungsanlage (Nr. 8) mit einem Volumen von 3.000 m³. Durch die Erhöhung der Leistungsfähigkeit der Talsperrenwasseraufbereitung und die Aufbereitung des im Hennefer Siegbogen gewonnenen Grundwassers in der alten Trinkwasseraufbereitungsanlage war die Vergrößerung des Behältervolumens am Standort Siegelsknippen sinnvoll.

Als 3. Bauabschnitt wurde deshalb ein Wasserbehälter mit zwei Wasserkammern mit jeweils 10.000 m³ Inhalt gebaut. Durch die Vergrößerung des Behältervolumens von 11.000 auf 31.000 m³ wurde die Versorgungssicherheit deutlich erhöht, da nunmehr ein Drittel der Tagesleistung in Behältern am Standort Siegelsknippen vorgehalten werden kann. Zum anderen wurde durch das größere Behältervolumen für die Bauzeit der neuen Trinkwasseraufbereitungsanlage ein erhöhtes Sicherheitspolster geschaffen.

Durch die kompakte Bauplanung am Standort Siegelsknippen war ein Rechteckbehälter besser in die umgebende Bebauung einzupassen. Damit alter und neuer Behälter parallel ohne Einschränkung betrieben - also gefüllt und geleert - werden können, wurden die Behälter in gleicher Höhenlage gebaut. Östlich an den neuen Behälter angebaut wurde ein Pumpwerk (Nr. 9) für die Höhenversorgung des Rhein-Sieg-Kreises. Außerdem wurden Lager- und Werkstattgebäude einschließlich Büro- und Sozialgebäude für die Rohrnetzabteilung (Nr. 10) sowie die zentrale Energieeinspeisung und Mittelspannungsschaltanlage (Nr. 11) für den Standort Siegelsknippen zusammen mit dem Wasserbehälter hergestellt. Weiterhin entstanden eine Lagerhalle für Großarmaturen (Nr. 12), die heute durchaus den Wert von Kleinwagen darstellen, sowie ein überdachtes Lager (Nr. 13) und ein Freilager (Nr. 14), vor allem für die vorzuhaltenden großen Stahlrohre mit Durchmessern zwischen 200 und 1.600 mm. Eine Betriebstankstelle mit Kfz-Werkstatt (Nr. 15) komplettierte den 3. Bauabschnitt.

Das wesentliche Bauwerk des 3. Bauabschnittes, der Wasserbehälter, wurde unter Berücksichtigung der Erfordernisse der Trinkwasserversorgung als solides, langlebiges Betonbauwerk ausgeführt. Um stets frisches Wasser abzugeben und keine Totzonen mit „altem Wasser" zu haben, ist der Behälter mit Leitwänden ausgestattet. Es wird praktisch ein „Wasserpaket" durch den Behälter geschoben und anschließend ins Netz abgegeben.

Aufgrund in den 80er und 90er Jahren erforderlich gewordener umfangreicher Betonsanierungen in Wasserbehältern wurde großer Wert auf eine gute Betonverarbeitung mit ausreichender Überdeckung der Stahlbewehrung und solidem Einbau der die Behälterwände kreuzenden Rohrleitungen sowie der Be- und Entlüftungseinrichtungen umgesetzt.

Nachdem im Sommer 1994 mit den Bauarbeiten für den Wasserbehälter begonnen wurde, konnte im Sommer 1996 Richtfest gefeiert werden und die Anlage im Frühjahr 1998 in Betrieb genommen werden. Heute ist der Behälter wieder eingegrünt; auf dem Luftbild ist er jedoch noch gut zu erkennen. Umfangreiche Hangsicherungsarbeiten waren auf der Südwestecke erforderlich, um den Betonbehälter vor der Witterung - Frost/Tauwechsel im Winter und starke Besonnung im Sommer – zu schützen. Es wurde eine Erdandeckung mit Gabionen gewählt, die sich gut in das Landschaftsbild eingepasst hat und heute vollständig begrünt ist.

Als verbindendes Element zwischen Wasserbehälter sowie alter und neuer Trinkwasseraufbereitungsanlage wurde ein Rohrgang für alle Versorgungs- und Entsorgungsleitungen, Strom- und Steuerkabel sowie eine Trinkwasserleitung in den Wasserbehälter gebaut. Die Trinkwasserleitung hat einen Durchmesser von 1.600 mm und ist damit das „dickste Rohr" des Verbandes. Die Entnahmeleitung aus dem neuen Trinkwasserbehälter in das Versorgungsgebiet hat ebenfalls einen Durchmesser von 1.600 mm, sie wurde vorab unter der Gründungssohle der linken Wasserkammer verlegt.

Die Lager-, Werkstatt- und Sozialgebäude wurden überwiegend mit Betonfertigteilen als Stützen-Binder-Konstruktion gebaut. Die Satteldächer haben eine Blechabdichtung, die Wände sind mit Mauerwerk ausgefacht.

Luftbild vom Bau der Trinkwasseraufbereitung in Siegelsknippen.

NEUE TRINKWASSERAUFBEREITUNGSANLAGE

FÜR DAS WASSER AUS DER WAHNBACHTALSPERRE

Die im Vorhinein geschilderte Entwicklung der Wasserversorgung in Bonn und im Rhein-Sieg-Kreis und die beschriebenen Baumaßnahmen waren Grund und wesentliche Voraussetzung zum wichtigsten Bauabschnitt und zur größten Investition: der Erstellung einer neuen Trinkwasseraufbereitungsanlage für das Wasser aus der Wahnbachtalsperre.

Parallel zu Planungs-, Bau- und Inbetriebnahmephasen der ersten drei Bauabschnitte wurde ab 1990 das Projekt „Neue Trinkwasseraufbereitungsanlage" beim Wahnbachtalsperrenverband betrieben. In der ersten Phase wurden noch in Zusammenarbeit mit dem damaligen Betriebsleiter Prof. Dr. Heinz Bernhardt die Grundlagen und wesentlichen Anforderungen für die neue Anlage formuliert:

- Die neue Anlage musste baulich, hydraulisch und verfahrenstechnisch in die Anlagen in Seligenthal und Siegelsknippen eingebunden werden,

- es sollte ein stabiler, prozesssicherer, möglichst einfacher aber flexibler Aufbereitungsprozess mit zusätzlichen Erweiterungsmöglichkeiten realisiert werden,

- die Flockungsfiltration, die beim Verband sehr weit optimiert wurde, sollte wesentlicher Verfahrensschritt sein,

- beim Verband wesentlich entwickelte neue Aufbereitungstechnologien, wie die Desinfektion mit UV-Licht und die Ultraschalltechnik, sollten in der Anlage erstmals realisiert werden,

- in Notfällen sollte eine deutliche Steigerung der Aufbereitungsleistung möglich sein,

- zur Erhöhung der Versorgungssicherheit sollte die Anlage 2-straßig mit redundanter Ausführung der wichtigsten Verfahrensschritte ausgeführt werden,

- Werkstätten, Lager, Sozialräume und Büros für die Aufbereitungsabteilung sollten in der Anlage angeordnet werden,

- in das Gebäude sollte eine zentrale Leitwarte für das gesamte Versorgungssystem mit Prozessleittechnik integriert werden,

- Büros für die Betriebsleitung, zentrale Bibliothek und Besprechungsräume sollten vorgesehen werden und

- die Bedeutung der Öffentlichkeitsarbeit bei gleichzeitig gesichertem und hygienisch einwandfreiem Aufbereitungsbetrieb sollte berücksichtigt werden.

Aus dem vorgegebenen Mengengerüst mit einem Standarddurchsatz von 3.500 m³/Stunde mit möglicher Steigerung auf 4.500 m³/Stunde und Maximaldurchsatz von 6.000 m³/Stunde ergab sich eine 2-straßige Anlage mit 12 Filterstraßen und einer Filterfläche von rund 600 m². Der Optimierung des Flockungsprozesses wurde große Bedeutung beigemessen, wobei die Kunst darin besteht, mit möglichst wenig Flockungsmittel möglichst große und stabile Flocken zu erhalten, die dann, gleichmäßig im Wasser verteilt, möglichst alle Feinstoffe aus dem Rohwasser binden; anschließend sind die „beladenen Flächen" auf den Sandfiltern abzufiltrieren. Dabei spielt die schnelle Einmischung des Flockungsmittels - eines Eisen- oder Aluminiumsalzes - in Bruchteilen einer Sekunde in den Volumenstrom, die Bildung der Flocke und die anschließende vorsichtige Bewegung der Flocken im Wasserstrom mit gleichen Fließwegen zu den Filtern die wesentliche Rolle.

Um einen langen stabilen Filtrationsprozess mit geringem Filterrückspülaufwand zu erhalten, entschieden wir uns für einen Zweischichtfilter mit Düsenböden sowie einer Quarzsandschicht von 0,8 m und einer Anthrazitkohleschicht von 1,2 m. Der Filtrationsprozess soll im Überstau mit Ablaufregelung, die Filterreinigung mit einer Aufstauspülung mit Entlastungsklappe gefahren werden. Durch den Filteraufbau sind eine gleichmäßige Beladung des Filters und damit lange Filterlaufzeiten möglich. Durch die Aufstauspülung kann eine gute Reinigungswirkung mit geringen Filterrückspülwassermengen erreicht werden.

Nach ersten theoretischen Betrachtungen zur Einmischung, zu Form und Größe der Entstabilisierung und der Flockungsbecken sowie deren Anordnung zueinander erfolgte der Bau eines Teilmodells der Anlage im Maßstab 1:1 zur Durchführung von Flockungsversuchen mit dem Talsperrenwasser.

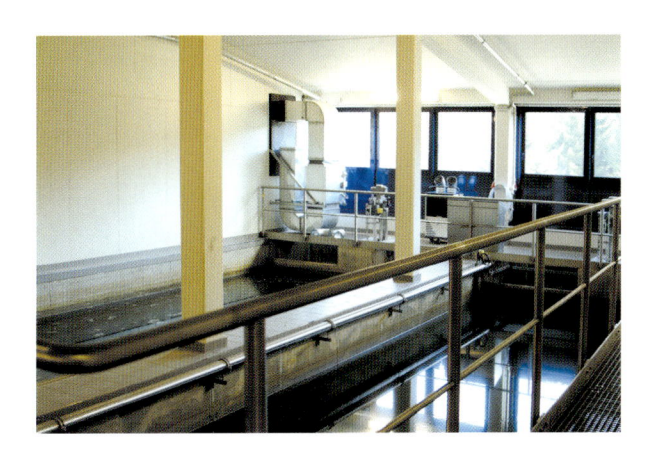

Im Jahr 1991 wurde die beim Aufbau und im Betrieb zu sehende Versuchsanlage, die aus Betonfertigteilen neben der alten Aufbereitungsanlage in Siegelsknippen aufgestellt wurde, betrieben. Neben den genannten Flockungsversuchen wurden auch praktische Versuche mit der Ultraschalltechnik zur Planktoninaktivierung am Modell durchgeführt.

Nach dem Abschluss des Versuchsprogramms und der Auswertung der Ergebnisse wurde der erste Anlagenentwurf noch einmal wesentlich in seinen hydraulischen Vorgaben und in Bezug auf die Beckenvolumina verändert. Dadurch konnte das Gebäudevolumen der neuen Trinkwasseraufbereitungsanlage noch einmal wesentlich reduziert werden.

Als beste Lösung wurde eine kreuzförmige Anordnung der zwölf Filter (blau) mit jeweils drei Doppelfiltern je Straße bzw. „Rohwasserquelle" entsprechend der Systemskizze realisiert.

Die Ultraschalltechnik (gelb) wurde in die Entstabilisierung (grün) integriert. Nach intensiven Diskussionen, angestoßen durch Probleme mit Parasiten im Trinkwasser, wurde eine UV-Desinfektion im Ausgang des Wasserwerks mit anschließender Mischung von Talsperren- und Grundwasser sowie die prinzipiell mögliche Aufrüstung der Anlage mit einer Ultrafiltration vorgesehen.

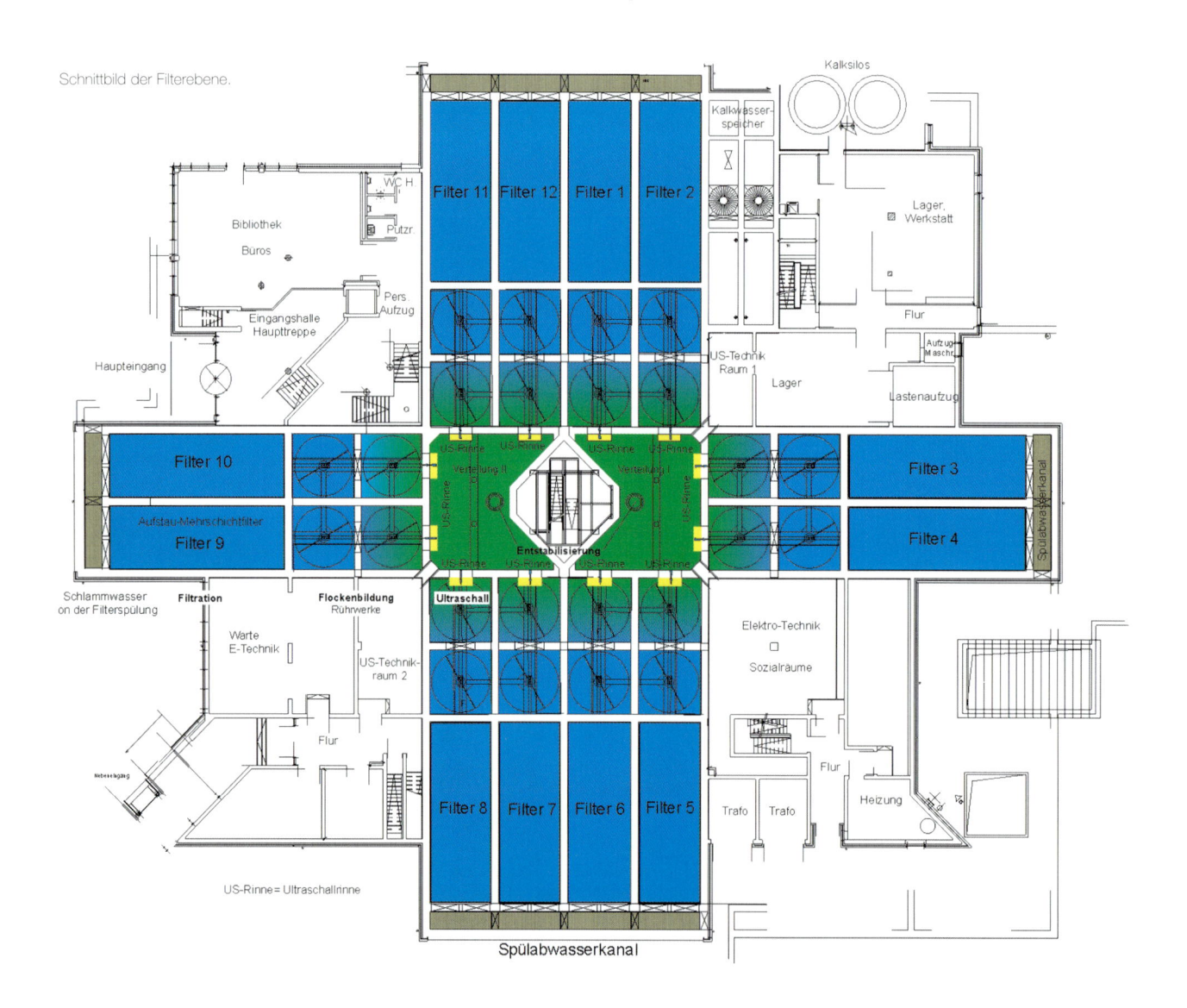

Schnittbild der Filterebene.

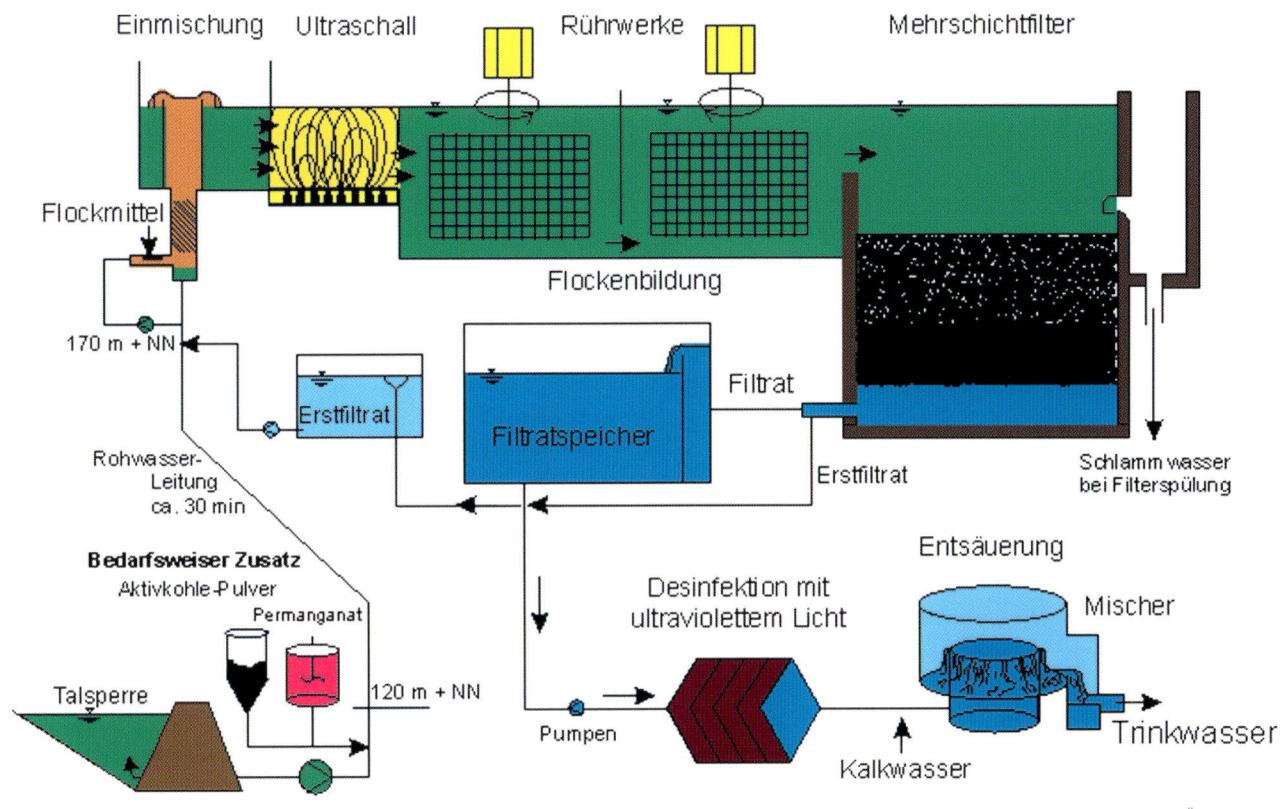

Die Trinkwasseraufbereitung im Überblick.

In der anschließenden Phase der Ausführungsplanung wurden in einer intensiven Zusammenarbeit zwischen Verband und planenden Ingenieurbüros
- die Vorgaben aus der Verfahrenstechnik,
- die dafür erforderlichen Funktionsabläufe,
- die für neue Talsperrenwasser- und Grundwasseraufbereitung im alten Wasserwerk erforderlichen Anlagen,
- die Vorgaben der Bauaufsicht,
- die Vorgaben der Landschaftsbehörden,
- der Multifunktionsansatz für die Aufbereitungsanlage mit mannigfaltigen baulichen und bauphysikalischen Anforderungen und
- die Anforderungen eines kostengünstigen

Baus, aber auch eines kostengünstigen und wartungsfreundlichen Betriebs in einer Gesamtplanung umgesetzt. Bestimmend für die Form und Größe des Gebäudes war dabei die Verfahrenstechnik, im Wesentlichen die Filtrationstechnik. In den verbleibenden Ecken des Kreuzes wurden
- die zentrale Energieeinspeisung,
- Schalt- und Rechnerräume,
- Chemikalienanlieferung und -lagerung,
- Chemikalienbereitung und -dosierung,
- zentrale Warte,
- Büros, Besprechung und Öffentlichkeitsarbeit,
- Desinfektionstechnik, und
- Mischung von aufbereitetem Talsperrenwasser und aufbereitetem Grundwasser angeordnet.

Schnitt TAS

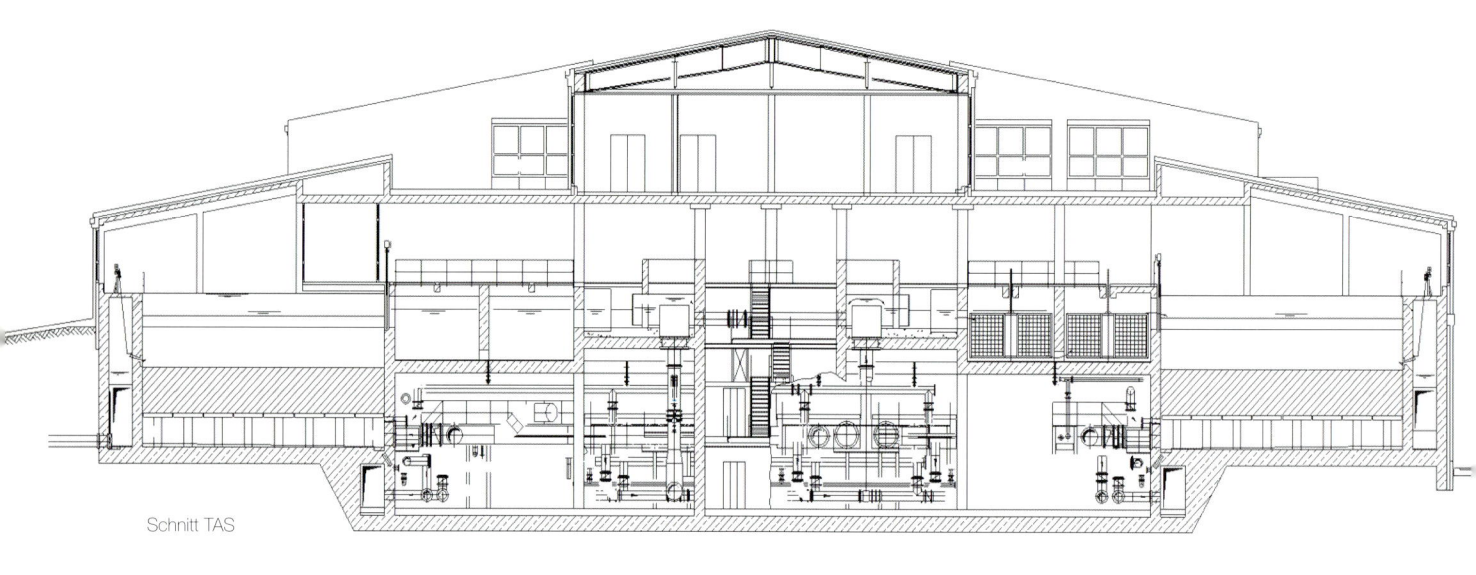

Da der Verband aufgrund umfangreicher erforderlicher Sanierungen von Flachdächern im gesamten Neubauprogramm möglichst Sattel- bzw. Pultdächer realisieren wollte, bot sich die Abdeckung des nahezu quadratischen Aufbereitungsgebäudes mit einem Pyramidendach mit Unterbringung der Besprechungsräume und eines Ausstellungsbereiches im Dach an. Durch die Auflösung der Fassade, die weitgehende Eingrünung des Geländes durch Stützwände und Böschungen, wodurch 60 % des Gebäudevolumens von außen nicht sichtbar sind, und die Eingrünung von vier Dachterrassen wurden die Anforderungen der Landschaftsbehörde erfüllt, aber auch große Mengen des Erdaushubs vor Ort verwendet und das Bauwerk mit einem Gesamtvolumen von 60.000 m³ umbautem Raum gut in die Landschaft eingepasst.

Luftbild - Filterebenen - 1998

Mit den Bauarbeiten wurde nach einer Vorbereitungs- und Planungsphase von insgesamt 6 Jahren im November 1996 mit der Grundsteinlegung begonnen. Der Empfang zur Grundsteinlegung fand in der neuen Zentralwerkstatt des 3. Bauabschnittes mit Vertretern der Baufirmen, der am Bau beteiligten Behörden, den benachbarten Versorgungsunternehmen, den Mitarbeitern sowie Vorstand und Verbandsvertretern aus Bonn, Siegburg und dem Rhein-Sieg-Kreis am 7. November 1996 statt.

Wesentliche Bauabschnitte des Rohbaus waren die Gründungsarbeiten unter der Gründungssohle der benachbarten alten Trinkwasseraufbereitungsanlage mit schwierigen Unterfangungsarbeiten. Schon bald war die Kreuzform der Filterbecken und die Gründung für die Kalksilos zu erkennen. Aufwändig waren auch die Gründungs- und Betonierarbeiten für den in Form eines Zylinders mit Überfall konstruierten Mischer für Talsperren- und Grundwasser. Ein 6,60 m hoher Edelstahlzylinder mit einem Durchmesser von 3,20 m wurde als verlorene, also im Bauwerk verbleibende Schalung eingesetzt.

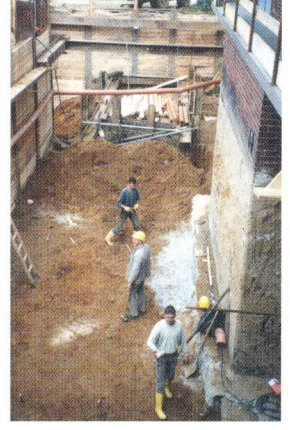

Luftbild - Keller - August 1997

Besonders aufwändig war der passgenaue Einbau der Rohrdurchführungen aus Edelstahl in die Schalung und Bewehrung der Filter- und Wasserbehälterwände sowie die anspruchsvolle Ausführung eines wasserdichten Betons, vor allem im Bereich der durch viele Rohrdurchführungen unterbrochenen Filterfronten.

Für die handwerklich sehr anspruchsvolle Ausführung der Filterwände sowie der als Überzugkonstruktion ausgeführten Flockungsbecken wurde eine neue Schalungstechnik eingesetzt, die überschüssiges Wasser an der Schalung abzieht und eine hochfeste, verschleißarme Betonoberfläche realisiert.

Im Sommer 1999 konnte das als Stahlkonstruktion ausgeführte Pyramidendach aufgesetzt und nach den anschließenden Zimmermannsarbeiten Richtfest gefeiert werden.

Der Innenausbau bestand aus den üblichen Baugewerken, wie Zimmerer- und Dachdeckerarbeiten, Fenster- und Fassadenarbeiten, der Haustechnik, einem sehr aufwändigen elektrotechnischen Paket mit Trafo- und Schaltanlagenbau, umfangreichen Kabelverlegearbeiten mit insgesamt 200 Kilometern Kabel sowie den für einen Lebensmittelbetrieb sicher sehr wichtigen Maler- und Fliesenarbeiten.

Daneben war der Rohrleitungsbau, mit Rohrdimensionen bis DN 1.600 mm mit Stahl-, Edelstahl- und Kunststoffrohren, die Pumpenmontage, die Dosiertechnik, die für unsere beiden Aufbereitungsanlagen sehr wichtige Kalkwasserbereitungsanlage und die Mess- und Regelungstechnik sehr aufwändig. Die Koordination des Bauablaufs, die Kontrolle der Arbeiten, sicherlich auch des Öfteren Auseinandersetzungen mit den ausführenden Firmen bei Meinungsunterschieden zur Ausführungsart oder Vergütung forderte von den die Baukoordinierung und Oberbauleitung wahrnehmenden WTV-Mitarbeitern über all die Jahre vollen Einsatz. Sicherlich ist eine derzeitige Baumaßnahme nicht ohne Ärger und Streit abzuwickeln, ich denke jedoch, dass wir allen am Bau Beteiligten ein fairer Vertragspartner waren, der auch die Probleme der ausführenden Firmen entsprechend berücksichtigt hat.

Nach dem Richtfest im Sommer 1999 konnte bereits im Herbst 2000 ein Teil des Gebäudes für die Feierlichkeiten zum 30-jährigen Bestehen der Arbeitsgemeinschaft Trinkwassertalsperren e.V. in Betrieb genommen werden.

Ein Jahr später, im Herbst 2001, war auch der Anlagenbau soweit gediehen, dass die Fertigstellung der Filtertechnik in Angriff genommen wurde. In Betonfilterböden wurden Filterdüsen eingeschraubt, die das Wasser durchlassen, für den Filtersand jedoch zu feine Schlitze haben. Nach der Montage der Filterdüsen und ersten Funktionskontrollen konnte der Filtersand und die Anthrazitkohle aus großen Silowagen in die Filter eingespült werden. Um eine gute Funktion des Filters sicherzustellen, musste das Feinkorn - unter der gewünschten kleinsten Körnung -, das eine Verstopfung des Filters bewirkt, abgeschält und entsorgt werden. Eine laufende Qualitätskontrolle und anschließende Filtrations- und Filterspülversuche bereiteten die Inbetriebnahmearbeiten vor. Parallel dazu wurde das gesamte Wasserwerk teilweise „mit Schrubber und Wischlappen" gereinigt und anschließend desinfiziert, um für die Produktion des wichtigsten Lebensmittels Trinkwasser gerüstet zu sein. Nach und nach wurden alle 12 Filter nach einem Probebetrieb in die Trinkwasserproduktion genommen, sodass am 17. Juni 2002 die Anlage mit voller Leistung die Trinkwasserversorgung der Region Bonn/Rhein-Sieg/Ahr mit rund 800.000 Einwohnern übernehmen konnte.

Ein besonderes Ereignis war danach sicherlich die Montage der UV-Desinfektionsanlage, die aus drei Rohrreaktoren mit einem Durchmesser von rund 1.000 mm besteht. Durch im Bauwerk vorgesehene Montageöffnungen schweben die zertifizierten Anlagen an ihren Bestimmungsort im Zwischenkeller zwischen alter und neuer Trinkwasseraufbereitungsanlage.

Im Laufe des Winterhalbjahres 2002/2003 wurde die Trinkwasserproduktion aus Talsperrenwasser weltweit erstmals bei einem Oberflächenwasserwerk von der herkömmlichen Desinfektionstechnik auf die rückstandsfreie Desinfektion durch UV-Behandlung umgestellt und damit ein langer Zeitraum der Forschung, der Planung, des Baus und der Inbetriebnahme erfolgreich abgeschlossen.

Damit ist die Wasserversorgung aus der Wahnbachtalsperre qualitativ hochwertig mit hoher Versorgungssicherheit als letzte, aber wichtigste Stufe eines Multi-Barrieren-Systems, das mit einem nachhaltigen Gewässerschutz in den Einzugsgebieten beginnt, abgeschlossen.

Wolfram Such

Es gibt sicher viele Menschen, die stets mehr als den „Dienst nach Vorschrift" machen. Und dann, seltener jedoch, gibt es jene, die irgendwie verwachsen zu sein scheinen mit ihrem Beruf. Bei denen der Arbeitsalltag vom Hobby schon gar nicht mehr zu trennen ist. Zu diesem Personenkreis gehört Wolfram Such, von 1966 bis 2001 Mitarbeiter des Wahnbachtalsperrenverbands, davon 12 Jahre als dessen Geschäftsführer.

Nun könnte man sagen, dieser Beruf sei ihm schließlich in die Wiege gelegt worden, wurde doch Such 1936 in Haldensleben nahe Magdeburg als Sohn eines Kreisbaumeisters und Wasserverbandsgeschäftsführers geboren. Und das bestätigt der 67-Jährige tatsächlich: „Ich war immer im Thema", erzählt er, denn der Vater habe ihn nach der Schule nicht selten „eingespannt". Gut erinnert er sich, wie er auf dessen Geheiß zu Hochwasserzeiten mit Messgeräten loszog, um außergewöhnliche Wasserstandshöhen zu ermitteln. Doch er denkt nicht ungern an diese Arbeit.

So studierte er Bauingenieurwesen an der Technischen Hochschule Dresden gleich mit dem Schwerpunkt Wasserbau und Wasserwirtschaft und trat 1960 als Geohydrologe in den Dienst der DDR-Braunkohleindustrie in Leipzig. Seine Hauptaufgabe: Die Entwässerung von Lockergesteinsschichten in den Lausitzer und Mitteldeutschen Revieren, ober- und unterhalb der im Tagebau abzutragenden Flöze. Kurz vor dem Mauerbau zog Such von der damaligen DDR in den Westen um und begann, nach einem kurzen Intermezzo bei der Bundesanstalt für Wasserbau in Hamburg, die Ausbildung für den höheren bautechnischen Verwaltungsdienst in der Wasserwirtschaftsverwaltung des Landes Nordrhein-Westfalen.

Die praktische Ausbildung absolvierte er schon beim Wahnbachtalsperrenverband. Im Februar 1965 legte er die Große Staatsprüfung ab und wurde anschließend mit dem Geschäftsbereich Wasserversorgung beim Wasserwirtschaftsamt Bonn betraut. Nicht lange, denn am 1. April 1966 wechselte der gerade 30-Jährige als stellvertretender Geschäftsführer und Leiter der Planungs-, Bau- und Grunderwerbsabteilung zum Wahnbachtalsperrenverband. Als rechte Hand des damaligen Geschäftsführers Franz-Gerd Hötter war er maßgeblich am Bau des Grundwasserwerks Untere Sieg in Sankt Augustin und am Ausbau des Rohrleitungsnetzes nach Bonn und im westlichen Rhein-Sieg-Kreis sowie am Bau mehrerer großer Trinkwasserbehälter und Pumpwerke beteiligt. Ebenso arbeitete er intensiv an der Realisierung des Projektes „Phosphor-Eliminierung" mit. Nach dem Ausscheiden Franz-Gerd Hötters im Jahr 1989 nahm Wolfram Such den Platz des Geschäftsführers ein.

Niemand kannte die Gegebenheiten und Aufgabenstellungen zu diesem Zeitpunkt besser als er. Doch zuvor genoss er „die zweite Reihe". Denn Such kümmerte sich nicht nur um das Trinkwasser in der Region, er arbeitete auch ehrenamtlich für das Technische Hilfswerk (THW) an zahlreichen Hilfsprojekten im Ausland mit.

Nach seiner Wahl zum Geschäftsführer des Verbandes griff der Bauingenieur die Planungen für ein weiteres Grundwasserwerk im Hennefer Siegbogen zur Sicherung der Trinkwasserversorgung auf und schaffte dadurch Voraussetzungen, die Anlagen des Verbandes den zukünftigen, auch quantitativen Anforderungen anzupassen. Denn rheinland-pfälzische Kommunen wie Bad Neuenahr, Grafschaft, Remagen und Ahrweiler beziehen inzwischen ebenfalls ihr Trinkwasser aus Siegelsknippen.

Während Suchs Dienstzeit intensivierte sich die Kooperation mit den Landwirten in den Wasserschutzzonen der Gewinnungsanlage des Verbandes. Schutz- und Vorsorgemaßnahmen - das Stichwort heißt hier „Multi-Barrieren-System" - leisten heute einen wichtigen Beitrag für die Wasserqualität und zusätzlich für das ökologische Gleichgewicht in der Region.

Am 16. Juli 1992 wurde ihm für diese Verdienste das Bundesverdienstreuz I. Klasse verliehen.

Das Wirken Suchs über seine Arbeit im Wahnbachtalsperrenverband hinaus zu beschreiben, erfordert einen langen Atem: Sein umfangreiches Fachwissen und seine jahrzehntelangen Erfahrungen hat er als Verfasser von über 200 Beiträgen in Publikationen, als Mitautor des Taschenbuches der Wasserwirtschaft, als Prüfer beim Oberprüfungsamt für die technischen Verwaltungsbeamten und als Dozent bei vielen Seminaren und in Vorträgen weitergegeben. Und selbstverständlich wirkte der Wasserexperte im Netz der Fachausschüsse und Vereinigungen mit: im „Deutschen Verein des Gas- und Wasserfachs" (DVGW), in dem „Deutschen Verband für Wasser- und Kulturbau" (DVWK) oder bei der „Länderarbeitsgemeinschaft Wasser" (LAWA)

Im April 2001 ging Such in Pension, doch bei der Arbeitsgemeinschaft Trinkwassertalsperren e.V. wechselte er lediglich aus formalen Gründen den Stuhl und übernahm nun statt des Vorsitzes die Geschäftsführung. Auch bei der Deutschen Wasserhistorischen Gesellschaft arbeitet Such immer noch mit Freude mit. „Ich bleibe dem Wasser treu", sagte er bei seiner Verabschiedung coram publico im Kreishaus. Etwas anderes wäre auch für niemanden vorstellbar.

DIE HILFSPROJEKTE VON WOLFRAM SUCH

Flüchtlingslager, die „aneinandergereiht liegen wie auf einer Perlenkette", in jedem von ihnen tausende von Menschen, elendig eingepfercht. „Das sind Bilder, die einen nicht mehr loslassen", sagt Wolfram Such heute noch, Jahrzehnte nach seinen Einsätzen. Die Erkundungsreise für den Bau und Betrieb einer Trinkwasseraufbereitungsanlage für äthiopische Flüchtlinge in Somalia gehört zu den prägendsten Erlebnissen, an die der ehemalige Geschäftsführer des Wahnbachtalsperrenverbandes sich erinnern kann. Diese Lager, schildert Such, haben ihn am tiefsten beeindruckt. Dabei hatte er schon einige Jahre zuvor, 1974 und 1975, im Auftrag der Zeitschrift Stern mit dem THW an einem humanitären Projekt in Äthiopien mitgearbeitet, baute in den ländlichen Gebieten dieses trockenen Landes Brunnen und half so die Grundversorung der dort lebenden Menschen erstmals sicher zu stellen. Aus dieser Stern-Aktion entstand später die Organisation „Menschen für Menschen" des Schauspielers Karl-Heinz Böhm.

„Es musste alles immer sehr schnell gehen", erzählt Such. Aus zweierlei Gründen: Denn da warteten immer Menschen in den jeweiligen Einsatzgebieten, Menschen, für die der Zugang zu sauberem Trinkwasser lebensrettend war. Vom Oktober bis Dezember 1981 half der Sankt Augustiner bei der Wiederherstellung von Hauptversorgungsleitungen im so genannten „Todesstreifen" West-Beiruts und des Libanons. In den Jahren 1985 und 1986 hielt sich Such mehrfach in Flüchtlingslagern im Sudan auf. Auch hier ging es um die Vorbereitung von Trinkwasseraufbereitungsanlagen.

Schnell sollte es aber auch gehen, weil Such „immerhin auch noch einen Beruf" hatte. Er ist seinem früheren Chef, Franz-Gerd Hötter, heute noch dankbar: „Herr Hötter hat mich bei diesen Einsätzen immer sehr bestärkt." Und letztlich wurde auch das Verbandsteam mit einbezogen, wenn Wolfram Such in aller Eile die kleinen Filter-Anlagen testete. Im Baukastensystem stellte das THW unter seiner Anleitung Aufbereitungsanlagen en miniature her, die nach der Kopfzahl der zu versorgenden Menschen immer gleich nachgebaut und erweitert werden konnten.

Freitag, 17. Juli 1992

Wolfram Such erhielt Bundesverdienstkreuz

Wasserleitungsbau in vielen Krisengebieten

Wolfram Such (56) wurde in Haldensleben bei Magdeburg geboren. Sein Vater war Kreisbaumeister und Wasserverbandsgeschäftsführer. Der Sohn studierte in Dresden und arbeitete in Leipzig bei der Braunkohle. Nach der Flucht aus der DDR trat er zunächst in NRW-Dienste.

ly Siegburg. Für „hervorragende Verdienste um die Wasserversorgung und -sicherstellung" verlieh Bundespräsident Richard von Weizsäcker dem Geschäftsführer des Wahnbachtalsperrenverbandes Siegburg, Wolfram Such, das Bundesverdienstkreuz am Bande. Bei einer Feierstunde in Düsseldorf überreichte der Staatssekretär im NRW-Umweltministerium, Dr. Hans Jürgen Baedeker, den Orden. Such habe sich durch „weit über das Maß der beruflichen Pflichterfüllung hinausgehende Leistungen sowie durch verschiedene ehrenamtliche Funktionen große Verdienste um die nationale und internationale Wasserwirtschaft erworben", stellte Baedeker fest.

Seit 1966 arbeitet Wolfram Such beim Wahnbachtalsperrenverband; seit 1989 ist er Geschäftsführer. Darüber hinaus sitzt Such ehrenamtlich in zahlreichen Fachverbänden wie der Länderarbeitsgemeinschaft Wasser (LAWA), dem Deutschen Verein des Gas-und Wasserfaches (DVGW) und dem Deutschen Verband für Wasserwirtschaft und Kulturbau (DVWK). In seiner Stellung als Lehrbeauftragter an der Pädagogischen Hochschule Rheinland, Abteilung Köln, spiegelt sich sein besonderes Anliegen um die Aus- und Weiterbildung des Nachwuchses in der Wasserwirtschaft, auch als Mitglied im Prüfungsausschuß Wasserwesen.

Als Gastdozent an der Universität Hannover und als Autor zahlreicher Publikationen in Fachzeitschriften und Fachbüchern erwarb sich Such einen hervorragenden Ruf als Experte in Fragen der Wasserversorgung, des Katastrophenschutzes und der Notfallversorgung.

Seit 1967 engagiert sich der Siegburger stark im Zivil- und Katastrophenschutz, vor allem beim Technischen Hilfswerk (THW). Er ist Kreisbeauftragter des THW und war bis zu diesem Jahr auch THW-Ortsbeauftragter in Siegburg.

Wiederholt wurde der Geschäftsführer des Wahnbachtalsperrenverbandes von der Bundesregierung in Krisengebiete geschickt. Hervorzuheben ist sein Einsatz bei der Planung von Wasserbauprojekten in der Provinz Wollo/Äthiopien, bei der Planung und beim Betrieb von Trinkwasseraufbereitungsanlagen für Flüchtlingslager in Somalia und im Ostsudan sowie bei der Instandsetzung von Wasserversorgungsanlagen in West-Beirut/Libanon.

1977 erhielt Wolfram Such das THW-Ehrenzeichen in Silber, 1981 das THW-Ehrenzeichen in Gold.

22 Freiwillige helfen Flüchtlingen am Horn von Afrika

Wolfram Such (Bildmitte im weißen Hemd) erläutert den Freiwilligen des Technischen Hilfs-Werks die Wasseraufbereitungsanlagen.

Von Siegburg nach Somalia
Das THW baut insgesamt zehn Trinkwasseraufbereitungsanlagen auf

„Wir suchten immer nach der einfachsten Bauweise", sagt er. „Und nach dem Grundsatz der Hilfe zur Selbsthilfe sollten möglichst viele Materialien aus dem eigenen Land sein und möglichst viele Teile von den Insassen der Lager selbst zusammengebaut werden können."

Not macht erfinderisch: Als sein Team auf die fieberhafte Suche nach Wassertanks für Somalia ging, die sich über die 500 Kilometer lange Piste vom Flughafen in Mogadischu bis zum Flüchtlingslager transportieren ließen, also möglichst klein packbar, dazu ohne großes Gewicht und aufwändige Montage, orderte Such binnen zweier Stunden 200 zusammenfaltbare Gartenpools bei einem Bremer Hersteller. Und er erinnert sich gut an ein Zwischenspiel auf einer Raststätte an der A 45, irgendwann in dieser Zeit der Hilfsprojekte: Weil der Zeitplan so eng war, traf sich ein THW-Team Suchs hier mit Lieferanten. Sie packten das Notwendige an Ort und Stelle zusammen, „sozusagen in der Gaststube", damit die Fracht so schnell wie möglich zum Flughafen gelangte.

„Irgendwie", sagt Such rückblickend, „hat das ungemein befriedigt".

Das THW Siegburg hilft Hungernden in Somalia
Ortsbeauftragter Wolfram Such sondiert vorab die Lage

NEUES GEBÄUDE FÜR ALLE LABORATORIEN

Altes Chemisches Labor TAS.

Mit der Gründung des Verbandes und der Aufnahme der Trinkwasserversorgung erfolgte auch eine den gesetzlichen Anforderungen entsprechende Überwachung der Rohwasser- und der Trinkwasserqualität in den Laboratorien des Verbandes. Zunächst waren dies kleinere Betriebslabore in den Trinkwasseraufbereitungsanlagen Siegburg-Siegelsknippen und Sankt Augustin-Meindorf, mit Auftreten der Nährstoffprobleme in der Wahnbachsperre wurde die Laborarbeit dann aber deutlich verstärkt. Vor allem die hierfür notwendigen limnologischen Untersuchungen machten die Gründung eines Biologischen Labors notwendig, das zunächst nur sehr provisorisch in einem Nebenraum des Aufbereitungsgebäudes, später in einem Nebengebäude in Siegburg-Siegelsknippen untergebracht war. Mit Errichtung der Phosphor-Eliminierungsanlage und der intensiven wissenschaftlichen Begleitung der ersten Betriebsjahre bestanden insgesamt 4 Laborstandorte mit folgenden Arbeitsschwerpunkten:

1. Trinkwasseraufbereitungsanlage Siegburg-Siegelsknippen - Chemisches Labor
2. Betriebsgebäude in Siegburg-Siegelsknippen - Biologisches Labor
3. Trinkwasseraufbereitungsanlage Sankt Augustin-Meindorf - Bakteriologisches Labor
4. Phosphor-Eliminierungsanlage Neunkirchen-Seelscheid - Chemisches Labor und Forschungslabor

Die 4 Standorte waren teilweise nur provisorisch ausgestattet und entsprachen zu Beginn der 90er Jahre nicht mehr den Anforderungen des Arbeitsschutzes und dem Umweltrecht.

Aufgrund der intensiven wissenschaftlichen Vorbereitung und Begleitung des Baus der Phosphor-Eliminierungsanlage und des dabei eingestellten wissenschaftlichen Personals forschte der Verband in den 80er und 90er Jahren, größtenteils mit Unterstützung des Bundesforschungsministeriums, in der Wassertechnik, häufig in Verbundforschungsvorhaben mit anderen Forschungsinstitutionen aus den Hochschulen sowie Sonderforschungseinrichtungen und der Industrie. Im Rahmen der Forschungsaufträge erfolgte die wissenschaftliche Arbeit teilweise in freien Betriebsräumen, aber auch in Labor- und Bürocontainern. Mit der provisorischen Unterbringung mussten nicht nur die „Wissenschaftler" sondern auch die Eigenüberwachung des Rohwassers und des Trinkwassers sowie die Betriebsüberwachung leben.

Ein effektiver Laborbetrieb war nur mit Einschränkungen möglich, da einige Mitarbeiter an mehreren Laborstandorten arbeiten mussten bzw. die Proben nacheinander zu mehreren Laborstandorten zur Untersuchung auf die verschiedenen Parameter transportiert werden mussten.

Mit zunehmendem Untersuchungsaufwand durch immer weitergehende Anforderungen der Wassergesetze und der Trinkwasserverordnung wurde deshalb mit dem Bauprogramm zur Erschließung des Hennefer Siegbogens und dem Neubau einer Trinkwasseraufbereitungsanlage für das Wasser aus Wahnbachtalsperre auch die Zusammenlegung der vier Laborstandorte in einem Gebäude festgelegt. Nach ersten Planungen sollte dies in dem Kopfbau der alten

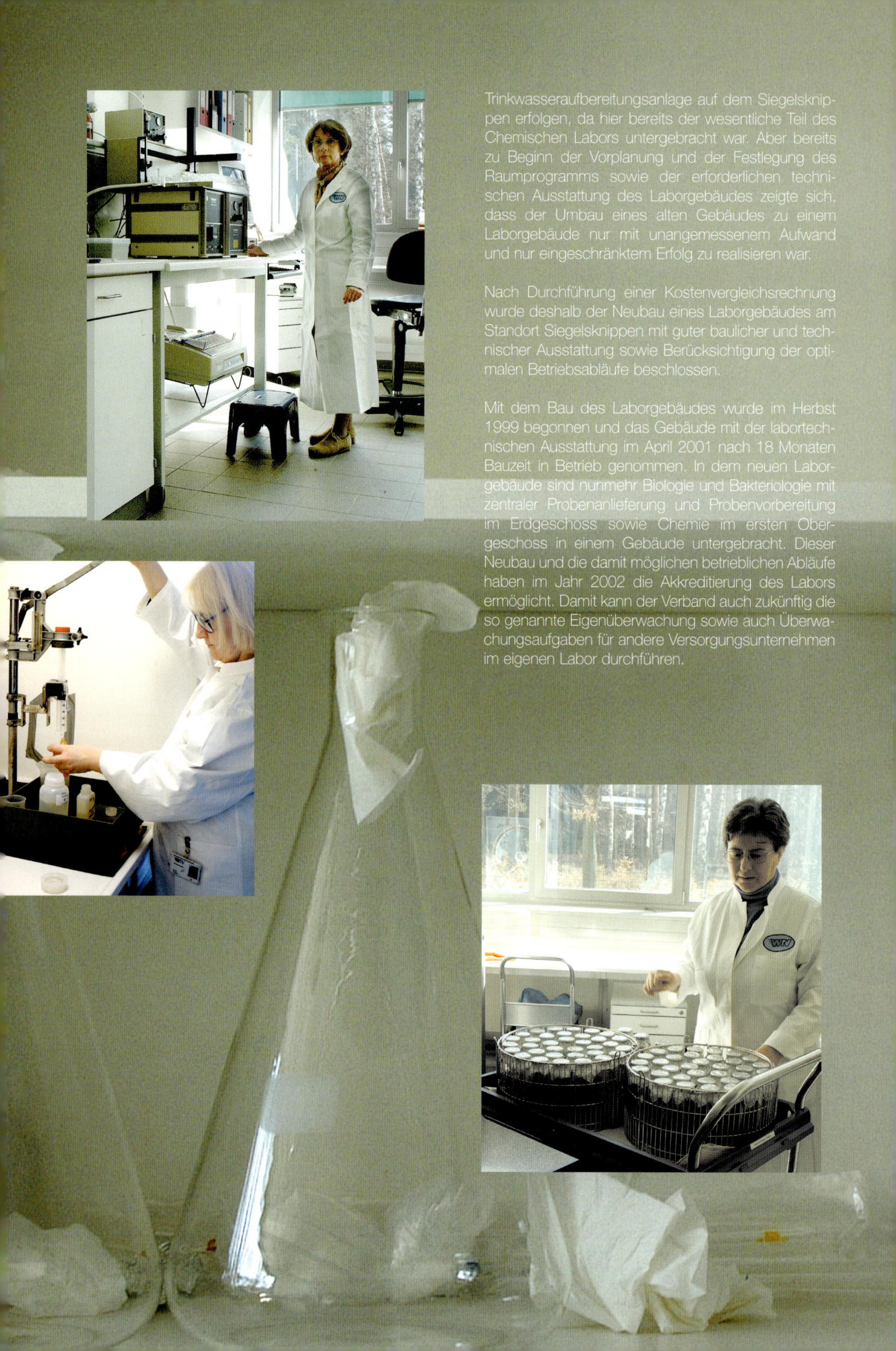

Trinkwasseraufbereitungsanlage auf dem Siegelsknippen erfolgen, da hier bereits der wesentliche Teil des Chemischen Labors untergebracht war. Aber bereits zu Beginn der Vorplanung und der Festlegung des Raumprogramms sowie der erforderlichen technischen Ausstattung des Laborgebäudes zeigte sich, dass der Umbau eines alten Gebäudes zu einem Laborgebäude nur mit unangemessenem Aufwand und nur eingeschränktem Erfolg zu realisieren war.

Nach Durchführung einer Kostenvergleichsrechnung wurde deshalb der Neubau eines Laborgebäudes am Standort Siegelsknippen mit guter baulicher und technischer Ausstattung sowie Berücksichtigung der optimalen Betriebsabläufe beschlossen.

Mit dem Bau des Laborgebäudes wurde im Herbst 1999 begonnen und das Gebäude mit der labortechnischen Ausstattung im April 2001 nach 18 Monaten Bauzeit in Betrieb genommen. In dem neuen Laborgebäude sind nunmehr Biologie und Bakteriologie mit zentraler Probenanlieferung und Probenvorbereitung im Erdgeschoss sowie Chemie im ersten Obergeschoss in einem Gebäude untergebracht. Dieser Neubau und die damit möglichen betrieblichen Abläufe haben im Jahr 2002 die Akkreditierung des Labors ermöglicht. Damit kann der Verband auch zukünftig die so genannte Eigenüberwachung sowie auch Überwachungsaufgaben für andere Versorgungsunternehmen im eigenen Labor durchführen.

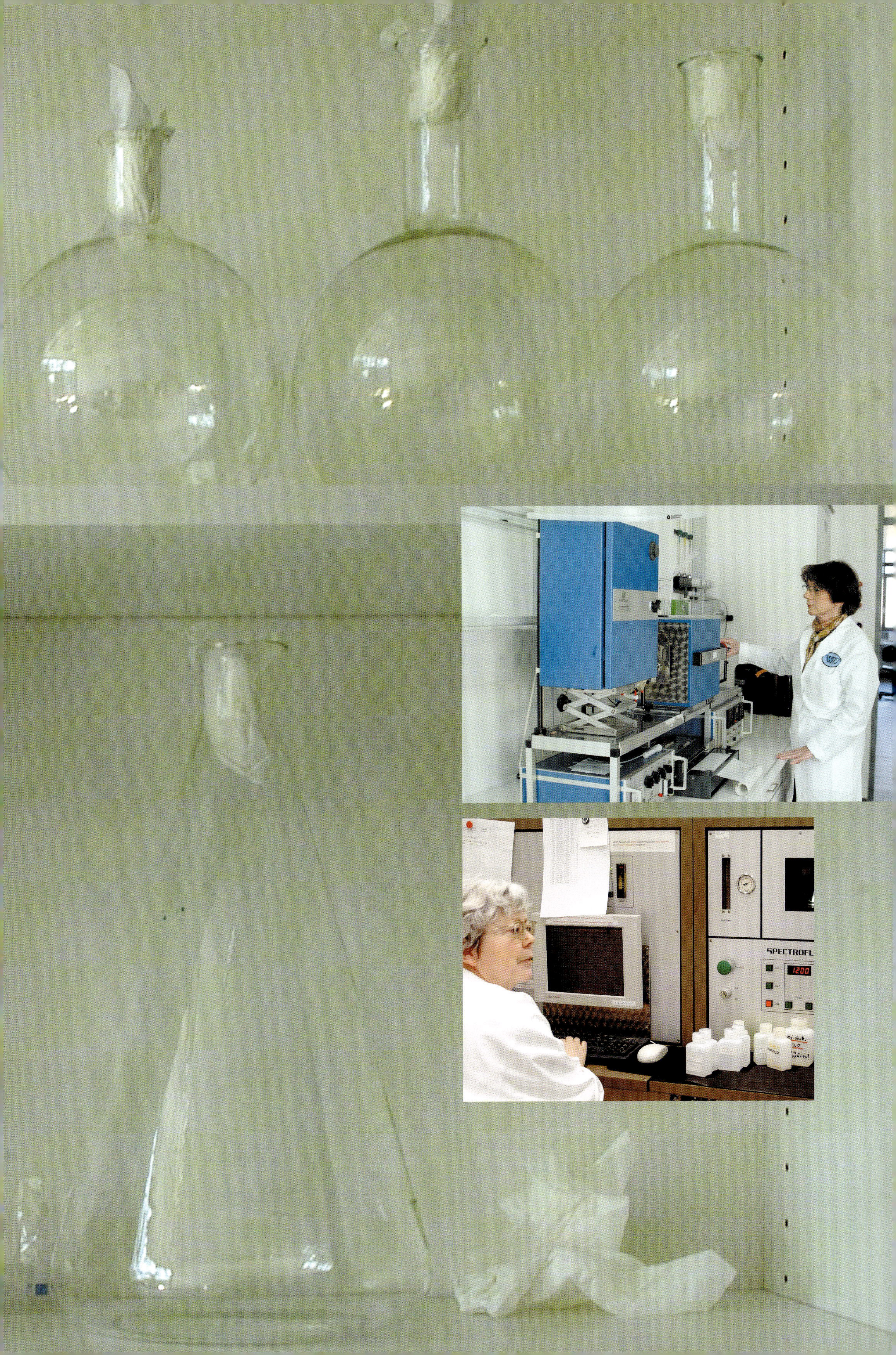
SPECTROFL

BEVOLLMÄCHTIGTE UND STELLVERTRETENDE BEVOLLMÄCHTIGTE DER MITGLIEDER IN DER VERBANDSVERSAMMLUNG DES WAHNBACHTALSPERRENVERBANDES

STADT BONN

Bevollmächtigte

Stadtverordneter Wilmar Sabass	1953
Stadtverordneter/Oberbürgermeister Peter Maria Busen MdL	1953 – 1967
Stadtverordneter Hans Wehrhan	1968 – 1970
Stadtverordneter Pützer	1970 – 1971
Stadtverordneter Heinrich Winand	1971 – 1975
Stadtverordneter Bernhard Wimmer	1975 – 1976
Stadtverordneter Ulrich Raschke	1977 – 1994
Stadtverordneter Horst Naaß	1995 – 1999
Stadtverordneter Helmut Hergarten seit	1999

Stellvertretende Bevollmächtigte

Stadtverordneter Ingenieur Anton Hilgert	1953 – 1974
Stadtverordneter Hans Wehrhan	1975 – 1979
Stadtverordneter Helmut Hergarten	1979 – 1994
Stadtverordneter Ralf Schmidt	1994 – 1999
Stadtverordneter Wolfgang Maiwaldt seit	1999

SIEGKREIS/AB 1. AUGUST 1969: RHEIN-SIEG-KREIS

Bevollmächtigte

Kreistagsabgeordneter Fritz Nesshöver	1953 – 1956
Kreistagsabgeordneter Hans-Günter Hardt	1957 – 1963
Oberkreisdirektor Paul Kieras	1964 – 1971
Kreistagsabgeordneter Hans-Günter Hardt	1972 – 1984
Kreistagsabgeordneter von Heymann	1984 – 1989
Oberkreisdirektor Dr. Walter Kiwit	1989 – 1994
Kreistagsmitglied Clemens Bruch	1995 – 1999
Kreistagsmitglied Michael Solf MdL seit	1999

Stellvertretende Bevollmächtigte

Oberkreisdirektor Josef Clarenz	1953 – 1958
Oberkreisdirektor Paul Kieras	1959 – 1963
Kreistagsabgeordneter Hans-Günter Hardt	1964 – 1971
Oberbaudirektor Einig	1972 – 1984
Oberkreisdirektor Dr. Walter Kiwit	1984 – 1989
Kreistagsabgeordneter Clemens Bruch	1990 – 1994
Kreistagsmitglied Wilfried Wessel seit	1995

STADT SIEGBURG

Bevollmächtigte

Bürgermeister Dr. Josef Schmandt	1953 – 1957
Bürgermeister Hubert Heinrichs	1957 – 1964
Stadtdirektor Dr. Gerhard Kersken	1965 – 1968
Stadtdirektor Dr. Norbert Jakobs	1968 – 1974
Ratsmitglied Werner Buhrow	1975 – 1989
Ratsmitglied Erich Nießen seit	1990

Stellvertretende Bevollmächtigte

Stadtverordneter Hubert Heinrichs	1953 – 1958
Stadtdirektor Dr. Gerhard Kersken	1958 – 1964
Architekt Willy Bröhl	1965 – 1970
Ratsmitglied Schäfer	1971 – 1974
Stadtverordneter Paul Müller	1975 – 1978
Ratsmitglied Clemens Bruch	1979 – 1989
Ratsmitglied Paul Müller	1990 – 1992
Ratsmitglied Dipl.-Ing. Klaus Schmidt	1992 – 1994
Ratsmitglied Klaus Stich	1995 – 1999
Ratsmitglied Hans-Peter Post seit	1999

KREIS BONN-LAND (BIS 31. JULI 1969)

Bevollmächtigte

Oberkreisdirektor Dr. Karl Zengerle	1953 – 1958
Oberkreisdirekt Dr. Robert Eggert	1959 – 1969

Stellvertretender Bevollmächtigter

Kreissyndikus Oberregierungsrat z. Wv. Wilhelm Daniels	1953 – 1969

CHEMIE-FASER AKTIENGESELLSCHAFT, SIEGBURG, SPÄTER PHRIX-WERKE AKTIENGESELLSCHAFT, ZWEIGNIEDERLASSUNG SIEGBURG (BIS 31.12.1971)

Bevollmächtigte

Dr. Ferdinand Lindner	1953 – 1961
Dr. Heinrich Meyer-Eckhardt	1962 – 1970
Dr. Kandler	1971

Stellvertretende Bevollmächtigte

Dr. Heinrich Meyer-Eckhardt	1953 – 1958
Dipl.-Volkswirt Rüdiger Bauer	1959 – 1969
Oberingenieur Leva	1970
Dr. Heinrich Meyer-Eckhardt	1971

WASSERVERBAND ZUM AUSBAU UND ZUR UNTERHALTUNG DES SIEGBURGER MÜHLENGRABENS (BIS 11. OKTOBER 1993)

Bevollmächtigte

Prokurist Wilhelm Büllesfeld	1953 – 1968
Stadtbaudirektor Dr. Kronen	1969 – 1970
Beigeordneter Dr. Konrad Machens	1970 – 1984
Dipl.-Ing. Werner Heide	1985 – 1990
Ratsmitglied Horst Janoschek	1991 – 1993

Stellvertretende Bevollmächtigte

Stadtbaurat Dipl.-Ing. Kurt Nägele	1953 – 1964
Städt. Oberbaurat Dr. Kronen	1965 – 1968
Prokurist Büllesfeld	1968 – 1975
Dipl.-Ing. Werner Heide	1975 – 1984
Ratsmitglied Horst Janoschek	1985 – 1990
Direktor Wolfgang Fey	1991 – 1993

VORSTEHER DES WAHNBACHTALSPERRENVERBANDES

Technischer Vorstand/Generalbevollmächtigter Dr.-Ing Franz Kaiser	1953 – 1971
Oberkreisdirektor Paul Kieras	1971 – 1994
Oberkreisdirektor/Landrat Frithjof Kühn seit	1994

Stellvertretende Vorsteher

Oberstadtdirektor Dr. Johannes Langendörfer	1953 – 1956
Oberstadtdirektor Dr. Franz Schmidt	1956 – 1964
Oberstadtdirektor Dr. Hesse	1965 – 1975
Oberstadtdirektor Dr. van Kaldenkerken	1976 – 1984
Beigeordneter Schreiber	1984 – 1985
Abteilungsdirektor/Prokurist/Geschäftsführer Theo Rohl seit	1986

GESCHÄFTSFÜHRER DES WAHNBACHTALSPERRENVERBANDES

Regierungsbaurat a.D. Siegfried Schilder	1953 – 1959
Leitender Regierungsbaudirektor a.D. Hans Kiel	1959 – 1966
Direktor Franz-Gerd Hötter	1966 – 1989
Direktor Wolfram Such	1989 – 2001
Direktor Norbert Eckschlag seit	2001

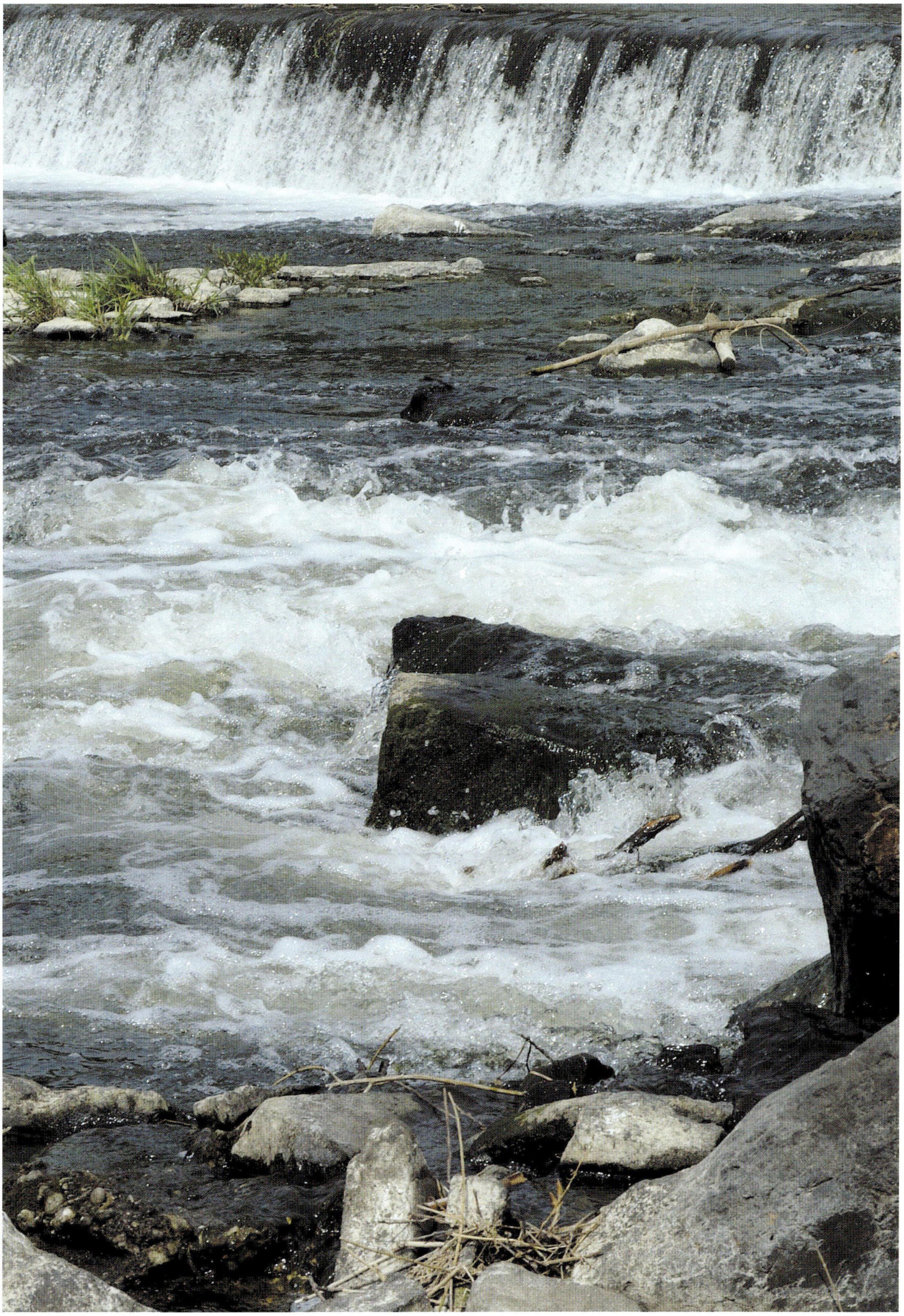

SCHLUSSWORT

Die im Vorhinein geschilderte Entwicklung des Wahnbachtalsperrenverbandes lässt sich gut anhand der stetig ansteigenden Kurve der jährlich abgegebenen Trinkwassermenge verfolgen. Durch die ständig zunehmende Trinkwasserabnahme wurden immer wieder große Investitionen erforderlich, die fast im 10-Jahres-Rhythmus die verschiedenen Baustufen erforderten und damit aufgrund der Gesellschaftsform und des damit festgeschriebenen Kostendeckungsprinzips einen ansteigenden Wasserpreis bis auf den heutigen Stand von 0,61 Euro bedeutete.

Die vorhandenen Anlagen zur Wassergewinnung, Trinkwasseraufbereitung und Trinkwasserverteilung mit einem Buchwert von 147,9 Mio. Euro sind zum wesentlichen Teil über Kredite finanziert und stellen heute zusammengefasst in einem regional ausgerichteten, auf einem hohen Stand der Wassertechnik stehenden Versorgungsunternehmen einen beträchtlichen Marktwert da. Der hohe Grad von Versorgungssicherheit, abgestützt auf 3 unabhängige Wasserwerke mit einer möglichen Rohwassergewinnung von 61,3 Mio. m³/Jahr aus der Wahnbachtalsperre und zwei Grundwasserwerken im Siegtal sowie ein zukunftsweisend ausgelegtes, redundant ausgebautes Verteilungsnetz stellt auch für die Zukunft eine gute Grundlage für eine effektive Trinkwasserversorgung der Region dar.

Ein großes Kapital ist das bei den Mitarbeiterinnen und Mitarbeitern vorhandene, teilweise sehr spezielle Know-how beim Gewässerschutz, der Aufbereitungstechnik und Wasserverteilung aber auch der Bautechnik und den naturwissenschaftlichen Grundlagen. Durch gezielte Aus- und Fortbildung der Mitarbeiter und eine langfristige Personalentwicklung wird dieses vorhandene Wissen gesichert und erweitert. Für einen qualifizierten Nachwuchs wird durch die eigene Ausbildung von Industriemechanikern, Energieanlagenelektronikern, Bürokaufleuten und Forstwirten gesorgt.

Die Öffentlichkeitsarbeit und damit die Information der Kunden über die Qualität und die Besonderheiten „ihres Trinkwassers" spielt auch im laufenden Tagesgeschäft eine große Rolle. Unzählige Besuchergruppen – Schüler, Studenten, interessierte Bürger aber auch Fachleute aus dem In- und Ausland - informieren sich ständig über die Versorgungsphilosophie und die technischen Lösungen der Trinkwasserversorgung beim Wahnbachtalsperrenverband.

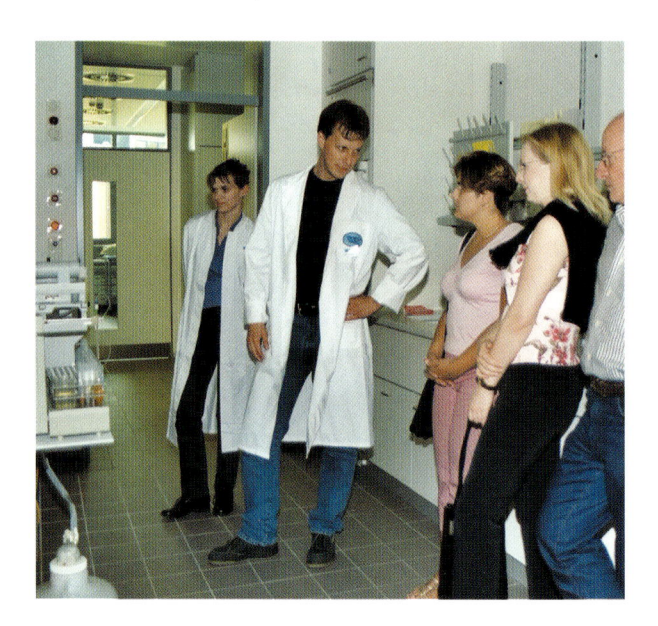

An „Tagen der offenen Tür", die in jüngster Zeit jährlich in verschiedenen Anlagen angeboten wurden, besuchten viele tausend Besucher „ihr Wasserwerk" und informierten sich über die erforderlichen aufwändigen Arbeiten, bis das Trinkwasser zu Hause aus dem Kran fließen kann.

Wanderer, Spaziergänger und Radfahrer können sich über Infostände und Infotafeln im Bereich der Talsperre und der Trinkwasseraufbereitungsanlagen ständig über die Trinkwasserversorgung der Region Bonn/Rhein-Sieg/Ahr informieren. Der müde Wanderer kann aus „erster Quelle" das Trinkwasser vom Wahnbachtalsperrenverband genießen, nachdem er das beschauliche Wahnbachtal oder den Siegelsknippen erwandert hat.

Wie würde das Wahnbachtal wohl heute aussehen, wenn durch die Wahnbachtalsperre nicht ein Teil des Tals geflutet worden wäre und durch die Ausweisung des Wasserschutzgebietes das gesamte Einzugsgebiet des Wahnbaches geschützt worden wäre? Die Städte und Gemeinden im Wahnbachtal hätten sich sicherlich weiter ausgedehnt, vielleicht mehr Industrie und Gewerbe angesiedelt. Die Landwirtschaft hätte sicherlich noch intensiver wirtschaften können. Aber wie wäre eine Entwicklung des Wahnbachtals und der Region Bonn/Rhein-Sieg/Ahr ohne eine ausreichende und sichere Trinkwasserversorgung möglich gewesen?

Die zu Beginn getroffene Feststellung, der Wahnbachtalsperrenverband sei eine der ersten und erfolgreichsten regionalen Kooperationen in der Region Bonn/Rhein-Sieg/Ahr, lässt sich nach dem Studium der geschilderten Entwicklung sicherlich ohne Einschränkung bestätigen. Die Gründung des Wahnbachtalsperrenverbandes vor nunmehr 50 Jahren war sicherlich auch aus der heutigen Sicht eine gute und zukunftsweisende Entscheidung.

Bildnachweise:

Archiv des Wahnbachtalsperrenverbandes: 10, 23, 30, 32, 34, 35, 38, 39, 40, 41, 42, 43, 44, 45, 47, 50, 51, 54, 56, 57, 60, 61, 62, 63, 70, 71, 72, 73, 74, 75, 77, 78, 84, 85, 86, 87, 88, 90, 91, 95, 104, 105, 106, 107, 108, 110, 111, 112, 124, 125, 126, 127, 128, 129, 130, 131, 133, 134, 136, 137, 139, 140, 141, 142, 143, 144, 145, 146, 147, 148, 149, 150, 151, 152, 153, 154, 155, 156, 158, 160, 161, 162, 163, 164, 166, 167, 168, 169, 170, 171, 172, 173, 174, 178, 179, 186

Zeitungsarchiv des Wahnbachtalsperrenverbandes: 14, 25, 46, 48, 49, 66, 67, 68, 99, 138, 139, 176, 177

Paul Schneider: 12, 13, 15, 16, 17, 18, 19, 20, 23, 33

Erika Potratz: 21

Reinhard Zado: 4, 7, 8, 9, 11, 12, 13, 22, 24, 25, 26, 27, 28, 29, 30, 31, 33, 36, 37, 38, 39, 52, 53, 55, 58, 64, 65, 69, 73, 76, 78, 79, 80, 81, 82, 83, 84, 86, 88, 89, 92, 93, 94, 95, 97, 100, 101, 102, 103, 109, 132, 134, 135, 136, 137, 140, 157, 158, 159, 161, 165, 167, 175, 179, 180, 181, 185, 187, 189, 190

Jan de Vries: 21

Stadtarchiv Siegburg: 59, 69, 96

Dr. Wolf Rüdiger Weisbach: 138, 139

Archiv des Rhein-Sieg-Kreises: 142

Quellen zu den Seiten 29 und 52, 53, Artikel von Dörte Staudt.
Informationen aus: Fritz Buntzel: Die Wasserversorgung des Raumes Bonn in alter und neuer Zeit, Bonn 1957.

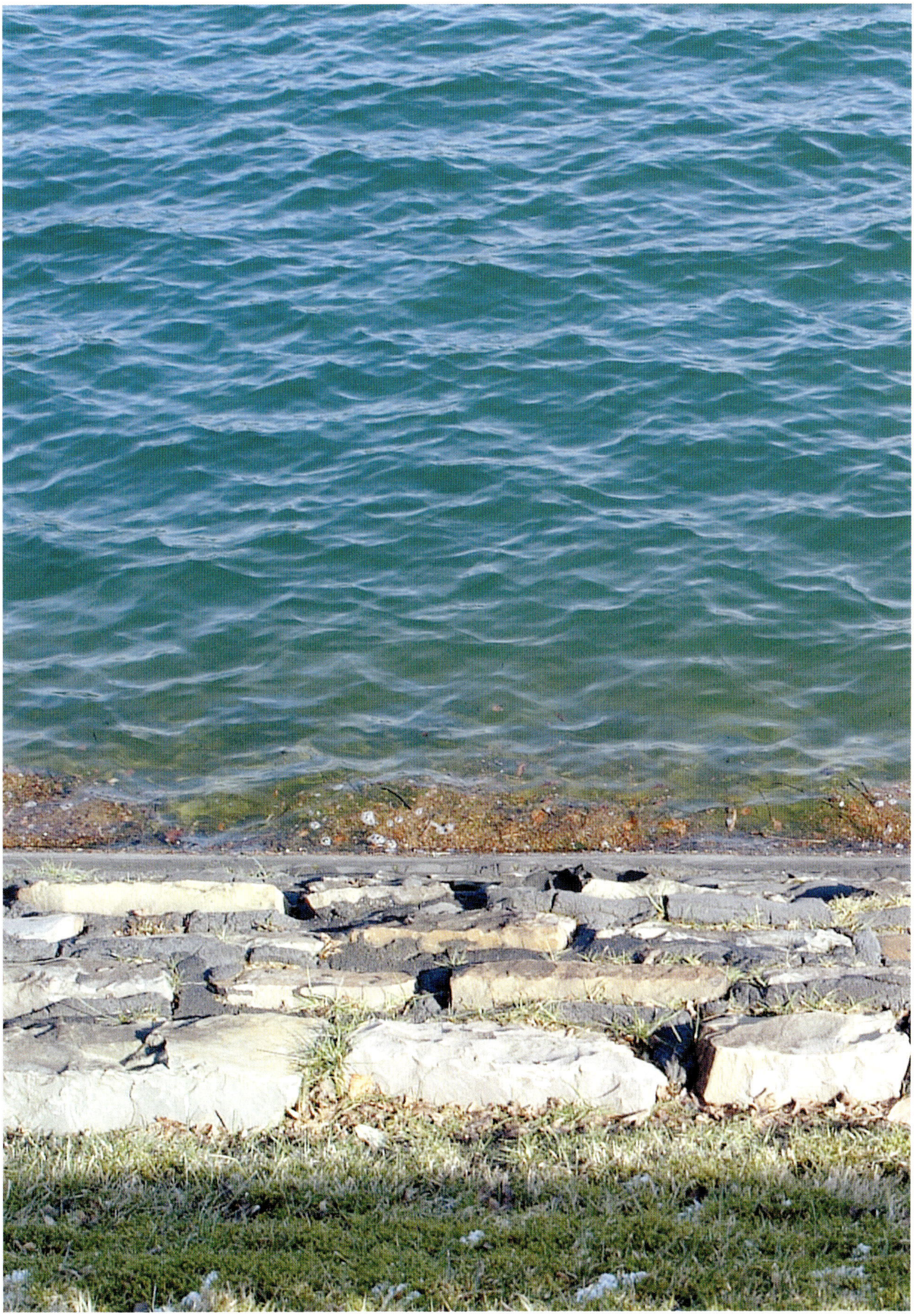

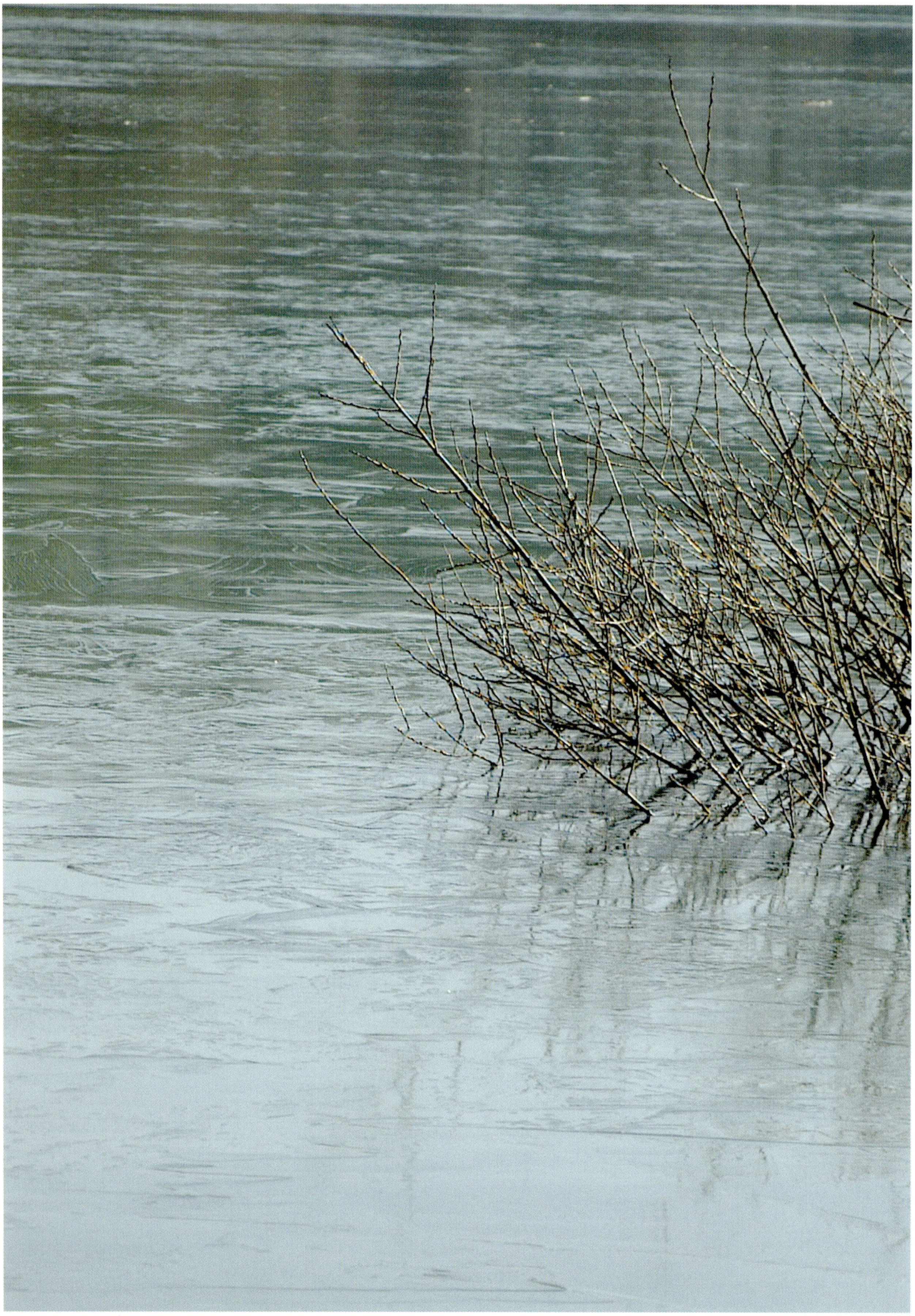

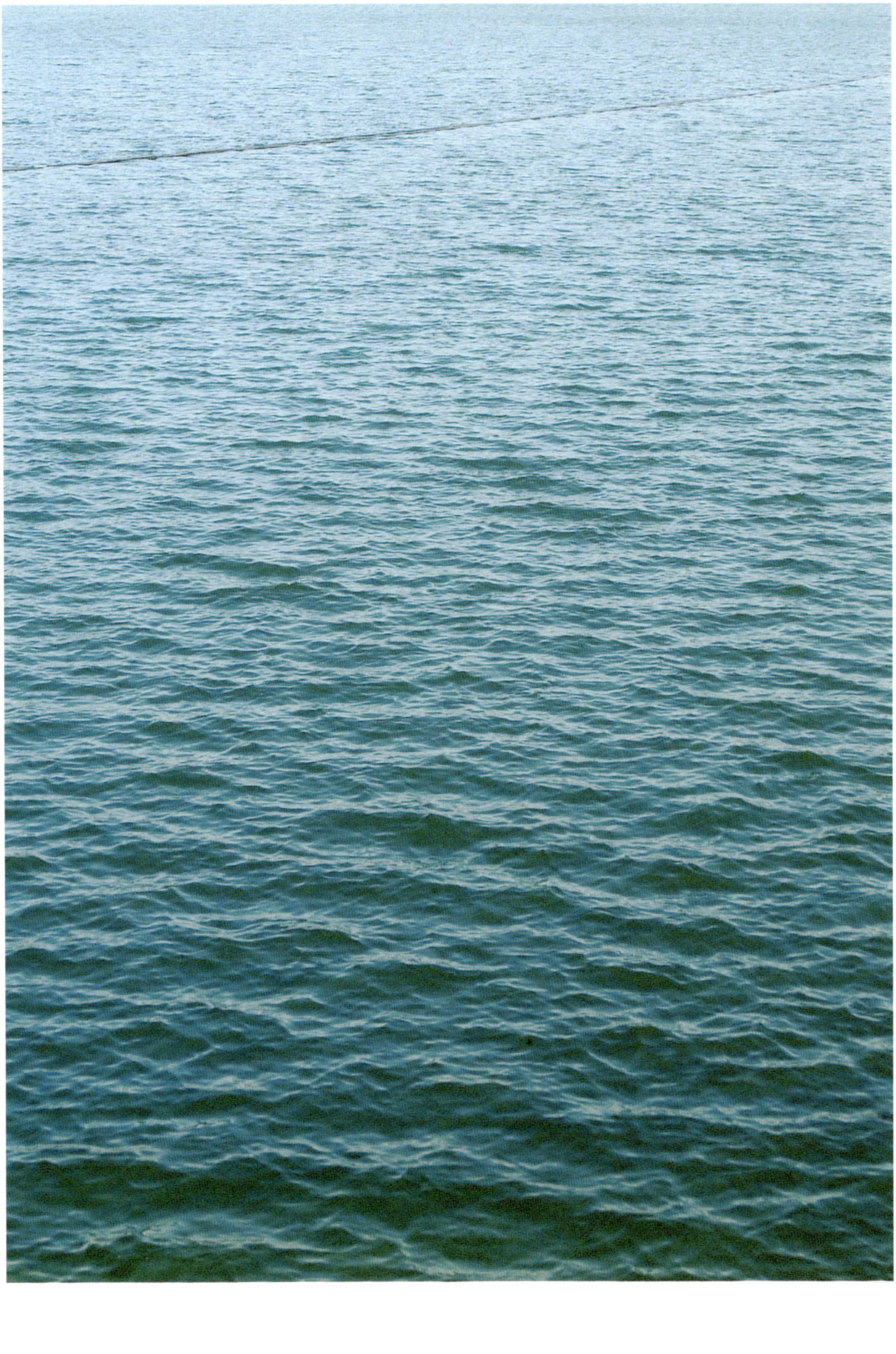

Mitarbeiter des Wahnbachtalsperrenverbandes seit der Gründung:

Ernst Adolph, Bauingenieur, 1953-1988; Gertrud Reitz, Sekretärin,1953-1958; Siegfried Schilder, Geschäftsführer, 1953-1959, Lothar Böhlefeld, Bauingenieur, 1954-1956; Herrmann Dohrmann, Bauingenieur, 1954-1958; Julius Köse, Kassenverwalter, 1954-1958; Gerhard Pendzich, Dipl.-Ing., 1954-1957; Marlies Schmitz, Stenotypistin, 1954-1960; Roswitha Stotzem, Buchhalterin, 1954-1966; Erwin Zeidler, techn. Angestellter, 1954-1971; Wolfgang Engelbach, Vermessungsingenieur, 1954-1958; Gustl Geiger, Bauingenieur, 1954-1958; Karin Heinrich, Stenotypistin, 1954-1955; Max Otto, kaufm. Angestellter, 1954-1957; Johann Kemp, Messgehilfe, 1954-1960; Helmut Stötzel, Kulturbauingenieur, 1954-1962; Josef Kelter, Cheffahrer, Wagenmeister, 1954-1966; Willi Schütz, Bauingenieur, 1954-1955; Erich Blaß, Bauingenieur, 1954-1993; Hans-Jürgen Salzer, Forst-Mitarbeiter, 1954-1957; Elisabeth Pawlitzki, Stenotypistin, 1954-1959; Horst Bernhardt, Bauleitung, 1955-1958; Gerhard Harte, Bauingenieur, 1955-1958; Wolfram Horstmann, Bauingenieur, 1955-1991; Oskar Lincke, Verwaltungsangestellter, 1955-1957; Josef Orth, Stv. Geschäftsführer, 1955-1961; Rüdiger Zahn, Vermessungsingenieur, 1955-1989; Willi Sträßer, Kassenverwalter/Leiter Finanzabteilung, 1955-1998; Else Wensorra, kaufm. Angestellte, 1955-1968; Margarete Sodeikat, Raumpflege, 1955-1962; Margarete Röttgen, Raumpflege, 1955-1956; Rudi Frank, Bauingenieur, 1956-1958; Wolfgang Honndorf, Schlosser, Talsperrenwärter, 1956-1962; Siegfried Eggert, Bauingenieur, 1956-1975; Olga Arlt, Raumpflege, 1956-1962; Otto Blask, Bauzeichner, 1957-1971; Rosemarie Sträßer, Buchhalterin, 1957-1962; Günther Giertz, Elektriker, 1957-1988; Prof. Dr. Heinz Bernhardt, Betriebsleiter/Dipl. Chemiker, 1957-1994; Gerhard Grübnau, Talsperrenwärter, 1957-1976; Anton Gipp, Elektromeister, 1957-1958; Otto Hagen, Hilfskraft, 1957-1958; Walter Debertshäuser, Wassermeister, 1957-1990; Margarethe Brix, Laborantin, 1957-1960; Irene Hagen, kaufm. Angestellte, 1958-1959; Fritz Joesten, Fachhandwerker Werkstatt, 1958-1983; Walter Durst, Leitstandsfahrer/Kraftfahrer, 1958-1960; Heinz Nikolai, Wassermeister, 1958-1989; Walter Ansorge, Laborant, 1958-1970; Hedwig Heinicke, Verwaltungsangestellte, 1958-1978; Willi Langnickel, techn. Zeichner, 1958-1974; Josef Pütz, Lagerverwaltung, 1958-1975; Justus Riedel, Vermessungsingenieur, 1958-1968; Heinz Strüwe, Filtermeister, stv. Betriebsleiter, 1958-1984; Guntram Zimmermann, Rohrstreckenwärter, 1958-1960; Günther Schmidt, Vorhandwerker Talsperre, 1958-1988; Gerd Franke, Leitstandsfahrer / Kraftfahrer, 1958-1994; Hans Kiel, Geschäftsführer, 1958-1966; Lothar Janus, Buchhalter, 1958-1977; Karl Glaser, Bauingenieur, 1958-1961; Peter-Josef Scheeren, Leiter Verwaltungsabteilung, 1959-1979; Karl-Heinz Fischer, Elektromeister, 1959-1996; Ingrid Schneider, Schreibkraft, Grunderwerb, 1959-1963; Franz-Gerd Hötter, Geschäftsführer, 1959-1989; Günter Voss, Leitstandsfahrer, 1959-1998; Otto Meis, Rohrnetzschlosser, 1959-1974; Ingeborg Strüwe, Stenotypistin, 1959-1960; Ursula Löbach, techn. Zeichnerin, 1960-1962; Arthur Wilhelms, Leiter Chem. Labor, 1960-1990; Walter Fischbach, Bauingenieur, 1960-1997; Franz Brehm, Hilfskraft, 1960-1972; Emmy Kalsen, Sekretärin, 1960-1979; Rudolf Radler, Fachhandwerker, 1960-1970; Eva Maria Bell, Stenotypistin, 1960-1967; Fritz Frehmann, Leitstandsfahrer, 1961-1969; Franz Pfeiffer, Rohrstreckenwärter, 1961-1968; Josef Gerz, Talsperrenarbeiter, 1961-1962; Johanna de Vries, Raumpflege, 1961-1968; Arnold Paul, Laborant, 1961-1965; Gisela Westenhöfer, Stenotypistin, 1961-1964; Willi Purbs, Hilfskraft, 1961-1964; Helmut Schmitz, Fachhandwerker, 1962-1989; Hans Schulz, Leitstandsfahrer, 1962-1967; Georg Putke, Hilfskraft, 1962-1971; Manfred Nöthen, Fachhandwerker, 1962-1973; Anna Vajler, Buchhalterin, 1962-1963; Hans Linden, Fachhandwerker, 1962-1981; Gisela Tamke, Raumpflege, 1962-1988; Edgar Ohnesorge, Kraftfahrer, 1962-1963; Rainer Fischer, Elektriker, 1963; Else Schepke, Raumpflege, 1963 1988; Helga Lehrmann, Verwaltungsangestellte, 1963-1965; Matthias Neuenhöfer, Fischereiaufsicht, 1963-1983; Karl-Heinz Sterzenbach, Kraftfahrer, 1963-1965; Adolf Brunken, Maschinenmeister, 1963-1965; Wilhelm Kaufmann, Angestellter, 1963-1978; Hans-Josef Schulz, Techn. Zeichner, 1963; Karl Schmidt, Rohrnetzschlosser, 1963-1986; Hans Jacobsen, Gas- u. Wasserinstallateur, 1963-1998; Julius Wurdak, Forstarbeiter, 1963-1971; Jan de Vries, Hilfskraft, 1963-1985; Elisabeth Höver, Sekretärin, 1964-1977; Werner Morgenschweis, Laborant, 1964-1986; Gerhard Wehnert, Telefonist, 1964-1967; Anton Kemp, Vorhandwerker Forst, 1964-1996; Marianne Ortmann, Stenotypistin, 1964-1966; Ingeburg Drews, Schreibkraft, 1965-1991; Ulrich Müller, Laborant, 1965-1972; Gerhard Weinert, Wassermeister, 1965-1997; Helmut Schröder, Leitstandsfahrer, 1965-1994; Heinz Beckmann, Rohrnetzmeister, 1965-1971; Dagobert Kannengießer, Fachhandwerker, 1965-1994; Paul Frielingsdorf, Rohrnetzschlosser, 1965-1966; Wilhelm Grützenbach, Fischereiaufsicht, 1965-1975; Heinz-Günther Schmitz, Kraftfahrer, 1965-1978; Manfred Geister, Hilfskraft / Kraftfahrer, 1965-2001; Albine Lang, Buchhalterin, 1965-1973; Volker Senkel, Verwaltungsangestellter, 1965-2002; Heinz Kreuzer, Elektriker, 1965; Wolfgang Groß, Laborant, 1966 1966; Irmgard Müller, techn. Zeichnerin, 1966-1973; Wolfram Such, Geschäftsführer, 1966-2001; Bernhard Joesten, Forstarbeiter, 1966-1987; Willi Köntgen, Leitstandsfahrer, 1966-1982; Klaus Löbach, Rohrnetzschlosser, 1966-1999; Theodor Möller, Leitstandsfahrer,1966-1987; Wilhelm Schmitz, Wassermeister, 1966-1990; Dr. Jürgen Clasen,Dipl.-Biologe, 1966; Peter Lind, Vorhandwerker Rohrnetz, 1966-1977; Anneliese Neumann, Stenotypistin, 1966-1972; Herbert Ritter; Verwaltungsangestellter; 1966-1977; Charlotte Stumpf, Verwaltungsangestellte, 1966-1966; Helga Thomaschewski, Stenotypistin, 1966-1969; August Müller, Fachhandwerker, 1966-1982; Karl Ratz, Messgehilfe u. Hausmeister, 1966-1984; Irmgard Ludewig, Raumpflege, 1966-1969; Helmut Schell, Chemotechniker, 1967-2001; Karl-Heinz Müller, Maschinenschlosser, 1967-1977; Wolfgang Wieschmann, Mechaniker, 1967-1901; Dr. Klaus Kremling, Forschungsarbeiten Herkenrather Mühle, 1967-1968; Ingeborg Winterscheid, Verwaltungsangestellte, 1967-1970; Ursula Reichel, Stenotypistin, 1967-1974; Fritz Gierling, Leitstandsfahrer, 1967-1988; Horst Kohnert, Probenehmer, 1967-1999; Cäcilie Clasen, Laborantin, 1967-1968; Josef Zimmermann, Leitstandsfahrer, 1967; Günter Schaefers, Leitstandsfahrer, 1967; HorstHinssen, Bibliothek, 1968-1968; Gertrud Roj, Laborhilfskraft, 1968-1972; Peter Schmitz, Probenehmer, 1968-1999; Maria Strehl, Raumpflege, 1968-1973; Walter Görges, Elektriker, 1968-1990; Monika Doll, Stenotypistin, 1969-1975; Johann Engelskirchen, Leitstandsfahrer, 1969-1995; Anna Maria Schmitz, Laborantin, 1970-1977; Else Ehrke, Raumpflege, 1970-1983; Heinrich Bourauel, Bürohilfe Registratur, 1970-1974; Willi Brombach, Hilfskraft, 1970-1998; Josef Kösters, Gewässerwart, 1970-1994; Gernot Sassnick, Chemiefacharbeiter, 1970-1974; Ursula Schlösser, Sekretärin, 1970-1977; Albrecht Zeugner, Leitstandsfahrer, 1970-1994; Manfred Hof, Hilfskraft,1970; Herta Bernhardt, Verwaltungsangestellte, 1971-1977; Manfred Berger, Laborant , 1971; Monika Hageböck, Raumpflege, 1971-1977; Walfried Burkowski, Rohrnetzschlosser, 1971-1985; Herbert Dahm, Leitstandsfahrer, 1971-1997; Hannemarie Glosch, Laborantin, 1971-1984; Helga Johnel, Verwaltungsangestellte, 1971-1973; Hans Altmann, Hilfskraft, 1971-1988; Erna Götz, Raumpflege, 1971-1980; Wilfried Totzke, Hilfskraft, 1971-1994; Erwin Dehmel, Forstarbeiter, 1971-1976; Doris Fieber, Raumpflege, 1971-1973; Erika Potratz, techn. Zeichnerin, 1971; Georg Wick, Laborant, 1972-1988; Horst Schreier, Kfz-Mechaniker, 1972; Richard Epple, Vorhandwerker Talsperre, 1972; Herbert Haas, Leitstandsfahrer, 1972-1996; Sirpa Kant, Chemotechnikerin, 1972-2002; Hans Bürling, Leitstandsfahrer, 1972-1990; Peter Breuer, Hilfskraft, 1972-1977; Brigitte Gabriel, Verwaltungsangestellte, 1972-2002; Josef Gasper, Leitstandsfahrer, 1972-1985; Adolf Kahle, Leitstandsfahrer, 1973-1989; Maria Mensch, Laborantin, 1973-1977; Hans Walden, Techn. Angestellter, 1973-1998; Bernhard Dunkel, Elektriker, 1973; Heinrich Brandt, Hilfskraft, 1973-1991; Herta Zappe, Verwaltungsangestellte, 1973-1976; Maria Barth, Raumpflege, 1973-1981; Maria-Theresia Schmitz, Hilfskraft Labor, 1973-1979; Herbert Linnig, Leitstandsfahrer, 1973-1995; Wolfgang Esser, techn. Zeichner, 1973-1974; Liesbeth Zwirnmann, Verwaltungsangestellte, 1973-1974; Johann Schreier, Rohrnetzschlosser, 1973-1991, Eckart Abraham, Bauzeichner, 1974-1997, Luise Müller, Verwaltungsangestellte, 1974-1984; Margarete Bendl, Stenotypistin, 1974-1997; Barbara Cornisch, Stenotypistin, 1974-1998; Regina Miller, Stenotypistin, 1974-1975; Johannes Schmidt, Überwachung Fischerei, 1975-1981; Dietlinde Preschlik, Sekretärin, 1975-1978; Alfred Sokolowski, Hilfskraft, 1975-1997; Friedhelm Fokken, Gewässerwart, 1975; Heinz-Peter Bonerath, Chemotechniker, 1976; Oluf Hoyer, Betriebsleiter, 1976; Johann Klein, Vorhandwerker Forst, 1976-2000; Irmhild Lemke, Verwaltungsangestellte, 1976-1981; Erwin Pies, Verwaltungsangestellter, 1977-1978; Norbert Weber, Laborant, 1977-1982; Hermann Fischer, Leitstandsfahrer, 1977-1999; Willibald Herzog, Hilfskraft, 1977-1979; Hedwig Kuhnert, Laborantin, 1977-1982; Eugen Roth, Wassermeister, 1977; Ernst Herzhauser, Verwaltungsangestellter, 1977; Karl-Heinz Schneider, Hilfskraft, 1977-1995; Jutta Senkel, Raumpflege, 1977-1979; Paul Danhausen, Verwaltungsangestellter, 1977-1988; Irmela Walden, Sekretärin, 1977-1980; Franz-Dieter Patt, Elektriker, 1977; Heinrich Alenfelder, Lagerverwaltung, 1977-1984; Ilse Doerner, Raumpflege, 1977-1980; Rudolf Andree, Techn. Angestellter, 1977; Dr. Armin Knoblauch, EDV-Abteilung, 1977-1984; Franz-Josef Körtgen, Rohrnetzschlosser, 1977-1993; Marga Basche, Sekretärin, 1978; Wilfried Fandreyer, Verwaltungsangestellter, 1978-1979; Marie-Therese Lemoine, Laborantin, 1978-1978; Josef Schäfer, Hilfskraft, 1978-1998;